숨결이 혁명 될 때

지우출판

* 이 도서는 (재)박정희대통령기념재단의 지원으로 출판되었습니다.

* 이 도서 필자의 일부 의견은 재단의 공식적 의견과 일치하지 않을 수 있습니다.

10월 유신
50년
디 에센셜

숨결이 혁명 될 때

조우석
외

지우출판

자유는 그것을 위해 투쟁하는 자의 것이며,

평화는 그것을 지킬 수 있는 자의 것이다.

— 아시아·태평양 지역 각료 회의 치사에서 (1966.6.14.) —

현대사라는 역사의 거대한 무대를
함께 통과한 '10월 유신' 50년에 즈음하여

올해는 '10월 유신' 혁명 50년이 되는 해다. 50년을 넘어선다는 것은
실질적으로 10월 혁명 정신이 우리나라 역사가 되기에 충분함을 의미
한다. 그렇지만 숫자가 의미하는 시간이란 것은, 특히 이 나라에서는
그것이 반드시 역사를 증명하는 게 아니란 것을 저간의 사정으로 알 수
있다. 역사를 위한, 역사가 되기 위한 시간은 '있었던 사실 하나'의 해석
을 위한 결과를 향해 일방적으로 직진만 하지 않기 때문이다.

역사가 되기 위한, 역사를 위한 해석의 흐름은 언제나 팽팽한 거문
고의 현처럼 평행선의 연속이었다. '사실의 시간이란 선線'과 그 선을
둘러싼 '의도 된 거짓 덩어리 선'의 팽창. 그리고 '의도 된 거짓 덩어리
선'에서 내뿜는 소음은 치명적이었다. '반민주·독재'라는 프레임과 함
께 박정희시대의 성과를 철저히 외면했던 것이다.

그럼에도 불구하고 지금의 우리는 새마을운동 성공, 과학 기술 입
국 성공, 중화학공업화 성공, 자주국방 확립 등의 대역사를 이루어
낸, 10월 유신이 만들어 놓은 결과들을 바탕으로 현재를 딛고 너머의
미래를 꿈꾸며 살고 있다. 시간마다, 거리마다 불쑥불쑥 박정희 대통
령의 숨결이 가득하고 생생하지 않은 곳이 없다.

『숨결이 혁명 될 때』는 그런 박정희정신이 생생하게 살아 움직이는 모습을 담았다. 박정희 대통령이 이룩한 업적과 정신이 어떻게 우리의 삶에서 꿈틀거리는지를 17명의 소시민들의 삶과 함께 균형 잡힌 시각으로 청소년을 비롯해 청장년들도 공감할 수 있는 에세이 형태로 담아냈다.

5·16혁명에서 유신까지 18년의 역사를 글로 표현해 낸, 글의 냉정함과 사실의 선명함에 이 글을 읽는 독자들은 마치 박정희의 초상화를 보는 느낌일 것이다. 저 홀로 싹이 트고 꽃을 터뜨려 사람들을 더더욱 사람답게 만드는 위대한 힘이 들어 있는 생화를 마주한 느낌이라고나 할까.

우리는 17명의 또 다른 박정희를 만나게 될 것이고, 나아가 더 많은 박정희를 만나기를 소망한다. 엄청난 사료史料더미에 감추어져 있거나 흐르는 세월 속에 고의로 묻히게 된 박정희정신을 들춰내는 더 많은 이들로 이 나라가 뒤덮이기를 바란다.

어느 때든 힘들고 어렵지 않은 시기는 없었다. 올해는 정권 교체로 새롭게 시작한 만큼 더 어려운 시기에 놓인 대한민국이다. 10월 유신 50년을 맞이하여 그때의 정신을 오늘에 되살려 이 어려운 시기를 함께 올곧게 통과해 내기를 진심으로 바라며 이 책을 세상에 내놓는다.

이 책을 기획하고 저술하는 과정에서 박정희대통령기념재단의 지원과 관심이 컸다. 새삼 감사드린다.

2022년 5월

이 책을 만드는 사람들 일동

차례

1부

폭풍 속의 그 사람, 박정희

1

벽과 선을 넘어

조
우
석

"중화학공업화를 추진하기 위해 유신은 반드시 필요한
것이었는가?"
"그렇다."

예외적 유형

예전 우연치 않게 접했던 글 한 꼭지에 눈이 번쩍 뜨였다. 이토록 허세 虛勢 없고 진솔한 지식인의 자기 고백은 일찍이 현대사를 통틀어 드물 었다. 지식인 고질의 허위의식에서 벗어나겠다는 선언이 신선하다 못 해 처연했다. 박정희대통령기념사업회(박정희대통령기념재단 이전 명칭) 시절 발행했던 회보 「박정희 대통령」 34호(2013년 1월 1일자)에 실린 '나는 왜 박 정희를 존경하게 되었는가'가 바로 그것이다. 글쓴이가 미 일리노이대 김상기 명예교수(철학)로 내겐 낯설지 않다. 젊은 시절 중앙일보 기자 로 활동하며 1980~1990년대 국내신문에 종종 칼럼을 싣던 분이다.

박정희를 그토록 높이 평가하는 마음의 바닥에는 그에게 허심탄회하게 사과하고 싶은 마음이 있다. 나는 5·16을 일으킨 때부터 시해당한 그날까지 그를 미워했고, 지금도 좋아하지 않는다. 그러나 그가 나 같은 책방 서생이 반대하는 일만 골라가며 했기에 큰일을 해낼 수 있었다. 절대로 하면 안 된다고 내가 굳게 믿은 일들을 무서운 집념으로 추진하여 번번이 성공시킴으로써 나를 부끄럽게 했다. 교과서 읽고 원칙론을 맹신하는 선비, 수신제가 좋아하는 군자, 서구식 민주주의 좋아하는 사람, 예수 믿는 사람, 좌파 이론에 중독되어 무아경에 빠져 있는 사람을 모두 철저히 무시하고, 그는 오로지 마키아벨리의 군주처럼 철두철미 권력의 논리만을 따라 통치권을 극대화하여 경제개발을 박력 있게 이끌어 갔다. 이것이 바로 그의 위대함이다.

글 마무리는 박정희의 올바른 평가 없인 한국인은 언제까지고 자기기만의 늪에서 헤맬 수밖에 없을 거라는 지적이다. 그 대목 역시 이후 이명처럼 내 머릿속을 유영하고 있다.

박정희는 조선왕조 500년 이후 20세기까지 600년 동안 유지돼 온 주자학적 명분론을 넘어섰던, 아주 예외적인 유형의 정치 지도자이다. 병적인 근본주의 성향으로 악명 높은 유가儒家 질서와 결별했던 그였기에 박력과 추진력이 꿈틀거렸다. 박정희 스스로가 그런 정신사적 맥락을 명료하게 파악하고 있었던 터라 훗날 국민교육헌장 문구 중간에다 "공익과 질서를 앞세우고, 능률과 실질을 숭상하는" 정신으로 구체화했음을 기억해 두자. 명분을 우선시하는 한국인의 사고방식에 쉬이 허용되지 않는, 박정희는 그런 유형의 지도자였다.

"이 글 쓰고 욕 먹겠다" 왜?

역사적 맥락도 마찬가지다. 우남 이승만이 기독교적 패러다임으로 낡은 유가적 질서를 혁파하려 했다면, 박정희는 몸에 밴 상무倘武 정신과 실용주의로 20세기 삶에 걸맞은 한국인의 정신세계를 구현하고자 했다. 그게 내가 아는 역사 상식이다. 손바닥으로 하늘을 가린다더니 이 땅의 속류俗流 지식인 무리는 그걸 애써 거부하거나 모르는 척을 해 왔다. 그래서인지 지금도 박정희라면 앙앙불락한다. 지적知的 난쟁이 혹은 역사 속 미아迷兒에 불과한 그들이 볼 때 박정희는 600년 내내 몸에 밴 문약文弱의 전통에서 멀찍이 벗어나 있어 더더욱 낯선 것이다. 그래서 궁금해졌다. 김상기 교수가 미국이 아닌 한국 사회에서 계속 활동했더라면 어땠을까. 그 경우에도 과연 그렇게 용기 있는 고백을 할 수 있었을까? 실제로 그의 글 말미는 이렇다.

> 활자로 된 글은 영원히 남는다. 나는 이 글로 두고 두고 (동료 지식인 사이에서) 욕을 먹겠다.

나 역시 김상기 교수 표현대로 욕먹을 각오로 오래 전 『박정희, 한국의 탄생』(살림, 2009)이란 단행본을 펴냈다. 그건 책 한 권을 떠나 요즘 유행어대로 '인생 저술'이었다. 누가 뭐라고 하건 지긋지긋한 이 나라 지식 사회 눈치 안 보고 내 갈 길을 가겠다는 사회적 선언이기도 했다. 이후 나는 KBS 이사로, 영광스러운 박정희대통령기념재단 이사로, 그리고 좀 더 강한 목소리를 내지르는 유튜버 평론가로 활동해 왔다.

그 결과 돌아온 것은 "조우석은 수구꼴통, 극우"라는 손가락질이었다. 물론 나는 미동조차 하지 않는다. 이런 기형적인 지식 사회 풍토는 내게 이미 오래 전부터 관심사였다. 특히 신문 기자 생활하는 내내 궁금했다. 다행스럽게 주로 문화부 소속 기자를 하면서 한국 사회의 병적인 풍토를 성찰할 수 있는 기회가 주어졌는데, 그게 내겐 컸다.

사실 기자 생활을 시작한 1980년대 초반부터 나는 항상 편집국에서 으스대며 다녔다.

"야, 알지? 문화부 기자는 말이야, 대학교 출입하며 운동장이나 도는 사회부 기자랑은 차원이 달라. 우린 교수 연구실 문을 두드리잖아."

문화부는 당시에도 최고 인기 부서로 꼽혔다. 젊은 기자들일수록 더했다. 나중에 간부가 된 내게 인사철만 되면 문화부로 옮기게 해달라는 간절한 눈빛을 보내오는 후배 기자들 애원 앞에서도 목에 잔뜩 힘을 줬다.

"문화부 기자를 하려면 삼 대째 덕을 쌓은 집안 출신이라야 된다니까."

그러면서 나름 얻은 한국 사회에 대한 성찰을 짧게 정리하면 이렇다. 완전무결하고 숭고한 민주주의란 것은 한국인에게 있어 대한민국 건국과 함께 '짜잔'하는 순간 주어졌다고 대부분이 착각한다. 누가 됐든 그저 누리기만 하면 되는 게 그 고결한 민주주의라는 것인데, 욕심 많은 역대 독재자들이 그걸 훼손해 왔다는 것이 우리의 또 다른 착각이다. 때문에 우리의 현대사란 민주주의 금자탑을 지켜 온 '민중 저항의 역사'라고 억지를 부린다.

지식 장사꾼들을 조심하라

그런 지식 장사꾼들을, 섣부른 먹물 선동가들을 내가 어디 한둘을 만났겠는가. 일테면 정치학자 최장집(고려대 명예교수) 같은 이들이 민주주의교의 거룩한 사제인양 으스댄다. 물론 나는 면식이 있는 그를 신뢰하지 않는다. 더욱이 그는 '민주화 이후의 민주주의'가 필요하다는 궤변을 늘어놓더니 급기야 '민주주의의 민주화'가 필요하다며 지적 사기를 치며, 한국인에게 나쁜 영향을 끼친 사람이다.(실제로 그는 『민주화 이후의 민주주의』, 『민주주의의 민주화』란 단행본을 각각 펴낸 바 있다.) 최장집만 그런 것은 아니다. 그건 지적 풍토였다. 그보다 윗세대인 정치학자 차기벽(1924년 생, 전 학술원 회원)도 오십보백보다.

　그의 작품은 2013년에 『민주주의의 이념과 역사』(아르케)로 재출간되었다. 세상은 그를 민주주의 이론의 교과서로 떠받들었다. 사회과학의 고전이라고 칭송했다. 하지만 내 눈에는 환상적 민주주의에 정신이 팔려 현실을 못 본다는 공통점이 훤히 보였다. 차기벽, 최장집 등은 앞선 김상기 교수의 표현대로 "교과서 읽고 원칙론을 맹신하는 선비, 수신제가 좋아하는 군자, 서구식 민주주의 좋아하는 사람"들의 전형에 지나지 않는다. 그런 그들이 지금도 박정희 이름만 나오면, 유신 소리만 나오면 부글부글 끓는 것도 다 그 때문이다. 지금의 반체제 운동권을 키운 것도 결국은 '유신'이라고 그들은 못마땅해한다. 유감천만이 아닐 수 없다. 실은 이 나라 지식 사회 풍토 전체가 그렇게 왜곡됐다.

해방 직후부터 그러했다. 당시 좌익 세력이 장악했던 중·고교와 대학의 캐치프레이즈catchphrase가 몽땅 '민주 학원'이었다. 한국인 모두는 "민주주의 아니면 죽음을 달라"는 식의 조숙早熟한 민주주의, 과잉 민주주의에 중독되어 있었다. 이 통에 1987년 체제 이후 온갖 민주팔이들이 끼어들어 나라 전체가 출렁대고 북새통인 건 어찌 보면 당연한 노릇이었는지 모른다. 대한민국의 민주주의를 부르주아 민주주의라고 조롱하는 신영복, 북한의 인민민주주의와 닮은꼴인 진보적 민주주의를 내세우는 옛 통진당 이석기도 모두 민주주의 사기꾼에 불과하다. 또 다른 야바위꾼 먹물인 유시민도 말장난에 불과한 『후불제 민주주의』란 책으로 젊은이들을 현혹시키고 있다.

그런 민주주의교의 거대한 굿판이 2016년 말, 2017년 초 박근혜 대통령 탄핵 파동이었고 촛불 광란이 아니었던가. 한국인 모두가 '더 많은 민주주의'를 소리 높여 외치는 꼴이었다. 저들 모두는 위험천만한 선무당식의 민주주의자들로 사람 잡는 것은 물론 끝내 대한민국 전체를 망가뜨리거나 말아먹을 수도 있다. 그들은 건국의 아버지들에게 돌을 던지는 게 습관이 됐고, 산업화의 영웅을 대접할 줄도 모른다.

여기까지가 내가 파악해 온 지식 풍토의 큰 줄기이고 현대 한국 정치의 현주소다. 경악스러운 대목은 그것이 결과적으로 이 나라 생존에 현실적 위협으로 작용하고 있다는 점이다. 이 나라는 일제로부터 벗어난 지 80년에 가깝다. 건국으로 따지면 70년을 훌쩍 넘겼지만 여전히 껍데기만 남은 나라다. 언제라도 죽을 수 있는 취약한 국

숨결이 혁명 될 때

가인 것이다. 그야말로 미생未生 국가다. 물론 내가 만든 신조어이지만 우리가 소원하는 완생完生 국가 대한민국은 여전히 요원하다는 경고를 거의 10년 전부터 해 왔다. 다 박정희와 관련된 성찰에서 출발했다.

말하자면 한국 지식 사회의 거대한 허위의식이 끔찍한 수준이고, 그것이 반反박정희를 넘어 반反대한민국 정서로 가지를 뻗어서 '완생 국가 대한민국'을 불가능하게 만들고 있다.

문제는 그런 정서가 대중의 마음과는 따로 놀고 있다는 점이다. 즉, 박정희에 대한 마음을 닫은 지식인 집단과 달리 대중들은 상대적으로 허위의식에서 자유롭다. 역대 대통령 선호도를 묻는 여론조사에서 박정희는 언제나 부동의 1위다. 그것도 2위와의 격차가 엄청 크다. 2008년 KBS가 실시한 조사에서 '역대 대통령 가운데 역할을 가장 잘한 이는 누구냐'는 질문에 응답자 69.8%가 박정희를 꼽았다. 나머지는 김대중(12.5%)과 노무현(4.5%) 순이었다.

'유신 문턱' 넘어서기

어디 이런 반응은 어제 오늘의 일이던가. 서거 10주년이었던 1989년, 그러니까 조직적인 박정희 격하 운동이 벌어진 지 10년이 지난 시점에 실시한 『조선일보』의 여론조사에서 박정희를 제외한 네 명의 대통령이 '잘했다'보다는 '잘못했다'는 비율이 높았다. 모두 마이너스 점수를 받은 셈이다. 유일한 예외가 박정희였다. '잘못했다'는 평가(5.6%)를 멀찍이 따돌리고 84.7%가 '잘했다'고 응답했다. 1992년 미디어리서치 조사에서도 박정희(88.3%), 전두환(3%), 이승만(2.8%)의 순이다. 이런 구조 속에서 우리는 2022년인 올해 10월 유신 선포 반세기를 맞는데, 내 눈에 참 기이한 게 잡혔다.

박정희를 높게 평가하는 사람들조차도 '유신 문턱'에만 다다르면 번번이 걸려 넘어지기 일쑤라니. 1972년 10월 17일 박정희는 국회 해산과 함께 비상계엄령을 선포했는데 당시 최고 지도자의 결단을 놓고 반세기 가까운 지금도 대부분이 비판적이다. 초헌법의 비상조치인 유신은 장기 집권의 음모이자 대통령 절대 권력을 위한 궁정 쿠데타였다며. 국민 기본권 침해를 제도화한 헌법을 도입하고, 체육관 대통령을 뽑았으니 명백한 민주주의 후퇴라는 것이다. 박정희 18년은 유신 선포 이전과 이후로 갈리는데, 유신 이후 빠르게 피폐해져 갔다고 단정하는 이도 많다.

그런 통념은 '박정희는 경제발전에 큰 공헌을 했지만 정치적으론 흠집이 적지 않다'는 것으로 굳어졌다. 5·16혁명으로 등장한 것부터가 반민주적이었으며, 10월 유신으로 민주주의를 또 한 번 훼손했다는 요지부동 인식이다. 비판을 전혀 이해하지 못하는 것은 아니다. 실제로 유신체제를 선포하면서 박정희는 "조국 근대화의 중단 없는 수행을 위하여" 그런 비상조치가 필요했다고 밝혔지만 직후 우리가 치렀던 비용이 매우 컸기 때문이다. 국민 투표를 거쳐 채택된 유신 헌법은 박정희 그 자신이 만든 대통령 3연임 구조까지도 허물어버렸다. 박정희의 통치 기간을 알 수 없게 만들었으니 종신 집권이란 비판이 나왔던 것도 자연스럽다.

숨결이 혁명 될 때

유신체제 출범 이후에도 논란은 거듭되었다. 그러자 박정희는 1975년 유신 헌법에 대한 국민 동의를 묻는 국민 투표를 실시하는 강공을 거듭했다. 유신체제의 핵심은 대통령 권한의 절대적 강화다. 제한받지 않는 대권 행사를 위해 통일주체국민회의의 간선에 의한 대통령 선거와 함께 대통령 임기를 6년으로 했고, 임기 제한은 철폐되었다. 대통령은 긴급조치와 계엄선포권을 갖게 되었으며, 긴급조치는 사법적 심사 대상이 되지 않았다. 국회 역시 대통령이 해산시킬 수 있는 대통령제의 부속물에 지나지 않았다.

그렇다. 완전무결하고 숭고한 민주주의란 것이 건국과 함께 주어졌고, 이젠 누리기만 하면 된다고 믿었던 많은 국민과 지식인들이 이 난데 없는 유신 선포로 받았던 깊은 상처를 우린 이해해야 한다. 언론인 김진현 당시 동아일보 기자가 털어놓았던 소회는 내게 지울 수 없는 이미지로 남아 있다. 더욱이 그는 내가 문화일보 기자로 일하던 당시 회장으로 부임해 오셨다. 그를 모시며 많은 얘기를 듣고 배웠고 사랑까지 받았지만, 한참 뒤 그가 펴낸 『일본 친구들에게 정말로 하고 싶은 이야기』(한길사, 2006)에 유신 선포 직후 자신의 심경을 털어놓는 것을 보고 흠칫했다. 당시 그는 하버드대 연수중으로 대한민국의 유신 선포 뉴스를 『뉴욕타임스』 1면 머리기사로 보았는데, 폐쇄된 국회 정문을 지키는 군인과 탱크 사진이 실린 기사를 보는 순간 눈물이 왈칵 끼쳤다고 했다.

이제 유신이라는 이름으로 펼쳐질 자유와 민주화 세력에 대한 탄압과 한미 간의 마찰, 그리고 이제 가장 아프게 탄압 받을 동아일보의 운명이

나를 비감하게 만들었다. 쏟아지는 눈물을 추스를 겸 공기를 쐬려고 (당시에 묵던 숙소인 니만하우스의) 문을 열고 나섰으나 다리에 힘이 빠져 계단에 풀썩 주저앉아 버렸다. 그때 막 하우스로 들어오던 미국 동료가 놀라며 왜 우느냐고 물었다. 나는 아무 말도 하지 않고 신문을 건네주었다 (147~148쪽).

감정 총량 법칙

나는 안다. 유신 선포 전후 형성된 집단 심리가 박정희 통치 과정에 대한 짙은 피로감으로 연결됐음을. 누구라도 거기에서 자유롭기는 힘들었을 것을 인정한다. 앞에 언급한 당시 김진현 회장은 이미 동아일보 경제부장을 역임했다지만, 30대 중반의 젊은 피였다. 그의 남다른 애사심과 충정 그리고 엘리트 의식은 한국의 민주주의를 중단시킨 박정희에 대한 비판의식으로 연결될 수밖에 없었다. 나 역시 비슷했을 것이다. 유신 세대로 분류되는 내가 대학에 입학했을 때가 1975년도였다. 재학 시절 내내 긴급조치 발표를 숨죽이며 지켜봐야 했으며, 친구들과 함께 울분을 토하기도 했다.

　유신 선포 이후 다분히 억압적인 분위기에서 캠퍼스는 자유롭지 못했다. 이후 오랫동안 한국 사회는 '박정희 피로감'에서 자유롭지 못했음을 얼마든지 인정한다. 어느 정도였을까. 박정희와 뗄 수 없는 관계였던 전두환 전 대통령마저도 그런 피로감을 품고 있었다는 사실을 훗날 확인하고 흠칫한 적이 있다. 전두환이 누구던가. 그는 "박정희 없이 전두환이 없었지만, 전두환 없이 박정희 역시 없었다"고 자부하는 사람이다. 『전두환 회고록』에 그런 표현이 들어 있을 정도다.

말하자면 박정희가 시작했던 것이 산업화 프로젝트였는데 그것을 마무리한 사람이 전두환이었으니 둘 사이의 역사적 연결 고리를 부인할 사람은 없다. 그 이전 초급장교 시절의 전두환은 5·16혁명이 터지던 날 바로 스스로의 판단으로 쿠데타 주인공 박정희를 면담하는 데 성공했다. 며칠 뒤에는 육사생도 서울 시내 행진을 성사시켜 혁명의 성공을 이끌어 낸 공헌을 했다. 넓게 보면 전두환은 '박정희 사람'이 맞다. 때문에 둘 사이 국정 철학 공감대도 넓으리라고 보는 게 상식이다. 그런데 아니었다. 『전두환 회고록』에 등장하는, 한두 번도 아니고 반복해 쓴 뜻밖의 표현. 명백한 박정희 피로감이고, 자신은 전임자처럼 통치하지 않았다는 목소리가 담겨 있다.

> 취임할 때 나는 내 임기 중에는 어떠한 위기가 닥쳐도, 그것이 외부의 공격이 아닌 한 결코 군을 동원하지 않겠다고 스스로 다짐했다. 국내 소요사태에 군을 동원하는 순간 5공화국의 명예는 그것으로 사라지게 되는 것으로 생각했다(『전두환 회고록』, 2권 635쪽).

전두환은 3공, 특히 유신 선포 이후 4공과는 다르다는 것을 5공의 명예라고까지 언급했음을 충분히 유념할 일이다. 박정희는 1960년대 한일회담 반대 시위를 위수령으로 해결했고, 이후 유신 선포로 계엄 선포권까지 가졌으니 적지 않게 무리한 통치를 한 게 사실이 아닌가

하는 전두환의 비판적 인식이 짙게 깔려 있다.

사실 전두환 대통령은 자신의 최대 업적으로 정해진 임기만 채운 뒤 내려왔다는 이른바 단임單任 실천을 꼽는다. 재임기간 내내 입만 열면 공식석상에서 그런 의지를 반복해 천명했다. 지금 생각하니 박정희 피로감에 따른 의도적인 차별화 전략의 일환이었다. 3연임에 더해 종신 집권 혐의까지 있는 유신체제 선포를 하는 박정희와 같은 무리수를 결단코 두지 않겠다는 그의 심리가 깔려 있었던 것이다.

박정희를 이해한다는 것은 그만큼 어렵다. 박정희 자신이 주자학적 명분론을 넘어섰던 아주 예외적인 유형의 지도자였던 데 비해 한국인 대부분은 근본주의 성향의 유가적 질서에 갇혀 있어서다. 그런 한국인 특유의 정신사적 구조에 더해 역사의 비약을 일궈냈던 박정희의 빅 푸시 유신의 이해는 더더욱 힘들다. 그걸 영구 집권과 종신 대통령의 꿈을 위한 것으로 속단해 완고하게 자리 잡고 있는 이유다. 심지어 전두환마저도 박정희 이해는 절반에 멈추고 있음을 확인하지 않았는가.

현대사에 끼친 박정희의 역할을 꽤 이해하는 사람조차도 유신의 문턱에 걸려 넘어지는 이유가 여기에 있다. 그들은 박정희와 그의 시대 전체에 대한 통찰을 하지 못한 채 유신이 영구·종신 집권을 위한 제도화이고 그조차 권력욕에서 자유롭지 못했다는 비판에 합류하곤 한다. 그 결과 유신은 반민주의 폭거라는 쪽에 손을 들어준다. 그렇다면 한국 사회에서 박정희는 원조 적폐이며, 특히 유신은 정치적 변호의 여지조차 없는 것이란 말인가? 고맙게도 『박정희가 옳았다』의 저자인 이강호는 "5·16과 10월 유신은 정치적으로 변호하면 안 되는가?"라고 정면에서 묻는다. 그게 바로 나의 입장이다.

지금은 2,000년대다. 유신 선포 이후 정확하게 반세기가 흘렀다. 이 정도 세월이 흘렀으면 박정희는 더 이상 시시콜콜한 걸 두고 다투는 시사時事 속 사람이 아니다. 역사 속 인물이다. 우리 시야를 가렸던 뿌연 역사의 먼지가 다 가라앉은 지금, 현대사가 더 잘 보이지 않는가. 이 과정에서 박정희 모습도 실물 크기로 잘 보인다. 역사의 시선으로 박정희를 들여다보라. 그동안 시야에 들어오지 않던, 잡히지 않던 그의 모습이 보인다. 건재한 2,000년대 대한민국 그 자체가 반세기 전 박정희의 유신 결행 정당성을 웅변해 주는 역사적 증거물인 것이다.

혁명의 시작과 끝

박정희가 결행했던 일련의 선제적 국가 혁신이 없었더라면 당시 전방위로 몰아친 국가 위기는 어떻게 돌파할 수 있었을까. 그걸 지금 되묻고 싶다. 아시아의 안보는 아시아가 대처하라는 닉슨 독트린의 파고부터 심상치 않았다. 1969년 그해 베트남에서 미군이 철수하기 시작했고, 이후 6년 뒤 남베트남이 지구상에서 사라지고 말았다. 그에 비해 박정희는 전혀 다른 선택을 했는데 유신이 바로 그것이었다. 유신이 성공해서 오늘의 우리가 있음을 부정할 순 없다. 그렇다면 국가 위기 상황에서 최고 지도자가 구상해 왔던 정치사회 혁신을 겨냥한 정면 돌파를 적극적으로 재평가하는 건 당연한 일이 아닐는지.

때문에 유신은 두 갈래다. 첫째, 권력 구조 개편으로 절차적 민주주의 유보 등 한시적 조치가 있었다. 둘째, 그와 별도로 혁명지도자 박정희가 꿈꿔 온 국가 경영 철학의 근본적인 실험과 국가 개조의 길을 추구했다. 이게 포괄적으로 국가 훈련이다. 국가 훈련? 요즘엔 낯선 용어다. 그걸 꾸준히 상기시켜줬던 분이 박정희를 모셨던 당시 경제2수석비서관 오원철이다. 그는 생전에 이렇게 단언했다.

경제발전을 뒷받침하려는 정치적 의지가 변질되거나 중단되는 일이 벌어졌다면, (유신 선포가 없었다면) 1970년대의 한국은 망하고 말았을 것이다. 요사이 많은 사람들이 박정희 대통령은 경제에는 성공했지만, 민주주의에는 실패했다고 말한다. 박 대통령 아래서 장관을 지냈던 이들조차 공개적으로 중화학공업과 유신 개혁을 별개인 것처럼 이야기한다. 나는 이렇게 말한다. '중화학공업화가 유신이고, 유신이 곧 중화학공업화다.' 그게 진실이다. 하나 없이는 다른 것도 존재할 수 없었다. 중화학공업이 성공한 것은 그게 굴러가도록 박 대통령이 국가를 훈련시켰기 때문이다. 유신이 없었다면 국가훈련은 없었다. 이걸 무시하는 건 비양심적이다.

그 증언은 국립오스트레일리아대학 정치학과 교수 김형아가 쓴 책 『박정희의 양날의 선택』(일조각, 2005)에 등장하는, 이제는 아주 유명해진 말이다. 유신체제 구축이란 고도성장, 그리고 국가 혁신을 위해 당시 우리가 치러야 했던 기회비용이라는 의미심장한 주장이다. 차제에 김형아도, 자문자답도 함께 기억해야 한다.

숨결이 혁명 될 때

"중화학공업화를 추진하기 위해 유신은 반드시 필요한 것이었는가?"

"그렇다."

김형아가 내린 최종 답은 "그렇다"이다. 중공업-유신을 사과에 비유한다면, 두 사람의 견해란 중화학공업화가 씨앗이고, 유신체제는 그것을 감싸서 보호하고 있는 과육果肉이란 뜻이다. 그동안 사람들은 거꾸로 생각해 왔다. 장기 집권과 대통령 권력 강화가 씨앗이고, 유신은 그걸 감싸기 위한 과육일 뿐이라. 무엇이 맞는 것일까?

나는 이 부분에서 오원철-김형아의 판단보다 한 걸음 더 나아가기로 결심했다. 10월 유신에 대한 보다 적극적 옹호 작업이다. 박정희가 고심 끝에 내린 10월 유신 결단이야말로 혁명적 지도자가 취할 수 있는 최대치의 통치 행위에 속하며, 오래 전부터 구상해 온 국가 개조의 꿈을 절대의지 형태로 드러낸 것이라고 본다. 이 경우 박정희에 대한 판단도 바뀐다. 즉, 유신 단행이야말로 혁명지도자 박정희의 진면목을 보여 줬으며, 그걸 결행하지 않았더라면 그는 쿠데타를 일으킨 군부 지도자의 한 사람 정도로 역사에 기록되고 말았을 것이다.

몇 해 전 나는 박정희대통령기념재단 학술행사에서 이렇게 언급한 바 있다.

유신 개혁에는 또 다른 차원이 있다. 앞서의 기능적 역할과 정치경제학의 철학 외에 대한민국적 가치를 한층 더 끌어올린 혁명적 시도라는 게 이 글의 시각이다. 그래서 유신은 미래 가치에 속하며, 지금도 국가 경영과 사회 운영에서 영감의 원천이다. 영국 수상 마거릿 대처와도 비슷했다. '영국적 가치'를 지켜야 한다는 소명 의식을 가졌던 대처는 "나의 목표는 영국인의 마음과 영혼을 바꾸는 것"이라며 영국병 치유에 매달렸다. 박정희도 마찬가지였다. 그는 "퇴영과 조잡과 침체에 빠진" 한민족의 한계를 몰아내려고 5·16을 일으켰고, 그 가능성을 1960년대 실험한 뒤 "유교적 명분론에 빠진" 한국병을 모두 몰아내려고 유신을 단행했다('1972년 유신에서 대한민국은 무얼 배울까').

결론을 말하자면 5·16의 완성이 10월 유신이었다. 유신 단행과 함께 박정희는 비로소 박정희답게 되었으며, 자기완결성을 가진 정치 지도자로 완성됐다. 분명히 언급하지만 유신에 대한 온전한 이해 없이 5·16은 물론 20세기 문제적 인물 박정희의 총체적이고 실체적 진실에 접근할 수 없다. 또 있다. 유신 신포 반세기, 그에 대한 온전한 재평가가 필요한 게 지금이지만 거기에서 멈출 수 없다. 유신 선포 반세기의 재평가는 한가한 역사 논쟁이 아니다.

유신이 앞서의 기능적 역할 외에 대한민국적 가치를 한층 더 끌어올린 혁명적 시도라면, 그래서 미래 가치에 속하는 게 사실이면 2,000년대 지금의 국가 경영과 사회 운영에서 암시를 전해 줘야 옳다. 지금은 핵무기 실전 배치를 1~2년 앞둔 북한 앞에 벌거숭이 상태로 노출된 대한민국이 국가 존망의 위기에 처한 국면이다. 지금의 변화된 상황에서 위기에 처한 국가의 보위와 체제 대혁신의 선제적 조치는 무엇이 있을까? 그건 박정희의 유신이 오늘의 우리에게 던지는 질문이다.

숨결이 혁명 될 때

2

싱가포르 리콴유에게 말 걸기

조
우
석

가던 길을 막고 물어 보라. 누구나 "이대론 안 된다"고 입을 모은다. 대한민국을 새롭게 설계하자는 게 민심이고 현실이다. 대다수 국민은 무늬만 민주주의를 경험하고 있을 뿐이며 실제론 정의롭지 못한 사회, 부정부패가 만연한 정치, 그리고 명분뿐인 정권 교체에만 몰두하는 기득권 정치 세력 집단에 진저리치고 있다. 여기에 자유 민주주의와 시장경제를 위협하는 주사파 종북 세력의 대한민국 흔들기도 우릴 못내 불안하게 한다.

이대로는 안 된다

'심중에 남아 있는 말 한마디는 끝끝내 마저 하지 못하였구나.'

서정시인 김소월의 '초혼招魂'이 느닷없이 뇌리를 스친 건 다만 우연은 아니었다. 『숨결이 혁명 될 때』 이 책을 만들자는 첫 구상이 나왔을 때부터 나는 자리를 함께했다. 유신 50년인 2022년 한 해를 젊은 감각으로 무장한 멋진 단행본으로 장식해 볼 계획이었다. 유신은 물론 박정희와 5·16혁명 전체를 들여다보되 대중에게 통할 수 있는 콘텐츠를 원했고 그걸 위해 절차를 밟았다. 연락이 닿는 분들에게 두루 전화해 n분의 1씩 원고를 요청한 것은 2021년 말이었다. 남의 등만 떼밀 수 없어 나 역시 한 꼭지를 끼적여야 했다. 그게 앞에 등장한 글이다.

문제는 그걸 나중에 다시 들여다보니 내 성에 안 찼다. 미적지근한 박정희 옹호에 그친 듯했고 여전히 미진했다. "5·16의 완성이 10월 유신이었고, 그걸 단행함으로써 박정희는 비로소 박정희답게 되었다"고 호기롭게 언급한 듯했지만 뒷감당은 못했다. 50년 전 언저리를 맴돌다 그친 듯했다. 그래서 '그 구절이 어떻게 되더라?'하며 찾은 시구詩句가 '초혼'이었다. 시구처럼 '선 채로 이 자리에서 돌이 되어도 좋다'는 각오로 속마음 일부를 더 드러내기로 했다. 알고 보면 명쾌하다.

'10월 유신이 그 옛날 진정한 국가 혁신의 큰 결단이 맞다면 이후 반세기 뒤인 지금 또다시 가사假死 상태에 빠진 우리 사회야말로 또 한 번 그런 선제적 조치가 요구되는 건 아닐까'에 대해 말하고 싶었던 것이다.

가던 길을 막고 물어 보라. 누구나 "이대론 안 된다"고 입을 모은다. 대한민국을 새롭게 설계하자는 게 민심이고 현실이다. 대다수 국민은 무늬만 민주주의를 경험하고 있을 뿐이며 실제론 정의롭지 못한 사회, 부정부패가 만연한 정치, 그리고 명분뿐인 정권 교체에만 몰두하는 기득권 정치 세력 집단에 진저리치고 있다. 여기에 자유 민주주의와 시장경제를 위협하는 주사파 종북 세력의 대한민국 흔들기도 우릴 못내 불안하게 한다. 윤석열 정부로 바뀐 지금도 구조는 여전하다.

제2유신론 등장 왜?

더 냉정하게 말하면, 지금 이 나라는 좌익의 위협에 노출된 채 국가 자살을 향해 달려가는 중이다. 일테면 사회를 끌고 가는 가장 중요한 공공재이자 사회간접자본이 바로 정당인데, 지금 이 나라에서 가장 큰 두 공당公黨의 현주소만큼 가슴 철렁한 것이 없다. 180석을 자랑하는 더불어민주당은 당 강령에서 정치 행태에 이르기까지 차라리 북한 조선로동당의 형제당에 가깝다. 정확하게는 대한민국 부정 세력이라고 봐야 한다. 이를 견제해야 할 제1야당 국민의힘은 자유 민주주의 깃발 들기를 포기한 사쿠라 중도中道 정당이나 진배없다.

조·중·동 주류 언론과 지식인 집단도 마찬가지다. 그래서 나는 앞 글에서 이 나라는 건국으로 따지면 70년을 훌쩍 넘겼지만 여전히 껍데기만 남은 미생 국가라고 언급했다. 우리가 소원하는 완생 국가 대한민국은 아직도 요원하다. 실제로 "제2의 유신 없이 대한민국의 내일은 없다"는 말을 자주 듣곤 하는데 나는 그걸 천명하고 싶다. 왜 제2의 유신이 필요한지, 왜 그런 리모델링과 대청소가 요구되는지 이유까지 드러내고 싶다.

고백하자면 입만 열면 제2 유신을 강조했던 사람이 사회학자 류석춘 전 연세대 교수다. 반박정희 분위기에 눌려 그 말을 공론화하지 못했을 뿐이다. 그렇지만 나는 이 글에서 작정하고 내지르고자 한다. 그렇다고 자의적으로 오버할 생각은 없다. 싱가포르의 위대한 지도자 리콴유에게 말을 거는 방식으로 박정희의 전체를 다시 조감해 보려고 한다.

7년 전, 그러니까 2015년이다. 당시 리콴유가 타계했을 때 많은 이들이 그를 싱가포르 국부國父이자 현대 아시아의 거인이라고 칭송해대는 것을 지켜봤다. 합당한 자리매김이겠지만 나는 못내 서운했다. 서운하다 못해 억울했다. 남의 나라 지도자는 그렇게 떠받들면서 막상이 나라 건국 대통령과 부국 지도자는 독재자로 매도하는 못된 풍토가 기가 막혀서였다.

한국 사회 특유의 고약한 이중성 혹은 허위의식이 하늘을 찌르고도 남는다. 그래서 따지듯 묻지 않을 수 없었다. 리콴유는 대체 몇 년을 집권했지? 무려 31년이다. 초대총리 취임 이후 재임 기간만 따져도 그러했는데, 은퇴 이후 선임 장관으로 막후 영향력을 행사한 것까지 포함하면 놀랍게도 반세기 동안 거의 무한 권력을 누렸다. 그래서 물어야 한다. 한국의 풍토라면 과연 용납했을까? 더구나 그의 아들(리셴룽)이 지금 그 나라 총리로 군림 중이지 않은가. 우리나라였다면 "부자지간에 다 해 먹는다"고 난리를 쳤을 것이고, 국민은 그를 내쫓을 궁리에 여념 없었으리라. 그리곤 그 잘난 풍토를 민주주의 승리로 포장했을 게 뻔하다.

더 냉정하게 말하면, 이 나라 이 땅의 풍토라면 리콴유는 정계 입문조차 하지 못했을 거라는 게 내 판단이다. 그에게 붙여진 친일파 딱지부터 걸림돌이 됐을 터였다. 젊은 시절 리콴유는 일제 점령기에 일본군 정보부에서 일을 했다. 그 일을 하며 입에 풀칠을 했고 선진 제국의 문물을 배울 수 있었다. 한국이라면 어떠했을까. 과거사란 이름으로 입에 풀칠하고 선진 제국의 문물을 배운 것을 굳이 문제 삼고 상처 냈을 것이다. 반면 싱가포르 사람들은 무던히도 참아냈고 마침내 걸출한 지도자를 만들어 냈다.

그것 말고도 리콴유의 약점은 또 있다. 그는 동시에 친영파 인사였다. 일제가 물러간 뒤 등장한 새 식민제국 영국으로 유학을 갔다는 것 자체가 속 좁은 한국 좌파 민족주의 논리 속에서는 제국주의 주구走狗

　숨결이 혁명 될 때

다. 더구나 귀국 후 리콴유는 정치 입문 직후 영어를 제1공용어로 밀어붙였다. 비유컨대 그건 독립된 대한민국에서 공용어로 식민제국인 일본어를 갖다 쓰자고 제안한, 말도 안 되는 소리가 아니었을는지. 그랬다면 리콴유는 한국 땅에서 매판 지식인으로 찍혀 사회 활동조차 불가능했을 수도 있다.

그뿐인가. 그는 "언론 자유보다 우선하는 게 국가의 단합"이라는 소신을 가졌던 정치인이다. 세상이 아는 것처럼 그는 사민주의자 성향을 가졌다. 동시에 이승만·박정희 못지않은 강경 반공주의자로 유명하다. 잘난 한국 민주주의 풍토와 좌파 득세의 분위기에서라면 시대착오적인 독재자 소리에 수구꼴통이란 지적을 면치 못했을 게 명백하다.

이렇게 말하면 나의 주먹구구식 비교 작업에 동의하지 못하겠다며 펄펄 뛸 사람들의 모습이 눈에 선하다. 장관 인사청문회 때를 보라. "5·16이 쿠데타냐, 혁명이냐?"를 물으며 굴복을 요구하는 국회가 존재하지 않은가.

그 이전 초·중·고 교과서는 물론 대학 커리큘럼 자체가 온통 오염돼 있다. 그래서 대한민국 각 급 학교는 건국의 가치를 부정하고 한강의 기적을 폄하한다. 그뿐만 아니라 인문사회과학 학문 전체도 망가졌다. 경제학이 그러하고 정치학·사회학을 포함한 거의 모든 학문이 그 지경이다. 그래서 지금의 얼치기 먹물들은 구조적으로 이승만과 박정희를 해독할 수 없는 상황이다. 사회과학은 물론 인문학까지 '아카데믹한 거짓말', '학문이라는 이름의 사기詐欺' 대열에 합류해 반反이승만과 반박정희를 외친다. 유감스럽게도 많은 지식인이 이런 삼류

아카데미즘 주술에서 자유롭지 못하다.

반박정희 정서는 그렇게 증폭되어 오늘에 이른다. 그 결과 모두가 과거사를 들먹이며 자해自害에 열중하고 서로가 서로를 못 잡아먹어 난리다. 이런 이 나라 풍토가 쉬이 좋아질 것 같지 않다. 그래서 싱가포르의 리콴유를 칭송하는 목소리가 커질수록 나는 비감해지고 우울해진다. 리더십만큼 중요한 게 팔로워십Followership이다. 지도자의 비전만큼 훌륭한 리더십을 따르는 조직원들의 역량이 중요한데, 엉터리 학문체계에 삼류 선동 언론이 난리인 이 나라에선 팔로워십 미덕은 통하지 않는다.

싱가포르라는 거울

내친김에 조금 더 되새겨볼 게 따로 있다. 리콴유가 만든 싱카포르와 지금의 대한민국 비교 작업이다. 싱가포르는 1965년 건국(말레이시아 연방에서 분리 독립)과 함께 "몸통은 없이 심장만 물려받았던 국가"(리콴유 지음, 『내가 걸어온 일류국가의 길』, 69쪽)였다. 생존 가능성이 매우 희박한, 위험하기 짝이 없는 운명이었다는 뜻이다. 싱가포르와 대한민국 모두 생존 위험을 안고 만들어진 국가란 점에서 닮은꼴이다. 하지만 도시 국가 싱가포르가 더 잘 나간다는 건 모두가 안다. GDP가 6만 달러로 미국·일본보다 높으며, 우리의 딱 두 배다. 국가경쟁력 1~2위를 다투고 국가청렴도 세계 5위, 외환 시장 거래 규모는 세계 3~4위의 금융 허브다.

숨결이 혁명 될 때

강성 노조가 없다는 것도 부럽다. 그게 다만 우연일까? '기업하기 좋은 나라'를 목표로 국가 지도자와 정치권이 싱가포르 노동자와 국민을 교육시킨 결과다. 리콴유는 1979년 좌익 성향의 강성 노조를 해체한 뒤 합리적인 새 노총 탄생을 유도했다. "변화하겠느냐, 아니면 죽겠느냐?"며 국가가 있어야 노조도 있다고 설득했고 그것이 통했다. 그 결과 노동3권 중 단결권·단체교섭권은 인정하지만 단체행동권을 유보키로 합의했다. 대한민국 기준으로는 명백히 어용 노조이고 사쿠라 노조이겠지만 그렇게 곡해하는 사람이 싱가포르엔 없다.

강성 노조도 없고 엉터리 야당 또한 없는 게 싱가포르다. 집권 여당인 인민행동당이 사실상의 1당 독재를 하고 있고, 다당제인 그 나라에서 야당이 선거로 집권할 가능성은 거의 제로에 가깝다. 그렇다면 싱가포르는 독재·권위주의로 분류해야 하나? 더 놀라운 사실은 싱가포르는 "정치 다원화가 효율을 저해한다"는 점에 국가적 합의를 봤다는 사실이다. 대체 무슨 말일까? 대한민국처럼 정치 위기가 만성화돼 경제 발목을 잡으며 국민을 분열로 내몰지 않는다는 얘기다. 싱가포르라는 거울에 비춰 보니 2022년 우리의 몰골이 더 선명하게 보인다.

결단의 리더십

엉터리 야당, 막가파 노조가 없는 싱가포르에서 정말 부러운 건 정신줄 놓은 언론이 없다는 점이다. 이유가 있다. 리콴유는 1971년 국제신문편집인협회 연설에서 "신문은 정치적 영향력을 행사할 것이 아니라 국가 건설에 동참해야 한다"고 선언했다. 당연히 언론의 자유를 들먹이는 자들이 난리였다. 리콴유는 꿈쩍도 안 했다. 서구식 민주주의도 국가 이익과 공동선에 해가 된다면 봉쇄하겠다는 신념을 가진 게 그였기 때문이다. 그런 우여곡절을 거치면서 그 나라 풍토가 됐다. 싱가포르에선 정부 비방이나 국가 안전을 위협하는 글은 신문·방송이 실어주지도 않지만 혹시 국가 지도자를 매도하는 뉴스가 거짓으로 판명되면 엄청난 징벌적 배상을 물린다.

그런 저런 풍토 속에서 싱가포르 국민들은 비애국적이고 반싱가포르적인 것으로 분류되는 것을 매우 꺼린다. 아무나 "헬조선"을 외치는 게 습관이 된 한국의 황량하고 정신 나간 풍토와는 완전 정반대다. 지금 싱가포르 국민들은 자유와 민주를 앞세우기보다는 조금은 불편하더라도 잘살고 안정되게 나라가 굴러가기를 바란다. 저들은 우리와 달리 훌륭한 공민이다. 내 눈에는 싱가포르야말로 완생 국가 반열에 속한다. 한마디 더 하자. 국가 위기인 1970년대 유신 시절 미니스커트 길이와 장발을 단속했다고 우린 지금도 앙앙불락하며 사생활에 개입한 국가 권력을 저주하지만, 놀랍게도 싱가포르 국민은 21세기인 지금도 그렇게 산다.

리콴유는 독재자를 넘어 엄부嚴父였다. 껌을 씹거나 소지만 해도 큰 벌금(우리 돈 800만 원 내외)을 물리고 마약·매춘은 물론 포르노 유통 역시 엄하게 단속한다. 아는 사람은 다 안다. 채찍형·교수형도 있으며, 영장 없이 체포·구금하는 비민주적 요소도 시행 중이다. 반공 이념에 따라 우리나라 '국가 보안법' 비슷한 '국가 안전법'으로 국민 기본권을 유보해도 그것을 뭐라고 말하는 이가 없다. 결정적으로 집권 여당이 반

숨결이 혁명 될 때

세기를 훌쩍 넘게 집권해도(세계 최장이다) 국민 불만은 크지 않다.

이 분야의 필독서인 『리콴유 자서전』(문학사상, 2001)과 『내가 걸어온 일류국가의 길』(문학사상, 2001). 여기에다 미국 기자 톰 플레이트와 나눴던 만년의 대화록 『리콴유와의 대화』(RHK, 2013) 등을 봐도 리콴유가 한결같이 강조하는 게 결단의 리더십이다. 말레이시아 연방에서 분리 독립한 싱가포르를 어엿한 현대 국가로 탈바꿈시키기 위한 대전략으로 국가 관리형 자본주의를 도입했는데, 결단의 리더십은 그것을 실현하기 위한 수단이었다.

물론 그도 국민의 사랑과 인기를 원했다. 그렇다고 정치적 결단을 포기하는 물렁뼈 타입은 아니었다. 노회한 마키아벨리스트인 그가 대한민국의 박정희와 같은 정치 철학을 공유한 것도 자연스럽다. 1979년 방한했을 때 그가 청와대 만찬에서 했던 연설은 박정희 리더십의 상찬賞讚이자 평소 소신의 표현으로 재조명되어야 한다.

어떤 지도자들은 자신들의 관심과 정력을 언론과 여론조사로부터 호의적인 평가를 받는 데 소모합니다. 다른 지도자들은 자신들의 정력을 오직 일하는 데만 집중하고 평가는 역사에 맡깁니다. 각하께서 눈앞의 현실에만 집착하는 분이셨다면 오늘 대한민국은 존재하지 않았을 겁니다.

원조 박정희에게서 배운 리콴유

리콴유의 진심이 담긴 연설은 분명하다. 그 바탕에는 20세기 아시아 정치의 경험을 깔고 있다. 무엇보다 그 결단이란 것은 추상적 이야기가 아니고 바로 10월 유신을 지칭할 수밖에 없다. 이참에 더 묻고자한다. 그렇다면 어떻게 결단력 있는 리더십을 구현할까? 리콴유 정치 철학의 효율 지상주의 시스템과 포퓰리즘의 결별. 그것이 그걸 가능하게 했던 힘이다. 또 리콴유가 입이 닳도록 강조했던 중요한 것은 최고의 성과다. 이를 위해 그는 엘리트 시스템을 도입했고, 허울 좋은 평등주의 철학 따위는 내다 버렸다.

모든 사람은 평등하다고 믿는 것은 명백한 허위의식이거나 최악의 경우 사악한 속임수에 불과하다.

이게 실로 경이로운 발언인 게 중남미에서 남유럽에 이르기까지, 아니 지난 수십 년간 한국도 평등주의란 주술呪術에 사로 잡혀있지 않았나. 그래서 범용凡庸함과 하향 평준화가 대세이며, 경제민주화와 보편복지의 늪에 빠져 허우적대고 있지 않았나? 경제가 바닥을 기는 것도 평등주의의 저주 탓이다. 박정희처럼 리콴유가 서구식 민주주의를 경멸했던 것도 그런 맥락이었다.

실제로 그는 "작금의 민주주의가 최고의 정치 시스템이며, 이를 능가할 제도는 없다는 (서구의) 주장은 절대 진리일 수 없다"고 똑 부러지게 지적했다. 그가 아시아적 가치를 내세운 것도 결코 우연은 아니다. "비효율적 민주주의는 우민 정치와 포퓰리즘을 정당화한다"고 경고했던 것도 당연한 귀결이다. 흥미롭지 않은가. 더 흥미로운 것은 곰곰이 생각해 보면 리콴유의 정치 철학은 어디서 많이 들어본 말이다. 한강의 기적을 만든 박정희의 정치 철학이다. 즉, 박정희가 원조이고 그것을 배운 게 리콴유였다.

지금까지 나는 리콴유에 기대어 박정희를 언급했다. 완생 국가 싱가포르에 기대어 미생 국가 대한민국에 왜 제2의 유신이 필요한가를 암시했다. 그런 건 아마도 비교 정치학의 연구 대상이겠지만, 그 이전에 동시대를 함께하는 우리들은 느낌으로 그것을 알 수 있다. 그리고 리콴유에게서 건국 지도자 우남 이승만과 부국 지도자 박정희 분위기가 함께 느껴진다는 사실도. 어쨌거나 박정희·리콴유 통치철학의 유사성은 어쩌면 아시아적 개발 전략 혹은 아시아적 민주주의로 새롭게 규명되어야 할 대목이다. 박정희·리콴유 통치 철학의 유사성은 아시아적 개발 전략으로 새롭게 규명되어야 옳고, 20세기 정치 경험의 맥락에서 재조명되어야 한다.

그 이전에 강조하려는 것은 박정희의 대한민국이, 그의 유신 전략이 그의 돌연한 타계와 함께 미완의 꿈으로 그쳤다는 점이다. 이후 반세기, 지금의 대한민국은 정상 국가에서 멀다. 10월 유신이 진정한 국가 혁신의 큰 결단이 맞다면, 이후 반세기 시간이 흐른 지금 국가적 가사 상태에 놓인 2020년대 우리 사회야말로 또 한 번 그런 선제적 조치를 기다리는 중이다. 이렇게 해서 우리의 박정희가 왜 미래 가치이고, 그의 유신이 왜 이 나라 앞날일 수도 있는가의 논의가 더 활성화되길 바란다. 그리고 마무리 글에서 싱가포르 사례를 언급했지만, 멀리 갈 것도 없다.

"나라를 다시 만들 때가 됐나이다."

실은 그건 국가 경영의 요체다. 세상엔 영원한 게 없다. 일정한 시간이 흐르면 사람이고 국가고 거듭나야 하며, 그 과정을 거쳐야 활력을 얻는다. 내가 그런 뜻이 담긴 "나라를 다시 만들 때가 되었나이다國家再造之運"란 멋진 슬로건을 접했던 것은 10년 전, 원로 사회학자 송복 연세대 명예교수의 책에서였다. 그 책은 서애 유성룡이 쓴 명저 『징비록』을 2,000년대 우리의 관점에서 읽어내는 작업으로 『유성룡, 나라를 새로 만들 때가 되었나이다』(시루 펴냄)로 했다. "나라를 다시 만들 때"란 명제가 조선시대를 넘어 지금 우리 가슴으로 파고든다.

근대 이전의 그때와 2,000년대 대한민국의 지금이 같을 순 없다고 해도 구조는 닮은꼴이다. 당시 조선왕조는 굳이 유성룡의 지적이 아니더라도 16세기 동시대인 율곡 이이의 인식도 그랬다.

오늘의 나라 형세는 마치 오랫동안 고치지 않고 방치해 둔 큰집 꼴입니다. 동쪽을 수리하면 서쪽이 기울고, 남쪽을 뜯어고치면 북쪽이 넘어져서 어떤 목수도 손을 댈 수 없습니다. 기둥을 바꾸면 서까래가 내려앉고, 지붕을 바꾸면 벽이 무너지니 이건 나라가 나라꼴이 아닙니다.

율곡 이이의 상소문 일부로 "썩어 내려앉기 직전의 큰집", "나라가 나라꼴이 아닌 상황"은 400여 년 뒤 지금의 상황을 말하는 게 아닐는지.

꼭 반세기 전에도 그랬다. 박정희는 나라를 다시 만들자는 꿈을 감

숨결이 혁명 될 때

히 구현했다. 그래서 5·16을 일으켰고, 이후 다시 닥친 안팎의 국가 위기 속에서 유신을 단행했다. 7년의 짧았던 국가 혁신 기간 동안 국민 기본권이 제약당했던 것은 사실이다. 그렇지만 잉태된 옥동자도 분만할 수 있었다. 그게 지금 우리가 누리는 제조업 강국의 토대인 중화학공업의 성공이다. 무엇보다 되살아난 대한민국의 생존이란 엄청난 선물을 받았다. 이후 우린 산업화를 마무리 짓는 시대인 1980년대를 거치며 중진국을 넘어 지구촌의 신데렐라 국가로 우뚝 일어섰던 것 역시 엄연한 역사적 사실이다.

이 모든 변화의 출발이 유신임을 누가 부인할까. 당시 박정희의 결단을 놓고 반세기 뒤인 지금도 사람들은 비판적이고 무수한 뒷말을 만들어 낸다. 초헌법의 비상조치인 유신은 장기 집권의 음모이자 대통령 절대 권력을 위한 궁정 쿠데타였다고.

국민 기본권 침해를 제도화한 헌법을 도입하고, 체육관 대통령을 뽑았으니 명백한 민주주의 후퇴라는 그들에게 오늘 박정희와 유신의 실체적 진실을 거듭 알린다. 여기까지다. 앞에서 나는 "심중에 남아 있는 말 한마디"를 털어놓겠다고 선언했지만, 여전히 미진한 느낌을 떨칠 수 없다. 행간의 의미는 책 읽는 독자들이 깊이 헤아려 주길 바란다.

조우석

언론인이자 문화평론가. 서강대 철학과 졸업 이후 『문화일보』, 『중앙일보』 등에서 기자 생활을 했다. 2015~2018년 KBS(한국방송공사) 이사를 거쳐 6년간 박정희대통령기념재단 이사로 일했고, 현재는 유튜브 〈뉴스타운TV〉 평론가로 활동 중이다. 대표 저서로 『박정희, 한국의 탄생』(살림, 2009), 『좌파 문화 권력 3인방』(백년동안, 2019) 등이 있다.

고리 원자력 발전소를 시찰 중인 박정희 대통령

3

82년생 북한 김지영의 꿈

김
다
혜

민주화는 산업화를 이뤄야 가능하다. 그 산업화를 이끈
인물을 독재자라고 하는 것은 언어노난이다. 빅정희리는
인물은 누가 뭐래도 세계가 본받고 싶어 하는 인물이다.

역사, 그 아이러니함

우리나라는 반만년의 유구한 역사를 지니고 있다. 그렇지만 유감스럽게도 우리의 5,000년 역사는 주변국의 끊임없는 침략과 수탈로 인해 피눈물로 점철된 세월이었고, 기근과 역병 그리고 숱한 전쟁으로 인한 한恨과 고통의 기록이었다. 우리 민족의 이러한 시련은 1950년 6월 25일 북한의 남침으로 시작된 한국전쟁으로 정점에 달했다. 35년간 이어진 일제 식민통치로부터 해방된 기쁨도 잠시, 한반도는 극단적인 이념 분쟁에 휩싸여 남북으로 갈렸고, 결국에는 동족상잔의 참극을 겪어야만 했던 것이다. 그 결과 600만 명 이상의 사상자가 발생했으며, 전 국토는 완전히 초토화되고 말았다. 즉, 한국전쟁은 한민족韓民族이 그야말로 '밑바닥'을 친 사건이었다.

아이러니한 것은 우리 민족이 밑바닥 친 사건이었던 한국전쟁 이후

50여 년간이 한민족 5,000년 역사상 최고로 국운이 융성했던 시기였다는 사실이다. 이 짧은 기간 동안 우리나라는 유례없는 눈부신 발전을 이룩할 수 있었다. 세계 10대 경제 강국이 되었고, 세계 4대 스포츠(동·하계올림픽, 월드컵, 세계육상선수권대회)를 모두 개최하는 여섯 번째 국가가 되었다. 아울러 한국 드라마와 영화, K팝, 한식 등 한국 대중문화가 전 세계에 위용을 떨치는 문화 강국이 되었으며, 많은 외국인들이 우리나라를 동경하고 있다.

그렇다면 우리는 어디에서 이러한 기적의 원동력을 찾을 수 있을까. 첫 번째는 대한민국 건국 세력들의 올바른 가치관이며, 두 번째는 어떠한 여건 속에서도 이를 끝까지 지켜 낸 대한민국 초기 지도자들의 뚝심에서다. 이는 이승만과 박정희라는 두 명의 걸출한 인물을 빼놓고서 말할 수 없는 이유다.

이 부분까지 말을 하면 좌파를 뺀 대한민국 자유 우파 사람들은 '싱식에 속하는 말을 왜 할까'라고 생각할 수도 있겠지만, 내가 하고자 하는 말은 그게 전부가 아니다. 바로 뒤에 밝힐, 젊은 나의 삶에 파고든 특별한 의미를 가진 발견을 귀띔하고자 함이다. 그 전에 확신을 갖고 언급할 게 또 하나 있다.

대한민국은 건국의 아버지 이승만 대통령 덕분에 기독교적 가치관에 입각한 자유 민주주의와 시장경제체제 토대 위에 건국 되었다. 대한민국 제1대 국회 개원이 기도와 함께 시작된 이야기는 널리 알려져 있는 사실이다. 무엇보다 이러한 국가의 기틀을 확립하는 데 있어서 이승만 초대 대통령은 동시대 누구와도 견줄 수 없는 큰 공헌을 했다. 그는 당시 한반도를 둘러싼 국제 정세의 흐름을 정확하게 파악해 한미 동맹을 국가 안보 핵심 축으로 삼고, 북쪽의 유라시아 대륙 대부분을 장악한 공산주의 세력으로부터 대한민국을 수호했다.

이승만이 자유 민주주의, 시장경제체제, 한미 동맹이라는 국가의 기틀을 세웠다면 그 토대 위에서 조국 근대화를 이룩하고 대한민국을 부국강병으로 이끈 인물은 박정희 대통령이다. 박 대통령은 지긋지긋한 국민의 가난과 고난이 우리 민족의 사대주의와 자주정신 결여, 그리고 게으름 등에서 기인되었다고 믿었다.

박 대통령은 민족의 새 역사를 창조하기 위해서는 소수 엘리트들의 지도적 역할이 중요하다는 신념의 소유자였다. 그의 정신세계는 비타협적인 권위주의적 통치 형태로 나타났으나 역설적으로 한국 사회 전반에 축적되어 온 성장 잠재력을 최대한 동원해 선택과 집중을 가능케 한 원동력이 되었다. 그 결과 그의 집권기에 대한민국은 한강의 기적이라 불리는 눈부신 고도 경제성장의 토대가 완성되었다. 오늘날 우리가 맘껏 누리는 자유 대한민국의 풍요로움은 위의 두 지도자 공이 절대적으로 크다.

반면에 한국전쟁 이후 북한의 상황은 어떠했는가? 김일성을 신격화하고 만민평등을 외치며 공산주의와 계획경제를 추진했던 북한은 대한민국과는 영 딴판이었다. 밑바닥을 치고 올라가지 못했다. 그러기는커녕 오히려 밑바닥을 더 깊게 파고 내려갈 뿐이었다. 모두가 골고루 잘산다는 공산주의 이상은 자유와 합리적 이기심이라는 인간 본성과 맞지 않았다. 인간의 창의력과 잠재력을 억제하는 계획경제 시스템은 도태될 수밖에 없었기 때문이다. 김일성을 선택한 북한과 북한 주민들의 비극적 운명은 여기서부터 시작되었다.

그랜드 디자인의 위력과 북한식 계획경제

여기서 잠깐 내 소개를 하고자 한다. 이승만·박정희 그리고 김일성을 나란히 놓고서 언급하는 나로 말하자면 40세를 갓 넘긴 탈북 여성이다. 20대 후반이었던 2010년 뜨거운 여름에 자유를 찾아서 목숨 걸고 압록강을 건넜다. 이후 하나님의 가호와 인도하심으로 중국을 거쳐 2012년에 '자유의 땅' 대한민국 품에 안겼다. 더욱이 이화여대를 졸업하는 행운까지 거머쥐었다. 중요한 것은 내가 탈북하기 전, 북한의 물자 공급을 담당하는 상업관리소에서 회계 공무원으로 9년간 근무했다는 점이다. 즉, 북한 실물경제 흐름을 현장에서 직접 관리한 경험은 내게 커다란 무기였다.

한국에 온 후로 가끔 사람들과 북한경제와 관련한 대화를 하다 보면, 시장경제에만 익숙해서인지 북한의 경제 흐름을 잘 이해하지 못하는 경우를 종종 발견하곤 했다. 따라서 나는 이 시간과 공간을 이용해 북한식 계획경제 시스템이 어떤 것이며, 또 어떻게 변화해 왔는지에 대해 간략하게나마 설명하고자 한다.

대한민국 시장경제 즉, 이승만 대통령이 설계하고 박정희 대통령이 발전시킨 실로 위대한 '그랜드 디자인'이 얼마나 위력적인가를 거꾸로 확인해 보라는 제안이다.

북한은 국가가 모든 재화의 생산·분배·소비를 계획하고 관리하는 경제 구조다. 이것을 우리 실생활에 적용하여 설명하자면, 국가에서 나오는 배급만으로 삶을 꾸려 나간다는 뜻이다. 북한의 중앙행정기관 중에 주민들 생활과 밀접하게 연관된 행정기관은 수매량정성收買糧政省과 상업성商業省이다. 수매량정성은 주민들에게 곡물을 배급하는 일을, 상업성은 곡물 이외의 식료품과 공업품을 공급하는 일을 담당한다. 수매량정성 산하에는 도·시·군 단위로 량정사업소가 설치되어 있다. 량정사업소 아래에 다시 동 단위로 배급소가 있다. 주민들은 이 배급소에서 곡물을 배급받는다.

상업성도 마찬가지로 도·시·군 단위로 상업관리소를 산하에 두고 있다. 상업관리소 밑에는 다시 동 단위로 국영상점들을 둔다. 보통 단층 건물인 국영상점 안으로 들어가면 크게 두 파트로 나눠져 있다. 하나는 간장, 된장, 식용유, 어패류, 육류, 야채 등 곡물 이외의 식료품을 공급하는 식료품 상점이다. 다른 하나는 치약, 신발, 비누, 노트, 옷 등 공산품을 공급하는 공업품 상점이다.

다시 말해 북한 주민들은 량정사업소 산하의 배급소에서 곡물을 얻는다. 그리고 상업관리소 산하의 국영상점에서 곡물 이외의 식료품과 공업품을 공급받는다. 이것이 북한 경제생활의 기본 틀이다.

노동자 한 사람을 예로 들어 설명해 보기로 한다. 북한 노동자들은 모두 국가가 운영하는 공장이나 기업소에서 근무한다. 노동자들이 회사에서 한 달을 일하면 배급표와 월급을 받는데 이때 노동자들은 본인의 배급표뿐만 아니라 그 가족들 배급표도 함께 받는다.

배급표는 배급소에서 곡물을 배급받을 수 있는 증표다. 곡물 비율은 쌀이 30% 정도이고 나머지는 잡곡이다. 곡물의 일일 정량은 사람

신분에 따라 달라진다. 노동자는 하루에 700g, 학생은 400g, 주부와 노인은 300g, 유아는 100g이다. 각자의 배급표 위에는 자기 신분에 따라 정확하게 표시된 곡물 그램(g) 수가 적혀 있다. 배급은 15일마다 한 번씩 정해진 날에 실시된다.

예를 들어 부인이 있는 2인 가족이라고 가정해 보자. 노동자가 자신과 부인의 배급표를 들고 배급소를 찾아가면, 노동자 1일분 700g에 15일을 곱한 분량에다 주부 1일분 300g에 15일을 곱한 분량을 더해 총 15kg의 곡물을 수령하는 것이다.

노동자 가족은 이렇게 주식 곡물을 획득한다. 그렇다면 부식과 공업품은 어떻게 필요를 채울까. 노동자는 직장에서 배급표와 함께 월급을 받는다. 월급은 직업마다 편차가 있지만, 2,000년대 초반 기준으로 평균 3,000원 정도가 된다. 이 돈을 가지고 국영상점에 가서 부식과 공업품들을 공급받는 것이다.

국영상점에 갈 때는 반드시 식료·공업품 카드를 지참해야 한다. 카드를 상점에 제시하고 국가가 정한 배급량만큼 물건을 공급받는다. 모든 품목은 된장 1kg 3원 50전, 간장 1ℓ 3원 50전, 치약 한 개 1원 80전, 신발 한 켤레 45원, 양말 한 켤레 8원, 속옷 한 개 15원이라는 식으로 국정 가격이 정해져 있다.

그렇지만 언제든지 본인이 원하는 날에 필요한 물품을 공급받을 수 있는 건 아니다. 각 상점은 매월 공지를 띄운다. 예를 들어 "3월 1일부터 10일 사이에 세대 당 치약 한 개를 공급한다"는 식의 공지가 뜨면, 그 기간 안에 상점 앞에 줄을 서서 치약의 국정 가격인 1원 80전을 지불하고 치약을 공급받는 것이다. 된장, 간장, 식용유 등 모든 식료품도 마찬가지다. 육류는 김일성과 김정일 생일과 같은 명절이나 되어야 공지가 떴다.

이것이 공산주의식 계획경제 아래서 이뤄지는 북한 주민들의 통상적인 경제 활동이다. 이런 시스템은 1991년까지는 그럭저럭 유지가 되었는데, 1992년 무렵부터 매우 불안정해지기 시작했다. 그러다가 1994년 7월에 김일성이 사망한 이후에는 거의 붕괴되다시피 했다.

1995년에 들어서는 배급표를 가지고 배급소에 가도 곡물을 받지 못했다. 마찬가지로 국영상점에서도 필요한 물품들을 공급받지 못했다. 노동자는 여전히 회사에서 주는 배급표와 월급을 받아 오지만, 배급소가 텅 비어 있으니 배급표는 한낱 종잇조각에 불과했다. 곡물 이외의 식료품과 공산품을 공급하는 국영상점도 아무런 공지를 띄우지 않아서 받은 월급을 사용할 수도 없었다. 이때부터 본격적인 '고난의 행군'이 시작되었던 것이다.

장마당 탄생

국가의 배급이 끊긴 이후 북한 주민들은 초근목피로 근근이 연명하거나 이조차도 안 되면 굶어 죽기 일쑤였다. 이러한 참담한 현실 속에서 북한의 많은 여성들은 자신을 희생해서라도 가족만은 살려야 한다는 일념으로 목숨 걸고 두만강을 건넜다. 여성들은 매우 진취적이고 불합리한 현실을 바꾸려는 의지가 강하다. 현재 한국에 들어와 있는 3만여 명의 탈북자 가운데 여성의 비율이 80%에 육박한 사실만 봐도 알 수 있다. 한번 국경을 넘은 여성들은 보위부의 눈을 피해 중국을 들락 날락하면서 사소하나마 북한에 필요한 식량과 생필품 등을 공급했다. 이들을 중심으로 암시장이 형성되기 시작했는데 그것이 바로 장마당 이다.

즉, 장마당은 죽음의 구렁텅이로 내몰린 북한 주민들이 살아남기 위해 발버둥이를 치는 과정에서 필연적으로 발생할 수밖에 없는 형태 였다. 이곳에서는 시장경제의 수요와 공급의 원칙에 따라 가격이 결 정되었다. 품목에 따라서는 국정 가격 100배 이상 되는 것도 있었다. 북한 당국도 생존을 위해 몸부림치는 주민들 움직임까지 막을 수는 없었다. 오히려 배급을 줄 수 없으니 주민들이 스스로 생계를 유지해 나가도록 장려하는 입장이었다. 따라서 불법적인 장마당 활동을 알면 서도 눈을 감아 줄 수밖에 없었다.

7·1 경제 개혁 조치

북한 주민들은 '고난의 행군' 시기를 거쳐 오면서 더 이상 국가 배급 에만 기댈 수 없다는 것을 몸소 깨닫게 되었다. 그래서 그들은 장마 당 경제 활동을 중심으로 삶을 연명해 나갔는데 2,000년대에 들어 서는 장마당 의존도가 더욱 심화되었다. 북한 당국도 별 뾰족한 대 안이 없으므로 장마당의 통제와 완화를 반복하며 갈팡질팡하는 모 습을 보였다.

이런 와중에 2002년 7월 1일 김정일이 특단의 조치로서 내놓은 것

숨결이 혁명 될 때

이 바로 '7·1 경제 개혁 조치'였다. 이 조치로 국정 가격을 기준으로 책정했던 노동자 임금이 시장 가격에 맞게 약 20배 정도 인상되었다. 이는 국정 가격과 시장에서 실제로 거래되는 가격 차이를 해소하기 위한 것이었다.

하지만 인위적으로 화폐 가치를 떨어뜨린다고 하여 시장 가격이 안정되는 것은 절대 아니다. 다시 실물 가격이 오를 건 뻔한 이치다. 시장경제에 대한 정확한 이해 없이 그냥 월급만 잔뜩 올리면 해결될 것이라 생각했으니 어쩌면 실패는 정해진 일이었다. 실제로 월급을 올린 비율만큼 실거래 가격은 더 상승되어 아무런 실효성이 없었다.

또한 7·1 조치는 기존 배급체계에만 의지하던 방식에서 탈피해 개인 장사꾼들이 국영상점에서 자체적으로 수익을 창출하는 것을 허용했다. 이로써 시장경제가 북한 경제체제 안에 양성적으로 도입되기 시작했고, 장마당의 통제도 완화되었다.

이에 따라 같은 공간 안에 자본주의와 공산주의가 공존하는 진풍경이 연출되었다. 원래 북한의 국영상점은 국가가 제공하는 생활필수품을 주민들에게 배급하는 기관이다. 그런데 상점 매장을 둘로 나누어 전체 공간 절반을 개인 장사꾼에게 임대한 것이다. 임차인은 하루 판매액의 5%를 국가에 납부하는 조건으로 국영상점에서 떳떳하게 장사를 할 수 있게 되었다. 국가 납부금은 나중에 10%로 인상되었다.

북한의 화폐 개혁

2009년 11월 30일, 이날 전해진 소식은 북한의 개인 사업자들에게 청천벽력이었다. 북한 당국이 기습적인 화폐 개혁을 단행했던 것이다. 북한 당국은 100 대 1의 환율로 구권을 신권으로 교환해 줄 것이라고 발표했는데, 다만 교환 가능한 금액을 가구당 10만 원으로 한정했다. 따라서 구권 100만 원을 갖고 있던 사람도 그중 10만 원만 신권 1,000원으로 교환이 가능할 뿐, 나머지 구권 90만 원은 그냥 폐기해야 했다.

화폐 개혁 배경에는 2002년에 실시한 '7·1 경제 개혁 조치' 실패가 있었다. 화폐 가치가 크게 하락하여 발생한 하이퍼인플레이션을 해소하고자 했던 것이다. 그밖에 장마당 등 암거래 시장에서 유통되는 지하 자금을 끌어내리려는 의도도 있었다.

화폐 개혁은 시작부터 삐걱거렸다. 교환 조건도 하루가 멀다 하게 계속 바뀌는 등 우왕좌왕했다. 그런 와중에 장마당 물가는 오히려 더욱 치솟아 신권 1,000원을 가지고 살 수 있는 물품은 아무것도 없게 되었다. 당연히 주민들 원성은 날로 높아만 갔다. 이 같은 민심을 인지한 북한 당국은 급기야 화폐 개혁을 주도한 박남기 재정경제 부장을 공개 처형하며 민심 달래기에 나섰다.

더욱더 허탈했던 것은 정말로 돈이 많은 북한 특권층들 대부분이 피해를 입지 않았다는 사실이다. 이들은 애초부터 북한 화폐를 신뢰하지 않았기에 진즉 미국 달러나 중국 위안화 등으로 재산을 축적해 왔기 때문이다. 화폐 개혁으로 손해를 본 사람들은 가난한 일반 주민

숨결이 혁명 될 때

들뿐이었다. 그중에서도 가장 큰 타격을 입은 사람들이 장사를 하여 현금을 많이 보유하고 있었던 개인 사업자들이었다. 한 달 후에는 물가가 수십·수백 배로 치솟아 대다수 일반 주민들은 하루하루의 삶을 연명하기조차 버거운 상태가 되었다.

북한의 의도

위에서 잠깐 언급했듯이 나는 상업관리소 회계 공무원으로 9년을 근무했다. 그 기간 동안 나는 전국 거의 모든 지역으로 수없이 많은 출장을 다니며 농부, 노동자, 장사꾼, 의사, 교사, 과학자, 당·행정관리 일꾼 등 다양한 직종의 사람들을 만났다. 이때 내 눈으로 직접 보고 체험해서 명확히 알게 된 사실이 한 가지 있다. 그것은 전국 어디를 가 봐도 일반 주민들은 고통과 절망으로 점철된 삶을 살고 있다는 사실이다.

충격이었다. 모든 남자들은 무기력했고 많은 여성들은 가족의 생계를 위해 장마당으로 내몰렸다. 당 간부들은 이들 위에 군림하면서 많은 뇌물을 받아 챙겼다. 그나마 여성들 중에 재능이 있다거나 얼굴이 예뻐서 튀는 여성들은 극소수 권력자들 성적 유희를 위한 도구가 되어야 했다. 인민들은 그야말로 개·돼지들보다 나을 게 하나도 없는 인생이었다.

상황이 이러할진대 북한 정권은 대다수 인민들 삶의 질 향상에 관심을 두지 않는다. 핵·미사일 개발을 포기하고 국제 사회 지원을 받아 적극적으로 개혁·개방에 나서면 인민들의 먹고 사는 문제가 해결

될 수 있음에도 이를 거부하는 것이다. 인민들의 생활수준이 향상되면 그다음에는 인류 보편적 가치인 자유와 인권에 눈을 돌려 민주화를 요구해 올 것을 잘 알고 있기 때문이다. 이는 북한 정권 존폐가 달린 문제다. 북한 정권은 자신들이 인민들을 계속해 컨트롤할 수 있는 상황 속에 가둬 놓기 위해 그들의 극한적 경제 상황을 방치하고 있다고 봐도 무방할 것이다.

가짜 자유와 진짜 자유를 구별하는 법

물론 내가 북한 전역을 돌아다니면서 목도한 실상에 충격을 받은 것도 사실이지만, 그보다 더한 충격은 '속았다!'는 것을 확인한 순간이었다. 평양으로 출장 갔다가 남한의 'KBS 뉴스', 드라마 '대장금'과 '낭랑 18세' 등을 보고는 충격 받아 한동안 정물화처럼 미동도 하지 못했다. 이후 한국 드라마를 보다가 들키면 사형당한다는 사실도 잊은 채 나는 목숨 걸고 드라마에 심취했다.

그전까지는 북한 '조선중앙통신'에서 내보내는 보도를 통해 접했던 한강 근처 판잣집과 거지 떼들, 그리고 독재자 박정희가 자유를 억압하여 남조선 사람들이 거지처럼 살며, 학생들은 민주주의를 위해 목숨 바쳐 싸운다고만 알고 있었다. 아니 세뇌당해 있었다. 그런데 아니었다. 드라마 속의 한국은 북한에서 '자유'라고 하며 억압하는 것과는 결이 다른 진짜 '자유'가 있었다. 이후 나는 사람답게 살아야 하는 숱한 이유들을 마음속에 켜켜이 쌓아가기 시작했다. 살아야 하는 숱한 이유 중 첫 번째는 당장 눈앞에 펼쳐진 문제를 해결하는 일이었다.

스물여덟 살, 당시 내게 있어 살아야 할 가장 큰 이유는 내 앞에 놓인 문제를 푸는 것 이상도 이하도 아니었다. 슬프게도 한국 드라마 속 주인공 같은 삶은 아니어도 자유롭게 살고 싶다는 것이 가장 먼저였다. 살아야 할 목록들이 하나 둘씩 늘어가는 가운데 나는 하나밖에 없는 목숨을 걸고 마침내 한국으로 탈출했다.

산업화와 민주화의 함수 관계

내가 한국에 들어와서 매우 놀란 사실은 국민의 먹고 사는 문제를 해결한 지도자 박정희 대통령을 악평하는 사람들이 많다는 점이었다. 박 대통령을 비난하는 사람들은 한결같이 그가 인권을 탄압한 독재자라고 말한다. 그러나 이는 역사 발전의 한 과정일 뿐이다. 인류 역사는 인권이 천시되었던 전근대 시대를 지나 과도기를 거쳐 21세기 인권 중시 시대로 발전해 온 것이다.

민주화는 먹고 사는 문제가 해결되어야만 가능하다. 대한민국 민주화는 박정희가 산업화에 성공했기 때문에 이루어진 일이었다. 박정희 대통령이야말로 대한민국 민주화의 초석을 다진 인물로서 재평가 받아야 한다. 그렇기 때문에 나는 한국에 들어와서 건국 대통령 이승만과 경제 대통령 박정희를 알게 된 것이 가장 큰 행운이라 생각한다. 이 나라 자유 우파 사람들에겐 현대사를 배워서 아는 상식이겠지만, 나는 그걸 목숨 걸고 얻은 확신이며, 미래의 꿈이다. 그래서 더더욱 소중할 수밖에 없음을 밝히는 것이다.

민주화는 산업화를 이뤄야 가능하다. 그 산업화를 이끈 인물을 독재자라
고 하는 것은 언어도단이다. 박정희라는 인물은 누가 뭐래도 세계가 본받
고 싶어 하는 인물이다.

미래학자 앨빈 토플러Alvin Toffler의 말을 인용하며 글을 마치고자
한다.

김 다 혜

북한 함경북도 청진시에서 태어났다. 함경북도 상업간부학교를 졸업하고 상업관리소에서
9년간 회계 공무원으로 근무했다. 2012년 중국을 거쳐 대한민국에 입국해 이화여대 국문학과
를 졸업했다. 저서로 『내 이름은 김다혜』(좋은땅, 2021)가 있다.

4

전라도 광주 사람으로 살아가기

주

동

식

운동권은 저녁 늦게까지 거창한 주제를 올려놓고 눈에 핏발을 세우며 토론했고, 마무리는 대부분 술자리였다. 그러다 해가 중천에 떠오른 다음에야 부스스 일어나 활동을 시작하곤 했다. 좌파 운동권들의 이런 태도로 자본가들과 어떻게 싸워 이길 수 있을까? 이런 생각을 후배들에게 얘기했더니 "자본가들과 함께 일하더니 변했다"는 평가만 되돌아왔다. 그 말은 어느 정도 사실이었다. 간접적이나마 엿본 기업과 자본가들의 가치관을 개인적인 운동권 체험과 비교하면서 나는 두 번 다시 좌파 운동권으로 되돌아갈 수 없었다.

전라도 사람에게 박정희란

1958년 2월, 나는 광주광역시에서 태어났다. 초중고와 대학 시절까지 성장기는 완벽하게 박정희 대통령 치세와 겹친다. 내 나이 스물한살이던 1979년의 박 대통령 서거 전까지는. 그렇지만 직접 박정희의존재를 실감할 기회는 없었다. 정치인 박정희가 내 삶에 직접 다가왔던 최초의 사건은 국민교육헌장이었다. 초등학교 5학년 무렵쯤 추상적 개념들이 장엄하게 펼쳐진 그 문장 마지막에는 '박정희' 세 글자가선명하게 새겨져 있었다. 이해하기 어려웠던 내용을 외느라 약간 귀찮았던 기억 때문인지 내게 '박정희=권위적'이라는 이미지로 각인되었다.

박정희 이름 세 글자가 실감으로 다가온 계기는 10월 유신이었다. 중학교 3학년이던 내게 '유신'이란 단어는 일본의 메이지유신으로 알게 된 개념이었다. 그런데 유신이라니? 10월 유신이 발표된 직후 사회과 선생님은 수업 시작 전, "이제 대통령도 우리 손으로 뽑을 수 없게 됐다"라며 비장한 어조로 말씀하셨다. 평소 수업을 재미있게 하셔서 인기 있던 선생님이었다.

유신 헌법 통과를 위한 국민 투표 당일 아침, 고등학교 학생 정도로 보이는 형들 두세 명이 집으로 찾아왔다. 그들은 집 안으로 들어와 "유신 헌법은 반드시 통과되어야 합니다"라며 강하게 권유하고 사라졌다. 일행의 대표처럼 보이는 형의 얼굴이 무척 준수했던 것으로 기억된다.

2년 뒤 발생한 충격적인 육영수 여사의 서거는 내게 있어 10월 유신과 연결되어 해석되었다. 고등학생이 되면서 박정희는 '독재자'로 이해되었기 때문이다. 그 연장선에서 육영수 여사 서거도 같은 맥락으로 해석했음을 솔직히 고백한다. 그렇다고 나의 정치의식 형성 과정에서 김대중이 직접 영향을 끼쳤던 것은 아니었다. 주위에 김대중과 연결된 인물이 있는 것도 아니었고 1970년대까지만 해도 학교 교사나 주위의 친인척 어른들 즉, 기성세대라고 할 만한 분들은 보수 성향이 더 강했다. 박정희의 평가도 '독재자라도 일은 잘한다'에서부터 '한국 놈들은 때려야 말을 들어' 같은, 자조적 성향의 지지가 많았다.

어른들의 보수적 성향은 내게 자연스레 기성세대에 대한 반감을 불러일으켰고, 박정희는 그런 기성세대의 권위와 억압을 상징하는 존재였다. 더구나 내가 다녔던 고등학교는 신흥 사립학교였다. 영화 '말죽거리 잔혹사'에 나온 내용처럼 심하지는 않아도 대한민국 사립 중고등학교 특유의 족벌과 권위주의 분위기는 존재했다.

교련 시간에 행군하는데 교련 교사가 대열로 뛰어 들어와 내게 몽둥이를 휘두르기도 했다. 애초에는 엉덩이를 때리려 했던 것 같은데 잘못해 팔목을 얻어맞았다. 엉덩이를 맞는 것과 비교할 수 없이 고통스러웠다. 팔목이 퉁퉁 붓고 시퍼렇게 멍까지 들었다.

지금 같으면 학부모가 항의하고도 남을 사건이었지만 당시는 그런 인권 감수성이 있는 시대가 아니었다. 나는 이 사실을 집에 알리지도 않았다. 그렇지만 평상시 재단 편에 서서 군기반장처럼 행동했던, 억센 경상도 사투리를 쓰던 그 교사에 대한 인상이 좋을 리는 없었다. 그것이 더 큰 사건으로 이어지는 도화선이 되었다.

3학년 어느 날, 도서관에서 학생들과 젊은 여자 사서 사이에 가벼운 설전이 벌어진 일이 있었다. 그때 사서가 그 교련 교사를 호출했다. 나는 학생들과 사서 사이의 설전은 그냥 보고만 있었는데 교련 교사가 나서자 나도 모르게 발끈해 그 교사에게 반박하는 모양새를 취했다.

그는 본인이 등장하면 학생들이 주눅들 것으로 예상한 듯했다. 예상과 달리 내가 그의 말에 반박하자 "너, 이 자식 따라와"라며 나를 교사 숙직실로 끌고 갔다. 그러고는 나를 숙직실 구석에 몰아넣고 1미터가량 되는 몽둥이를 휘둘러 구타하기 시작했다. 그냥 구타가 아니라 끝이 뾰족한 몽둥이로 몇 번씩이나 나를 찌르는 시늉도 했다. 내가 할 수 있는 저항은 폭력에 굴복하지 않는 것으로 그의 눈을 뚫어지게 바라보는 것뿐이었다. 그는 "이 자식, 눈 봐라" 이러면서 1시간가량 구타를 하더니 나중에는 탈진한 듯 내게 돌아가라고 했다.

내가 교련 교사에게 끌려가는 것을 본 친구들이 무슨 일이 있었는지를 물었다. 나는 구체적으로 구타당한 사실을 말하지 않았다. 그렇지만 내 몰골을 보고 상황을 짐작한 친구들이 3학년 학급 전체에 이 사실을 알리고 학교에 항의하자고 나섰다. 그런 친구들을 내가 나서서 말리고 학교에서도 달래는 것으로 사태는 확산되지 않았지만, 이 사건 역시 내게 기성세대와 기득권자들을 향한 분노를 키우는 원인으로 작용했다. 박정희는 기성세대와 기득권자들을 상징하는 인물과도 같았다. 그는 어마어마한 권위와 권력 그 자체였기 때문이다.

1978년 12월 12일에 치러진 제10대 국회의원 선거에서 나는 제1야당이었던 신민당에 한 표를 던졌다. 당시 내가 투표했던 신민당 국회의원 후보가 누구였는지는 기억도 나지 않는다. 중요했던 건 당시 제1야당이었던 신민당에 힘을 실어줘야 한다는 목표 자체에 있었다.

이 선거는 역사적 전환점이 되었다. 의석수는 여당인 공화당이 68석으로 제1야당 신민당의 61석보다 많았으나 득표율은 신민당이 32.8%로 민주공화당 31.7%를 앞섰던 것이다. 겨우 1.1%의 미세한 우세였지만, 야당의 득표율 역전이 불러온 결과는 정치가 뭔지 모르던 나에게도 전율로 다가왔다. 유정회를 포함한 여당은 압도적인 의석을 유지하고 있었지만, 민심 이반이라는 것이 얼마나 치명적 결과로 이어질 수 있는지를 나는 이후 1년 사이에 생생하게 체험했다. 격동의 세월이 시작된 것이었다.

숨결이 혁명 될 때

'누에고치 입에서 거친 삼베가 나온 모습을 본 것 같은 충격'

1978년, 나는 삼수 끝에 대학에 들어갔다. 내가 간 대학은 운동권이라고 할 만한 조직이나 선배가 없었다. 학보사에 들어가 술 마시고 이런저런 미친 짓하며 다니느라 1학년 말 성적은 전체 수강 과목 가운데 딱 절반이 F학점이었다.

2학년부터는 차분하게 학점을 신경 쓰며 책을 읽기 시작했다. 그러다 학보사 선배 한 명과 가까워지게 되었다. 학보사 신입생 환영회에서 내가 "나는 무슨 연然하는 것이 싫다. 기자연然, 선배연然 하는 태도가 거슬린다"라고 발언했을 때 다른 선배들은 불쾌해한 반면 "너, 마음에 든다"며 격려해 준 유일한 선배였다. 무슨 연然한다는 것은 요즘은 거의 쓰지 않는 표현으로, '뭐라도 되는 척한다'는 의미로 과거에는 종종 쓰였다. 나중에 알고 봤더니 이 선배가 우리 대학에서는 드물게 존재했던 운동권이었다. 조직이 있었던 건 아니고 후배들을 만나 이런저런 불온한 이야기를 간접적 방식으로 전해 주는 스타일이었다.

내 의식의 변화가 그 선배 때문이었는지 아니면 커리큘럼이나 학습지도 없이 이것저것 대충 명칭만 아는 서적들을 읽은 덕분이었는지는 지금도 애매하다. 그 무렵부터 내가 박정희체제에서 배웠던 상식이 틀릴 수도 있다는, 어쩌면 그 상식과 정반대의 관점이 진실일 수도 있다는 생각을 갖게 된 것만은 분명하다.

서울에 올라와 다른 대학에 갔지만 가끔 만나던 동향 친구 하숙집에서 하룻밤을 보낸 적이 있었다. 출신 고등학교와 대학교는 달랐지만 속 깊은 이야기를 나누던 친구였다. 우리는 이불을 깔고 누웠다. 먼저 말문을 연 것은 나였다.

"우리 어렸을 때 라디오에서 김삿갓 북한 방랑기라는 걸 했잖아. 지금도 기억나는 에피소드가 6·25 때 북한군이 내려와 사람들 손을 살펴보고 성분을 따졌다는 거야. 손바닥이 거친 사람은 자기들 편으로 여기고, 손이 고운 사람은 반대로 적대시했다던. 그런데 그게 맞지 않을까? 요즘 생각인데 그 시절의 나였다면 나는 우익보다는 좌익이었을 것 같은 생각이 든다."

그 말에 누워서 내 말을 듣고 있던 친구가 자리에서 벌떡 일어났다. 그리고 낮지만 절규하듯 말했다.

"너의 입에서 그런 말이 나오리라고는 상상조차 못했다."

친구의 그런 반응에 적잖이 놀란 건 오히려 나였다. 나조차도 내가 그런 말을 할 줄은 몰랐다. 준비한 말은 결코 아니었다. 어느 순간 자연스럽게 정리된 생각이었다. 황석영의 『객지』를 처음 접한 유명 문학평론가가 '누에고치 입에서 거친 삼베가 나온 모습을 본 것 같은 충격'이라고 한 것처럼 당시 친구의 반응이 그러했다. 이처럼 내 인식의 변화는 점차 적극적인 행동으로 이어졌다. 평소 가깝게 지냈던 다섯 명 친구들을 모아 독서회를 조직했다. 맨 처음 선택한 책이 리영희 선생의 『전환시대의 논리』였다. 이 책이 내게 준 충격은 어마어마했다. 뭐라고 설명할까. 진실은 간단명료했다. 내가 그동안 학교와 사회에서 배웠던 모든 고정 관념을 거꾸로만 적용하면 되는 거였다. 이것이 내가 『전환시대의 논리』를 읽고 얻은 결론이었다. 나중에 내 결혼식 주

숨결이 혁명 될 때

례로 어렵게 리영희 선생을 모시기도 했다.

다른 멤버들과 똑같이 처음 읽는 책들이었지만, 나는 자연스럽게 독서회를 주도했다. 그 과정에서 앞에서 말한 학보사 선배와 자주 대화했다. 그는 10월 학교 축제 때 시위를 계획하고 있다며 내게 선언문을 쓸 것을 권유했다. 학교생활 마지막을 장식한다는 심정으로 나는 선언문을 써서 넘기고 축제의 쌍쌍파티에 참석했다. 나는 이미 그해 여름, 전투경찰 시험에 합격한 터라 1980년 2월에 입대를 앞두고 있었다. 어차피 학교생활은 중단될 수밖에 없었다. 축제를 마치고 하숙집으로 돌아와 잠이 들었던 나를 누군가 흔들어 깨웠다. 하숙집 학생이었다.

"박정희가 죽었답니다!"

죽어? 왜? 박정희가? 좀체 상황을 이해할 수 없었다. 그러면서도 들었던 생각은 '그럼, 그동안 내가 공부하고 준비했던 것들은 어떻게 되는 거지' 하는 것이었다. 대통령 박정희가 죽었다는 그 사실보다는 그의 죽음으로 내가 잃게 될 것에 대한 걱정이 먼저였다. 이상하리만치 박정희에 대한 연민조차 느껴지지 않았다. 감정이 없었다고나 할까.

그날 오전, 나는 가장 가깝던 친구와 함께 평소 자주 가던 술집에 들렀다. 이날을 기념해야 할 것만 같았다. 애매하기는 해도 이 사건을 축하해야 할 것 같았다. 동행한 친구는 고향이 광주지만 어렸을 때 대전으로 이사하여 고등학교까지 다녔다. 박정희에 대한 인식이 나와 비슷했다. 나는 친구와 마주앉아 잔을 들고 다른 테이블에도 들릴 정도의 소리로 "축배를 들자"며 잔을 들었다. 친구는 별말 없이 내가 내민 잔에 자신의 술잔을 짠, 하며 부딪쳤다. 술잔을 입가로 가져간 순간, 나는 술집 구석에 혼자 앉아 있던 한 노인의 눈빛과 허공에서 마주쳤다. 섬뜩한 눈빛이었다. 이전에 결코 경험한 적 없는. 이후 노인은 미동도 하지 않았다.

대체 저 섬뜩한 눈빛은 뭘까.

술잔이 채워지고 비우기를 반복하는 사이 불쑥불쑥 의식 사이를 비집고 노인의 라이프스토리가 궁금해지는 나였다. 해방 당시 38선을 건너온 월남민인가. 아님 6·25 참전용사였나. 결국 노인의 시선은 박정희 죽음을 기뻐하고 축배를 드는 철없는 젊은이들에 대한 무언의 질책이었다. 물론 당시에는 전혀 깨닫지 못했다. 내가 허공에서 마주친 노인의 섬뜩한 눈빛을 이렇게 해석할 수 있게 된 것은 박정희 사후 오랜 기간, 신념에 대해 숱한 시험과 환멸 그리고 배신을 경험한 결과였다.

박정희가 죽지 않았다면 나는 시위용 성명서를 쓴 죄로 이른바 양심범이 되었을지도 모른다. 하지만 운명의 조화 속에 서울의 봄, 역사 격동기를 피해 군에 입대했다. 입대하기 전, 나는 학보사 선배와 독서회 친구들을 연결했다. 그들은 5·18이 일어난 몇 달 뒤에 이 사실을 알리는 유인물을 만들어 서울 시내에 뿌리다가 구속되었다.

숨결이 혁명 될 때

5·18은 내가 논산훈련소에서 8주간 훈련을 마치고 전남 해안 초소로 배치된 뒤에 일어났다. 비극의 현장 광주광역시에는 나의 일가친척과 친구들이 많았다. 전투경찰 선배와 동기들, 직업경찰들이 5·18 당시 겪은 일들을 전해 주었다. 그렇게 알게 된 1980년 5월의 참상은 사회주의자로 변신하기 시작했던 나의 신념을 더 확고하게 만들었다. 하지만 1980년 당시만 해도 병역 의무를 수행하고 있던 내가 접한 정보는 무척이나 제한적일 수밖에 없었다.

100일 휴가를 나와 광주 시외버스 터미널에 내려서 택시를 타려 해도 탈 수가 없었다. 빈 택시가 몇 대씩이나 그냥 지나쳤다. 겨우 택시를 탔는데 택시 기사가 이상하리만큼 불친절했다. 이유를 알게 된 것은 가족들과 식사하면서 나눈 대화에서였다.

내가 "폭도들이……" 어쩌고 하며 군대에서 들었던 말을 꺼내는 순간 가족들의 표정이 백짓장처럼 굳었다. 형은 "너, 광주에서 그딴 말 하다간 맞아죽으니까 조심해"라며 경고했다. 더욱 놀랐던 것은 집 창고에 수북이 쌓인 총탄이었다. 5·18 당시 시민군이었던 형이 지프차를 타고 다니며 모아온 총탄이라고 했다.

M16 실탄은 없지만 M1과 카빈 소총용 총탄이 족히 1천 발은 넘는 듯했다. 그 총탄들은 어머니가 나중에 파출소에다 신고하고 반납했다. 1980년대 내내 광주광역시에서는 불법 총기류 자진신고를 받았다. 물론 총기나 실탄 입수 경위도 전혀 묻지 않았고 처벌도 하지 않았다. 1980년 5월의 후유증을 수습하는 과정이었던 것이다.

마음에 흐르는 강을 따라

전경 말년 휴가를 나왔을 때는 교도소에서 풀려 난 학보사 선배와 독서회 친구들과 함께 서울대 근처에서 술을 마신 적이 있다. 그때 나는 전투경찰 작업복을 입고 있었는데 나를 보는 주변 눈초리가 예사롭지 않았다. 술집 분위기가 거의 해방구 수준이었던 것이다. 사회과학 서적을 몇 권 읽은 것 외에 특별한 조직 활동 경험이 없었던 내게 위압감을 주었다.

전역 후 복학한 뒤에도 상황은 비슷했다. 내가 다녔던 대학에도 1980년대 초반 학번들 중심으로 운동권이 형성돼 있었다. 후배들은 나보다 많은 책을 읽었으며 운동권 인맥도 풍부했다. 그렇지만 나는 그런 후배들에게서 뭔가 보이지 않는 벽을 느낄 수밖에 없었다. 학생운동을 대하는 태도랄까 그런 것이 달랐다.

대학 졸업을 열흘 앞두고 나는 평소 학생운동을 열심히 하는 후배 두 명을 설득해 다른 대학과 연계 없이 단독 가두시위를 실행했다. 후배 두 명과 함께 경찰서 유치장에 갇혔다. 1985년 2월이었다.

1984년부터 학원 자율화 영향으로 교내에 상주하던 사복 경찰들이 사라지면서 나와 후배들은 구속되지 않고 20일 구류형에 그쳤다. 나는 후배들에게 "이번 투쟁의 경험을 반성하는 자리를 갖자. 각자가 느낀 점을 간단하게 종이에다 정리해 오라"고 제안했다.

며칠 뒤 중국집 골방에서 후배들을 만났다. 그들은 빈손이었다. 전혀 준비해 오지 않았다. 나는 A4 용지 한 장에 내가 느낀 투쟁의 소홀한 점과 반성할 점 등을 정리해 왔는데 후배들은 빈손이었던 것이다.

아마도 대충 머릿속에 있는 생각들을 얘기하려고 한 것 같았다. 하지만 그 예상도 빗나갔다. 얘길 나눠보니 머릿속으로 정리한 내용도 거의 없었다. 하긴, 머릿속에 정리한 내용이 있었으면 그걸 종이에다 정리하는 것도 어렵지 않았으리라. 나는 후배들의 마음 자세를 강하게 비판했고, 이후 그들과 접촉을 끊었다.

선배에게서도 비슷한 실망감을 느끼긴 마찬가지였다. 복학한 지 얼마 지나지 않아 앞서 말한 학보사 선배 소개로 다른 선배를 만나게 되었다. 그날따라 일이 겹쳐 약속 장소에 5분 늦게 도착했다. 나는 깐깐한 인상을 지닌 선배에게 늦어서 죄송하다며 진심어린 사과를 했다. 그러자 내 말이 끝나기가 무섭게 선배의 발길질이 날아들었다.

얼떨결에 옆구리를 한 방 얻어맞은 나는 두 번째로 날아오는 발길질은 주먹으로 막아서 밀쳐냈다. 그러고는 그를 향해 내가 지을 수 있는 최고의 경멸 찬 표정을 보이며 그 자리를 뒤로했다. 이후 선배와는 그럭저럭 지냈지만 그에게서 받은 운동권 이미지는 나아지지 않았다.

그 시절, 그때 그 사람들

졸업 후 민주화운동청년연합(민청련) 활동을 할 때는 좋은 선배와 동지들을 만났다. 특히 김근태 의장은 매우 깊은 인상을 주었다. 그가 보여 준 운동의 헌신성과 탁월한 지적 능력은 지금도 경이로운 느낌으로 되돌아보게 된다. 그런 소수의 지도자들 덕분에 좌파 운동권은 도덕적 우월성과 지적 역량을 대중에게 각인시킬 수 있었을 것이다.

민청련 활동 이후 나는 공장에 위장 취업을 해봤고, 1987년 직선제 개헌 이후 백기완 씨 등이 결성한 민중의당 활동도 했다. 1988년 총선에서는 안양 지역 젊은 노조위원장을 후보로 내세우고 내가 선거대책위원장을 맡았다. 선거는 패배했고 정당 등록은 취소됐다.

이태복 씨가 창간한 『주간노동자신문』 창간 멤버로 들어가 1년 반가량 일한 것이 내가 좌파 활동가로 움직인 마지막 기록이다. 이때 나는 결정적으로 '이 사람들과는 함께할 수 없다'는 판단을 내리고 절연했다.

다만, 사노맹 사건 뒷이야기가 남아 있다. 나는 제헌의회CA 그룹과 가까웠고 그 후신인 사노맹 출범을 앞두고 그들의 지옥 훈련에도 함께했다. 『노동자신문』 시절에는 사노맹 중앙위원이던 친구와 함께 일했는데 비교적 친하게 지냈다. 이후 사노맹과도 인연을 끊었지만 경기도 안양에서 만났던 사노맹 멤버 한 사람은 내게 주기적으로 연락해 왔다. 어장 관리 차원이었을 것이다. 박노해가 검거된 후, 이 친구가 내게 긴박하게 연락하여 "사노맹 본부 가운데 한 곳의 이사를 도와 달라"고 했다. "너희들 멤버가 얼마나 많은데 나한테까지 도와 달라고 하느냐"며 거절했지만 너무나 절박하게 부탁을 해서 저녁 무렵, 나는 서울 석촌 호수 인근 아지트로 갔다. 330m²가 훨씬 넘어 보이는 아지트는 서핑 관련 잡지사로 위장하고 있었다. 안에는 철재 패널에 온갖 서류와 자료들이 가득 차 있었다.

대학생으로 보이는 청년 대여섯 명이 열심히 짐을 포장했고 나는 구경만 했다. 건물주가 갑자기 나타난 것은 그때였다. 그는 "당신들 뭐냐? 주인은 어디 가고 당신들이 짐을 옮겨"라며 "경찰을 부르겠다"

고 으름장을 놓았다. 그제야 나는 사노맹 친구들이 내게 도움을 요청한 이유를 알 수 있었다.

경찰을 부르겠다는 건물주의 추궁에 청년들은 새파랗게 질려 바들바들 떨었다. 그 모습이 눈으로도 보였다. 나는 건물주에게 "이 회사 사장님이 지금 급한 업무로 해외에 나가셨는데, 친구인 나에게 짐을 빼달라고 했다. 어차피 사장님(건물주)은 보증금 갖고 계시니 손해 볼 일이 없지 않느냐? 내 친구 사장이 나중에 연락드린다고 했다"며 무마했다.

건물주는 미심쩍어하면서도 특별히 반박할 말이 없는지 그대로 물러갔다. 대형 트럭 한 대와 중형 트럭 두 대가 동원된 이날 이사에서 나는 짐을 중간까지만 날라 주는 것으로 역할을 마쳤다. 건물주가 잡지사 사장으로 알고 있었던 임차인의 정체를 나중에 알게 되었는데 그가 바로 운동권으로 유명한 백태웅('사노맹' 리더)이다. 나와 접촉했던 사노맹 조직원이 "백태웅이 감사하다고, 한번 만나자고 한다"며 알려 왔지만 나는 이를 정중히 거절했다.

'쁘띠(부르주아지)'의 한계

『노동자신문』을 퇴직한 후 IT분야 잡지사에서 일했다. 이때 충격 받은 게 있다.

신입기자 시절에는 한 달에 서너 번가량 조찬 간담회에 참석해야 했다. IT분야 경영자나 학자, 전문가 등이 오전 7시쯤 호텔에서 아침

식사를 하며 공부하는 모임이었다. 여기에 참석하려면 새벽 5시에는 일어나 준비를 해야 했다.

이런 모임은 대부분 매일 아침 서울의 호텔에서 있었다. 내가 참석했던 모임은 그 가운데 극히 일부였다. 나는 내가 만났던 좌파 운동권 멤버들의 생활과 잘사는 '자본가들'의 태도를 비교할 수밖에 없었다. 운동권은 저녁 늦게까지 거창한 주제를 올려놓고 눈에 핏발을 세우며 토론했고, 마무리는 대부분 술자리였다. 그러다 해가 중천에 떠오른 다음에야 부스스 일어나 활동을 시작하곤 했다. 좌파 운동권들의 이런 태도로 자본가들과 어떻게 싸워 이길 수 있을까? 이런 생각을 후배들에게 얘기했더니 "자본가들과 함께 일하더니 변했다"는 평가만 되돌아왔다. 그 말은 어느 정도 사실이었다. 간접적이나마 엿본 기업과 자본가들의 가치관을 개인적인 운동권 체험과 비교하면서 나는 두 번다시 좌파 운동권으로 되돌아갈 수 없었다.

공장에 위장 취업했을 때도 비슷한 경험을 했다. 저녁에 함께 술을 마시던 동료가 오후 11시쯤 되자 "내일 출근해야 하니, 이 정도로 마치자"며 칼같이 자리를 정리하는 걸 보고 충격을 받았다. 노동자 계급성이라는 것을 절감했던 것이다. 생산 현장에 뿌리 내린 노동 주역으로서 노동자 계급은 엄격한 규율과 자기 절제, 학습 등의 태도를 생활화할 수밖에 없다고 본 것이다. 운동권은 노동자 계급을 혁명의 주역으로 찬양하지만, 정작 내가 체험한 노동자 계급은 운동권들과 분위기나 문화가 전혀 달랐다.

나는 운동권 친구와 얘기하면서 이때의 느낌을 "프롤레타리아가 뭔지는 아직 잘 모르겠다. 하지만 쁘띠가 무엇인지는 확실하게 알 것 같

숨결이 혁명 될 때

다"고 말했다. 이것은 내 존재의 쁘띠 부르주아적 한계를 절감했다는 고백이었다.

이 모든 경험이 내가 박정희의 유산을 발견해 가는 과정이었을 것이다. 박정희 죽음에 함께 축배를 들었던 내 친구는 그 뒤 어느 날엔가 문득 지나가는 말처럼 "영민英敏하기로는 박정희 그만한 사람이 또 있을까 싶다"라고 했다. 내가 놀란 건 친구의 그런 발언보다 나 역시 그의 발언에 동의하고 있다는 사실이었다.

최후의 장애물 '전라도'

삶의 경험 속에서 나도 모르게 박정희를 긍정했다. 남은 최후의 장애물은 전라도 문제였다. 고교 시절 경상도 출신 교련 교사에게서 받은 인상에 이어 5·18 당시 신군부의 주력이었던 경상도 출신 정치군인들, 그리고 사회 곳곳에서 체감하는 영남 패권 그들만의 리그를 보면서 이 모든 것을 만든 원흉이 박정희라는 생각은 내게 오래 남아 있었다.

인터넷 시대에 들어와서는 막연하게만 느꼈던 전라도 혐오의 생생한 표현들을 날것으로 접하면서 나는 이 문제를 해결하지 못하면 나라가 망한다는 인식에 이르게 됐다. 다니던 직장을 그만 두고 시민단체를 만들어 활동한 이유가 여기에 있었다. 하지만 이 문제를 파고 들수록 나는 새로운 고민과 문제에 부딪히게 되었다.

전라도를 혐오하고 차별하는 영남 패권의 문제는 분명 존재하지만,

전라도는 과연 이대로 좋은가 하는 의문이 그것이었다. 오랫동안 고향을 떠나 서울에서 생활하던 내가 전라도 문제에 파고 들면서 직접 피부에 와 닿은 전라도의 현실은 단순하게 외부의 억압과 차별로만 설명하기 어려운 점이 있었다. 전라도 특유의 반反기업·반反시장 정서는 어떻게 봐야 할까? 농업에 기반한 지역 특수성 때문일까? 문제는 이런 반기업·반시장 정서가 반反근대로 나아가 반反대한민국 정치 세력에 대한 동조로 나아간다는 점이었다. 어느 게 먼저이고 나중인지는 구분하기 어렵지만, 이 모든 부정적인 요소들이 상호 연관되어 있다는 사실은 부인하기 어려웠다.

박정희가 본격적인 산업화와 경제개발에 나설 때 영남 지역에 중점을 둔 것, 그리고 상대적으로 전라도가 소외를 받은 것은 사실이다. 박정희가 권력을 잡고 본격적인 경제개발에 나섰던 당시 한국은 세계 최빈국의 하나였다. 경제개발에 동원할 수 있는 자원이 태부족인 상태였다. 이런 상태에서 지도자가 선택할 수 있는 전략은 선택과 집중일 수밖에 없다. 박정희가 동원할 수 있는 자원은 한일 협정으로 끌어온 일본 자본과 기술이었다. 일본의 보상금과 차관은 일본 기업 제품과 기술로 구성됐고 그것은 당연한 국제 관행이었다. 지리적 여건이나 사회 문화적 조건에서도 한국이 가장 쉽고 유리하게 동원할 수 있는 자본과 기술이 일본의 그것이었다.

이런 배경에서 한국이 일본 관서 경제권과 연결하여 경제개발에 나서는 프레임이 형성되었다. 이것은 일본과 지리적으로 가까운 부산과 영남 남해안 일대를 공업 지대로 개발하는 결과로 이어졌다. 나아가 소수의 대기업에 자본과 각종 제도적 혜택을 부여하게 된 것이다.

부족한 자원을 특정 지역과 영역에 집중 배분할 경우 자원 배분권을 쥔 중앙 정부 권력과 기구가 비대해지게 된다. 수도권 집중 현상의 뿌리가 이것이다. 나아가 생산 기지가 된 영남 남해안 일대와 자원 배분 의사 결정을 맡은 수도권이 연결되는 경부 축이 대한민국 중심 지배 구조로 떠올랐다.

산업화의 전제 조건은 공장에서 일하는 노동자 계급 형성이다. 노동자 계급은 어느 날 갑자기 애를 많이 낳아 만들어지는 것이 아니다. 전통적인 방식으로 농업에 종사하던 농민 계층이 분화되어 노동자 계급으로 전환하는 것이 일반적인 방식이다. 그리고 호남은 대한민국에서 가장 대표적인 농업 지역이었다. 농민들이 고향을 버리고 도시로 가는 이촌향도離村向都 현상이 본격화되면서 호남 농촌 사회의 분해가 시작되었다. 사람들이 떠나가는 농촌은 그들대로 소외감을 느꼈고, 고향을 떠나 낯선 땅에서 정착해야 하는 탈脫호남인들은 그들대로 사회적 차별과 배제를 겪으며 분노와 한을 쌓았다. 낯선 땅에 자리 잡은 그들에게 처음부터 좋은 일자리가 주어질 리 없었다. 사회적 하층 계급은 원래 차별과 배제의 대상이 되기 쉽다. 거기에 낯선 이방인에게 주어지는 차가운 시선이 중첩돼 전라도 출신들의 이미지를 형성했다.

호남에 대한 차별 의식은 조선시대에도 존재했다고 한다. 현재 호남에 대한 혐오나 차별은 그런 인식 위에 산업화 시대의 갈등 요소가 추가된 것이다. 여기에다 김대중과 5·18 요소가 결합하여 새로운 정체성으로 이어지게 되었다. 그 병적인 표출이 주사파와 출향 호남인들의 결합체 '경기동부연합'이라는 괴물이다. 민주화는 이런 호남의 분노와 갈등을 해소할 수 있는 일차적인 해결책이었다.

하지만 이는 출발점이었을 뿐이다. 진짜 중요한 것은 호남이 대한민국의 자랑스러운 일원으로 거듭나는 일이었다. 민주화로 보장된 정치적 기회 위에서 새로운 경제·사회·문화적 인프라를 만들어 가야 했다. 그것은 박정희가 부득이하게 선택했던 중앙집중형 국가 시스템을 자율화·개방화·분권화·민간화 방향으로 전환하는 것이었다. 큰 정부가 아닌 작은 정부와 큰 시장이 지향점이어야 했다. 이렇게 했을 때만이 진정으로 박정희체제 극복과 영남 패권 이후 새로운 리더십을 만들 수 있었다.

호남은 정반대 방향을 선택했다. 새로운 시스템을 창출하는 주역이 아닌, 영남 패권이 구축해 놓은 낡은 시스템을 그대로 이용하는 적폐교대에 나섰다. 혁명이 아니라 왕조의 성 씨만 바뀌는 식이었다. 호남이 주도한 민주화는 건국과 산업화를 잇는 근대화의 완성이다. 여기서 중요한 것이 민주화가 건국과 산업화라는 대한민국 근대화 과정의 일부라는 사실을 전면적으로 긍정하는 것이다. 하지만 호남은 반기업·반시장·반대한민국·반근대 정서를 탈피하지 못했다. 그 핵심 고리가 박정희에 대한 거부감이다.

복합쇼핑몰 하나 없는 전라도 현실

고향 광주를 떠난 지 40여 년 만에 내가 우파 정당 후보로 2020년 제21대 총선에 출마한 것도 이런 문제의식 때문이었다. 총선 유세 중에 나는 작심하고 "광주는 5·18 제사의 도시"라는 발언을 하여 언론의 집중 공격을 받았다. 언론 논조는 비판 일색이었다. 그렇지만 기사에 달린 댓글들은 '옳은 말 아니냐'는 게 훨씬 많았다.

이후 광주에서 대기업 복합쇼핑몰 유치 운동에 나선 것도 마찬가지였다. 광주에는 아예 좌우 대립 구도 자체가 없다. 좌우 대립 구도가 없는데 어떻게 대중들에게 우파 가치를 설명할 수 있겠는가. 우파 가치조차 설명하지 못하면서 광주 시민 의식을 바꾼다? 총선 이후 광주에서 활동하는 내내 나는 이런 고민과 씨름할 수밖에 없었다.

그 즈음 광주 시청 게시판에 올라온 글 하나가 내 눈에 잡혔다. 코스트코 유치 청원이었다. 한두 건이 아니었다. 관심을 갖고 살펴보니 코스트코, 이케아, 이마트 트레이더스, 스타필드 등 신세대 쇼핑몰이 광주는 물론 전남과 전북까지 단 한 개도 없었다. 좌파 시민단체들 반대에 부딪쳐 대부분 입주를 포기했다. 그러다 보니 광주 시민들이 날을 잡아 대전 등으로 원정 쇼핑에 나서는 해프닝이 벌어지기도 했다.

광주의 핵심 문제는 시민들이 좌파 이념 족쇄에 꽁꽁 묶여 있다는 점이다. 이를 극복하기 위해서는 대중적 차원에서 좌우의 차이를 쉽게 알릴 수 있는 이슈가 필요했다. 즉, 대중적 이념 투쟁이 반드시 필요했던 것이다. 그게 복합쇼핑몰 유치였고 젊은이들과 여성, 가정주부들이 피부로 느낄 수 있는 이슈라고 판단했다. 나는 국민의힘 중앙당에 도움을 요청했다. 호의적이지 않았다. 다른 지역 소상공인까지 자극할 수 있다는 게 이유였다. 나는 글을 쓰고 단체도 만들어 꾸준히 중앙당에 문제를 제기했다.

마침내 윤석열 후보 입에서 이 문제가 거론됐을 때 나는 눈물이 났다. 거대한 변화가 가시화하는 감격과 함께 광주와 호남 지역을 자신

들의 이념적 가두리 양식장에 가두어 온 좌파와 거대 여당 민주당에
대한 분노에서 치솟은 눈물이었다.

정반대의 정반대 삶으로

박정희 시스템의 극복이야말로 박정희 업적의 완성이다. 박정희가
죽음을 맞지 않았다면 자율화·개방화·분권화·민간화 방향을 추진했
을 것이다. 그의 죽음으로 그 작업은 다른 리더십에게 넘겨졌다. 하
지만 우리나라는 아직도 이 작업을 완성해 낼 리더십을 만나지 못하
고 있다.

　박근혜 대통령 탄핵은 내게 박정희 유산의 새로운 관점을 요구했
다. 단순히 박정희 대통령 일가의 비극만이 아닌, 대한민국 역대 우파
지도자 전체의 공통된 비극이라는 관점으로 문제를 바라보게 되었다.
이승만·박정희·전두환·노태우·김영삼·이명박·박근혜에 이르기까
지 대한민국 역대 우파 지도자는 단 한 사람의 예외도 없이 비극적 운
명을 맞이했다. 이것은 구한말 개화파 이후 이 나라 근대화 세력의 피
할 수 없는 숙명이었다. 그중에서도 박정희 운명은 가장 두드러진 상
징성을 가질 수밖에 없다.

　내가 박정희를 만났다가 거부하고 다시 새로운 관점에서 수용해 온
과정은 이 나라 근대화 과정 전체를 이해하게 된 정-반-합의 전개 과
정이라고 볼 수 있다. 학생운동 시절 나는 후배들에게 "우리나라에서
최고의 정치 투쟁은 근현대사 투쟁"이라고 강조하곤 했다. 주사파가

　　　　　　　　　　　　　　　　　　　숨결이 혁명 될 때

본격 등장하기 이전 내 나름의 좌파적 관점이었다. 결과적으로 주사파 접근 방식과 일맥상통했다는 점을 인정할 수밖에 없다.

이제 나는 정반대 관점에서 비슷한 주장을 펼치고 있다. 우파 관점에서 근현대사 해석 투쟁을 전개해야 한다. 그것은 이승만과 박정희 그리고 모든 우파 지도자들 운명을 근대화 세력의 투쟁이라는 관점에서 접근하는 것이다. 그 궁극적인 귀결은 반대한민국·반미반일·친북종중·반근대화 세력과의 투쟁에서 승리해 대한민국의 민족사적 정통성을 누구도 부인할 수 없게 만드는 일일 것이다. 이것이 내가 박정희를 다시 만난 이유다.

주동식

광주광역시에서 태어나 1985년 2월 대학을 졸업하고, 김근태 의장 당시의 '민주화운동청년연합' 회원으로 활동했다. 『주간노동자신문』과 『제3의 길』 편집인을 거쳐 현재는 국민의힘 광주광역시 서구갑 당협위원장으로 정치 활동을 하고 있다.

1973년 9월 21일, '73년도 벼 베기 행사'에서 활짝 웃고 있는 박정희 대통령

5

무지無知의 대가代價

- 우리는 우리가 누군지 모른다

한 민 호

눈사람을 만들기 위해서는 먼저 주먹만 한 딱딱한 눈덩이를 뭉쳐야 한다. 경제도 마찬가지다. 일정한 정도로 자본을 축적해야 본격적인 발전을 이룰 수가 있다. 경제학에서 '원시적 자본 축적'이라 부르는 것이다. 영국을 비롯한 자본주의 선진국은 비교적 긴 시간에 걸쳐 자본을 축적했지만, 후발 자본주의 국가인 독일이나 일본은 정부가 나서서 단기간에 강압적으로 국가의 역량을 집중시켜 산업화에 성공했다. 소련은 더욱 폭력적으로 그 일을 해냈는데, 그 과정에서 2000만 명이 희생되었다고 한다. 1970년대 전반까지도 북한의 경제력이 우리를 앞서 있었던 바, 국가총동원체제가 갖고 있는 힘 덕분이었다.

평균적인 한국인으로서

박정희 대통령(이하 수시로 '그'라 약칭한다)에 대한 글을 써달라는 제안을 받고 흔쾌히 그러마고 답했는데, 막상 글을 쓰기 위해 책상에 앉으니 내가 그에 대해 아는 게 별로 없다는 사실을 절감했다. 일제 때 일본 육사를 나와 관동군 장교로 근무했다, 해방 후 남로당원으로 활동한 적이 있다, 5·16군사혁명을 일으켰다, 개발독재로 한국경제를 기적적으로 발전시켰다, 10·26쿠데타로 서거했다. 누구나 아는, 이게 다였다. 그래서 글을 못 쓰겠다고 하려다가 내가 평균적인 한국인 정도의 지식은 갖고 있는 게 아닌가라는 데 생각이 미쳤다. 그렇다면 '평균적인 한국인'으로서 박정희 대통령과 관련해 어떤 생각을 하고 있는지를 글로 정리하고 동시대인들과 공유하는 것도 의미가 있겠다는 판단이 들었다.

박 대통령은 1917년, 한일합방 된 지 7년 뒤에 일본제국 신민으로 태어났다. 1945년, 그가 28세 때 우리는 해방을 맞았다. 6·25전쟁이 발발한 1950년에 그는 33세였다. 1961년, 5·16군사혁명을 일으켰을 때 그는 44세였다. 1972년 10월 유신을 선포했을 때는 55세였다. 1979년, 측근의 흉탄에 쓰러졌을 때는 62세였다. 그는 일제 때 태어나 온몸으로 대한민국 현대사를 살아냈다. 그를 모른다는 것은 우리 현대사를 모른다는 것과 같다. 나아가 우리 자신이 누구인지도 모른다. 우리는 우리가 누군지 모른다. 그래서 애써 일궈낸 기적을 나락으로 떨어뜨릴 수 있는 오판을 하곤 한다. 이 글은 반성문이다.

개인적 기억

1968년 12월 5일, 박정희 대통령은 국민교육헌장을 발표했다. 당시 나는 충북 오지의 초등학교 1학년 학생이었다. 우리집은 학교가 있는 읍내에서 10여 리를 더 가야 했는데 버스요금은 5원이었다. 나는 그걸 아끼느라 등하교를 걸어서 하곤 했다. 어느 날이었던가. 나는 국민교육헌장을 외우려 애쓰며 집까지 걸어갔다. 아마 숙제였던 모양이다. 내 나이 50이 넘어서야 그게 해방 이후 최고의 명문名文이란 생각이 들어 수시로 암송하곤 한다.

1977년 12월 22일, 대한민국은 수출 100억 달러 목표를 달성한다. 당시 평택고등학교 1학년이었던 나도 그 뉴스를 듣고 감격에 겨워 혼자 밤하늘을 바라보며 박정희 대통령께 감사했다. 1979년 10월 27일,

11월 7일로 예정된 예비고사를 앞둔 고3 입시생으로 한참 쫓기고 있었는데 그가 흉탄에 서거했다는 소식을 들었다. 1980년 3월 대학에 입학했다.

아무것도 모르고 '서울의 봄' 시위대에 휩쓸려 다니다가 휴교령을 맞았고 운동권 지하서클에 들어갔다. 그때 처음으로 박정희 대통령이 일제 때 일본군 장교로 근무했으며, 이름도 다카기 마사오高木正雄였다는 사실을 들었다. 지금까지 속았다는 사실에 분노했고 후일 노무현이 얘기했듯이 "대한민국은 친일파들이 만든 부정한 나라"라는 잘못된 관념에 빠졌다.

다카기 마사오를 어떻게 이해할 것인가

일제 때 청년 박정희를 이해하기 위해서는 그 시대와 당시 조선인들의 삶을 이해해야 한다. 일제는 우리를 강제로 '식민지'로 만들고 억압, 수탈, 착취한 악마였던가? 우리는 그렇게 배웠지만, 아니다. 일제는 우리를 자기들과 일체화하려 했다. 일본에서 시행하던 제반 제도를 그대로 조선반도에서 시행했다. 식량과 토지를 수탈했다는 것은 거짓말이다. 징용공들은 노예노동을 한 게 아니라 제값을 받고 일본인과 같은 조건에서 일했다. 일본군 헌병이나 경찰이 우물가의 소녀를 납치해서 성노예로 부리는 일은 없었다. 합병 이후 문맹자가 많은 조선인들에게 조선어 교육을 체계적으로 실시한 건 조선총독부였다. 조선왕조가 지배할 때에 비해 조선인들의 생활은 제도와 실질 모두 눈부시게 개선되었다.

1910년 한일합방 이후 1945년 일제의 해방에 이르는 36년 동안 조선인 대다수는 서서히 일본 국민으로 변해 갔다. 박시춘이 작곡하고 남인수가 부른 '감격시대'(1939)의 가사는 청춘 예찬으로 이루어져 있다. 당시 일제가 욱일승천의 기세로 뻗어나가던 분위기를 반영한다. 2절에 나오는 희망봉은 아프리카의 희망봉이다.

바다는 부른다 정열이 넘치는
청춘의 바다여 깃발은 펄렁펄렁
바람세 좋구나 저어라 저어라
저어라 저어라 바다의 사랑아
희망봉 멀지 않다 행운의 뱃길아

이재호가 작곡하고 백년설이 불러 크게 히트한 '대지의 항구'와 '복지만리'는 영화 '복지만리福地萬里'(1941)의 주제가였다. 여기서 '복지'는 만주였다. 노래 '복지만리'의 가사를 보면 당시 조선인들이 만주에 대해 품었던 기대와 동경을 느낄 수 있다.

달 실은 마차다 해 실은 마차다
청대콩 벌판 위에 헤이 청노새는 간다간다
저 언덕을 넘어서면 새 세상의 문이 있다
황색기층 대륙길에 어서 가자 방울소리 울리며

숨결이 혁명 될 때

역시 이재호가 작곡하고 진방남이 노래한 '꽃마차'(1942)는 어떤가?

　노래하자 하루빈(=하얼빈) 춤추는 하루빈

　아카시아 숲속으로 꽃마차는 달려간다

　하늘은 오렌지색 꾸냥의 귀걸이는 한들한들

　손풍금 소리 들려온다 방울소리 들린다

1940년, 당시 23세의 피 끓는 젊은이였던 박정희가 문경보통학교 교사직을 그만두고 만주제국 육군군관학교에 제2기생으로 입교했을 때 조선의 분위기가 그러했다. 정일권, 백선엽을 비롯한 뜻있는 청년들이 앞서거니 뒤서거니 하면서 박정희처럼 만주군관학교 또는 그 전신인 봉천군관학교(2년제)를 나왔다. 이들이 해방 이후 한국군의 주역이 되었고, 6·25전쟁을 승리로 이끄는 데 기여했다.

박정희는 그 학교 예과를 수석으로 졸업하고 1942년에 일본 육사 3학년으로 편입했다. 1944년에 일본 육사를 졸업하고 그해 7월 1일 육군 소위로 임관하여, 1945년 7월 중위로 진급하고 해방을 맞이하게 된다. 그의 나이 겨우 28세 때였다. 관동군 소속 일본군으로 근무하면서 독립군을 토벌한 일은 없었다. 당시 그곳에 독립군이 존재하지도 않았고, 관동군은 중공군 팔로군과 전투를 벌였기 때문이다.

이를 두고 "박정희가 비록 일본군 장교였지만 독립군을 토벌한 적은 없다"며 박정희 대통령의 '친일 행적'을 변호하는 사람들이 있다. 안쓰럽다. 당시 박정희도 '감격시대', '복지만리', '꽃마차'를 듣고 부르던 대부분의 조선인들처럼 생각하고 살았다는 점을 직시해야 한다.

그들을 어떻게 평가할 것인가. 손쉽게 '친일파'라고 매도할 수 있는 것인가.

일본은 1867년 메이지유신 이전에 이미 조선보다 월등한 국력을 가진 나라였고, 개항 이전에 이미 난학을 통해 서양 문물을 도입하고 있었다. 이후 러시아의 남하를 막으려는 당시 세계 최강국이었던 영국과 미국의 후원 하에 1894년 일청전쟁, 1905년 일러전쟁에서 승리한다. 1910년 조선을 병합했다. 제1차 세계대전(1914~1918) 때도 영국 등 협상국 편에 서서 전승국의 일원이 되었다. 1922년에는 세계 최초로 항공모함을 실전 배치했다. 1942년 미드웨이 해전 패배를 계기로 전세가 기울기 시작했지만, 일본인들과 조선인들은 그 이후에도 일본의 승승장구를 믿어 의심치 않았다.

역사는 탁류다. 지금 옳은 것이 한 세대 후에는 그른 것으로 변하기도 한다. 1945년 해방은 우리 힘으로 쟁취한 것이 아니라 연합군의 승리로 주어진 것이었다. 500명 내외의 광복군은 일본군과 전투를 벌인 적이 없었다. 해방 직후 문맹률은 80%에 달했다. 당시 대한민국 정부 공무원, 경찰, 군인, 교사로 일할 수 있었던 사람은 거의 다 어떤 식으로든 일제에 '부역'한 사람들이었다. 그 사람들 빼고는 아무것도 할 수 없었다.

늦게 태어난 행운을 누리는 자의 폭거, 반일

우리는 '일' 소리만 나오면 분노하는 조건반사적 반일 감정, 반일 종족

숨결이 혁명 될 때

주의라는 질병을 앓고 있다. 맹목적 반일 감정은 해방 이후 정권 교체와 무관하게 모든 정권, 지식인(교수, 교사, 언론인 등)들이 나서서 사실을 왜곡하고 선전·선동질한 결과다. 그게 75년이다. 우리 국민 10명 가운데 8명이 "친일 잔재가 청산되지 않았다", 절반 가까이가 "정치인과 고위공무원, 재벌 등에 친일파 후손들이 많아서 그렇다"고 생각한다. 일본에 "호감이 가지 않는다"는 입장이 69.4%, "호감이 간다"는 입장은 19.0%다. 2019년 2월 문화체육관광부가 발표한 여론조사 결과다.

왜 이렇게 됐을까? 우리는 좌우를 막론하고 정치인들이 반일 감정을 조장하면서 국민의 지지를 얻으려 했다. 문재인 정부만 욕할 게 아니다. 김영삼 대통령은 멀쩡한 중앙청 건물을 산산조각 내면서 쇼를 했다. 이명박 대통령은 친형 이상득 전 의원 등 측근 구속으로 지지율이 20%대로 떨어지자 외교부의 반대에도 불구하고 굳이 독도를 찾아가서 한일 관계를 훼손했다. 박근혜 대통령도 미국의 주선으로 「한·일 일본군위안부 합의(2015)」를 이루고, 「한일 지소미아(군사비밀정보보호협정) 협정(2016)」을 체결했음에도 불구하고 국제 무대에서 아베 수상을 만나면 찬바람이 돌 정도로 차갑게 대했다.

한일 간에 스포츠 경기가 벌어지면 아나운서가 나서서 "일본만은 꼭 이겨야 한다"며 반일 감정을 자극한다. 이렇게 해방 이후 우리는 일본에 대한 열등감을 떨치지 못하고 온 나라가 반일 감정을 키워왔다. 반일 감정을 확고한 국민정서로 굳어지게 한 것은 1980년 발간된 『해방전후사의 인식』이다. 대한민국은 친일파들이 세운 나라이고 북한은 친일파 청산 위에 세워진 깨끗한 나라라는 게 그 책의 핵심 메시지다. 지금은 40~50대가 된 당시 젊은이들의 필독서였다.

이후 전교조를 통해 다음 세대의 모든 학생들에게 그 책의 내용이 전파되었다. 노무현 대통령에게도 영향을 끼쳤다. 그는 취임사에서 대한민국 역사에 대해 "정의가 패배하고 기회주의가 득세했던 시대"라고 했다. 이후에도 수시로 "독선과 부패의 역사", "분열의 역사", "패배의 역사", "굴욕의 역사" 등 대한민국의 정통성을 부정하는 발언을 했다. 조우석 전 KBS 이사는 그 책에 대해 "방사능 낙진落塵 이상으로 해롭다"고 누차 경고했다.

도대체 청산되지 않은 친일 잔재가 무엇이며, 친일파 후손들이 몇 명이나 되고 어떻게 살기에 이런 생각들을 하는 걸까. 문재인 대통령의 부친 문용형은 일제시대에 함흥농고를 나와 흥남시청에서 농업계장을 했다고 한다. 문 대통령도 친일파의 후손인가? 우리가 일제의 지배를 받은 게 1910년부터 36년이다. 그 시대에 일제의 국민으로 태어나 일본인으로 살았던 세대를 이해하고 따뜻하게 품어야 한다. 박정희 대통령과 그 세대를 두고 친일파 운운하는 건 어불성설이다. 이영훈 교수 말씀대로, "늦게 태어난 행운을 누리는 자의 폭거"는 저지르지 말아야 하지 않겠는가.

국사학계의 맹성을 촉구한다

반일 종족주의와 맹목적 반일 감정을 확산·심화하는 데 우리 국사학계가 혁혁한 공을 세웠다. 사범대학 역사교육과를 다니면서 학사 경고 두 번, 무기정학 1년에, 학점이 모자라 여름학기에 1학점짜리 보충수업을 듣고서야 간신히 꼴찌로 졸업한 내가 감히 우리 역사학계가 이렇게 타락한 이유에 대해 생각해 봤다. 우리는 36년간 일제 지배를 받고 미국의 도움으로 해방을 선물 받았다. 해방 이후 정신적으로 우리의 최대 과제는 열등감을 해소하는 것이었다. 두 가지 재료가 필요했다.

첫째, "우리는 위대한 역사를 가진 민족이다, 일제가 아니었으면 우리도 자생적으로 선진국이 될 수 있었다"는 거짓말이다. 국뽕에 취해 온갖 거짓말을 사실인 것처럼 왜곡했다. 천하의 쓰레기였던 고종을 계몽군주로 떠 받들었다. 자본주의 맹아론을 열심히 설파했다.

둘째, "일제는 우리를 가혹하게 수탈, 억압했고 조선인은 노예처럼 시달렸다. 밭에서 일하는, 우물가에서 빨래하는 처녀를 일본 헌병, 순사들이 잡아다가 일본군의 성노예로 삼았다. 우리 청장년을 징발해 일본 탄광에서 노예노동을 시켰다. 쌀을 수탈하고 토지를 강탈했다"는 식으로 일제를 악마로 묘사하는 거짓말이다.

이런 거짓말을 역대 정권이 나서서 했고 국사학계가 열심히 앞장섰다. 스스로 애국한다는 감상에 젖어 역사를 왜곡했다. 나는 북한 빼고 우리가 세계에서 제일 역사 왜곡을 열심히 하는 나라라고 생각한다. 이해를 못하는 바는 아니다. 콤플렉스를 극복하려는 처절한 몸부림이었다. 문제는 그렇게 역사를 왜곡하고 국뽕에 젖는 게 국익과 민생에 도움이 되는가이다. 해방 이후 한 세대 30년간은 그럴 수 있다고 쳐도, 그 이후 우리가 어엿한 나라로 모습을 갖춘 뒤부터는 과거를 직시하려는 노력이 필요하지 않았을까.

이러한 노력의 싹을 자른 게 1980년 전후한 좌경화 물결이다. 남북의 공산주의자들은 대한민국을 한미일 동맹에서 떼어내는 걸 적화 전략의 핵심 과제로 삼았다. 반미는 국민감정 때문에 어려우니 반일을 철저히 내세웠다. 위안부 납치, 성노예설이 그래서 나왔다. 공산주의자들, 그에 부화뇌동하는 자들은 틈만 나면 반일 캠페인을 벌였다. 이렇게 반일 감정은 단단히 굳어져 갔다. 국사를 연구하고 가르친다는 자들은 일제시대를 똑바로 쳐다보는 걸 기피했다. 비겁하고 게을렀다. 이영훈 교수 같은 분들이 목숨 걸고 진실을 외치고 있지만, 명색이 국사를 전공하고 가르치는 교수, 박사라는 자들은 여전히 토론조차 기피하고 있다.

나는 역사교육과의 문제아, 열등생이었다. 교단을 나와 공무원이 되었고 뒤늦게 진실의 일단을 알았고 건강한 한일 관계가 대한민국의 생존과 발전을 위해 필수적인 조건이라는 걸 깨달았다. 그런데 문재인 정권은 시종일관 반일 선동을 자행했다. 도저히 가만히 있을 수 없어서 지부상소持斧上疏 하는 심정으로 그래서는 안 된다고 가냘픈 목소리를 냈다. 그래서 파면 당했다.

국사학계의 우등생들이 이제라도 진실을 직시하고 공부를 열심히 해 주기 바란다. 일제는 조선을 '식민지'로 삼아 수탈한 게 아니라, 일본의 일부로 만들고자 했다. 일제하에서 조선은 획기적인 발전을 이루었고, 조선인들은 일제의 신민으로서 열심히들 살았다. 역사는 한두 마디로 정리하고 단죄할 수 있는 게 아니다.

　　　　　　　　　　　　　　　　　　숨결이 혁명 될 때

일제의 조선어 정책도 상식과 너무나 다르다. 조선어 교육을 체계적으로 시작한 게 조선총독부다. 창씨개명도 조선인의 청원을 총독부가 수용했다는 주장이 있다. 학계가 나서서 정리해야 할 문제다. 일제시대 전체가 안개 속에 가려져 있다. 다행히 『매국노 고종』(와이즈맵, 2020) 같은 좋은 책도 나왔다. 거듭 국사를 공부하는 분들께, 그리고 국사학과 학생들께 호소한다. 일제시대사를 제대로 공부하시라!

남로당원 박정희

1945년 해방 이후 한반도를 압도한 것은 공산당이었다. 소련이 점령한 북한에서는 김일성 일당이 신속하게 권력을 장악하고 군사력을 키웠다. 일제가 공장과 발전소를 거의 모두 북한에 건설했기 때문에 경제적으로도 북한이 남한에 비해 훨씬 앞서 있었다. 남한에서도 공산당이 조직과 여론에서 민족 진영을 훨씬 앞서 있었다. 1946년 미 군정청이 실시한 여론조사에 따르면, 찬성하는 체제로 14%가 자본주의를, 70%가 사회주의를, 7%가 공산주의를 선택했다. 공산당은 전국 각지에서 폭동과 소요를 일으키면서 조직을 확대해 나갔다. 1946년 대구 폭동, 1948년 제주 4·3폭동과 여순 반란을 비롯한 온갖 방해 공작을 극복하면서 대한민국 정부가 수립되었다. 6·25전쟁이라는 전면전에 앞서 이미 한편으로는 치열한 전쟁을 치르면서 나라를 세운 것이다.

그 과정에서 청년 박정희는 남로당에 가담했다가 검거되었다. 당시 그가 무슨 생각을 했는지를 알 수 있는 자료가 거의 남아 있지 않다. 가난한 집안 형편에도 불구하고 그의 정신적 지주로서 그를 대구사범학교에 입학시켰던 셋째 형 박상희의 영향이 컸다는 주장이 있다. 박상희는 1930년대부터 좌익 운동에 가담했고, 1946년 대구 폭동에 가담했다가 사살당했다.

당시 박정희는 29세였다. 그 일 이후 남로당에 입당한 그는 1948년 체포되어 군에 침투한 공산주의자 색출에 협조했고, 1949년 석방되어 문관 신분으로 다시 군에서 일하게 되었다. 6·25 발발 6개월 전인 그해 12월에는 '연말종합적정敵情판단서'를 주도적으로 작성해 제출했다. 북한 남침 준비 상황을 소상히 파악해 아군의 대책을 건의한 방대한 보고서였다고 한다. 이로 보아, 청년 장교 박정희가 사상적으로 공산주의에 빠졌던 것은 아닌 듯하다. 33세였던 1950년 6·25전쟁을 맞이하여 그는 국군과 함께 남으로 이동함으로써 자신의 정체성을 분명히 했다.

1948년부터 1949년까지 진행된 본격적인 군내 좌익 척결을 위한 숙군 작업에도 불구하고 군 핵심부에는 북한의 간첩망이 암약했다. 당시 박정희 소령이 관여했던 조직과는 전혀 별개의 조직이었다. 거물 간첩 성시백이 만들어 놓은 조직이 아닐까 생각해 본다. 그 때문에 전쟁이 임박한 상황에서 도저히 이해할 수 없는 일들이 벌어졌다. 비상경계령 해제, 주요 지휘관의 대대적 이동, 수도권 방어부대의 재편과 이동, 차량과 중화기의 대대적인 후송과 6월 24일 저녁 있었던 군 수뇌부의 연회 등이 그것이다. 심지어 당시 육군참모총장 채병덕의 전속부관 '라엄광 중위'는 군적에도 없던 자로서, 북한군의 서울 점령

이후 잠적해 버렸다.

이후 박정희는 1950년대에 과거 남로당원이었다는 경력 때문에 우여곡절을 겪으면서도 소장으로 진급했다. 그 10년 동안 그가 누구와 만났고 무슨 생각을 했는지는 알려진 바가 별로 없다. 6·25 발발 이전에 전투정보과에서 일하면서 만난 김종필을 비롯한 육사 8기생들과 지속적인 교류가 있었을 것이라 짐작된다. 그는 44세였던 1961년에 5·16군사혁명을 일으키고, 이듬해인 1962년에『우리 민족의 나아갈 길』을, 1963년에는『국가와 혁명과 나』를 출간했다. 한국사에 대한 본인의 이해, 새 정부의 이념과 철학, 중동과 중남미의 혁명 사례 분석, 새 정부의 비전을 밝힌 문건이다. 그가 1950년대 10년 동안 국가의 미래에 대해 열심히 공부하고 고민했음을 여실히 보여 준다. 사실, 박정희와 그 주변 인물들은 당대 최고의 엘리트 지식인들이었다. 박정희 본인이 대구사범학교를 나와 만주군관학교를 수석으로, 일본 육사를 3등으로 졸업한 수재였다. 그리고 당시 대한민국 최고의 인재들이 가는 학교였던 육군사관학교 출신들이 그를 둘러싸고 있었다.

외로운 개척자

박정희 대통령 치세를 얘기하기 전에, 4·19 이후 1년간 대한민국이 얼마나 난맥상이었던가에 대해 제대로 된 보고서가 필요하다는 얘기를 하고 싶다. 중구난방, 도저히 국력을 하나로 모을 수가 없었다. 게다가 좌익의 준동이 날이 갈수록 심각해졌다. 5·16군사혁명이 없었더라면 김일성에 의해 적화되거나 정쟁으로 밤낮을 지새우는 가난한 나라로 남을 수밖에 없었을 것이다.

우리는 좌우를 가리지 않고 "후진국 중에서 산업화와 민주화를 모두 이룬 유일한 나라, 원조를 받던 나라에서 주는 나라로 발전한 유일한 나라"라고 자랑한다. 기적이라고밖에는 달리 표현할 길이 없는 게 사실이다. 박정희 장군은 국가재건최고회의 의장을 거쳐 1963년 12월 대통령에 취임했다. 박 대통령 취임 당시 사정은 지극히 암울했다. 1953년 휴전 이후 10년이 흘렀지만, 전쟁의 상처는 여전했다. 대한민국은 세계에서 가장 가난한 나라 중 하나였다.

언제 다시 남침할지 모르는 북한은 치열하게 대남 공작을 전개했다. 야당은 틈만 나면 정부를 비판하고 정권 탈환을 노렸다. 대학생들은 철없는 구호를 외치며 정권을 흔들었다. 박 대통령은 황무지에서 폭풍우를 맞으며 말 그대로 무에서 유를 창조해야 하는 입장이었다.

눈사람을 만들기 위해서는 먼저 주먹만 한 딱딱한 눈덩이를 뭉쳐야 한다. 경제도 마찬가지다. 일정한 정도로 자본을 축적해야 본격적인 발전을 이룰 수가 있다. 경제학에서 '원시적 자본 축적'이라 부르는 것이다. 영국을 비롯한 자본주의 선진국은 비교적 긴 기간에 걸쳐 자본을 축적했지만, 후발 자본주의 국가인 독일이나 일본은 정부가 나서서 단기간에 강압적으로 국가의 역량을 집중시켜 산업화에 성공했다. 소련은 더욱 폭력적으로 그 일을 해냈는데, 그 과정에서 2000만 명이 희생되었다고 한다. 1970년대 전반까지도 북한의 경제력이 우리를 앞서 있었던 바, 국가총동원체제가 갖고 있는 힘

숨결이 혁명 될 때

덕분이었다.

대한민국도 똑같은 과제에 직면했다. 국가의 역량을 집중시키기 위해 개발독재는 불가피했던 것이다. 그 과정에서 부정부패도 있었고 노동자들의 희생도 있었다. 거듭, 역사는 탁류다. 너도 나도 제 몫을 챙기려 아귀다툼하는 것을 방치할 것이냐, 아니면 국가 권력을 동원하여 흩어져 있는 역량을 집중시킬 것이냐 선택의 기로에서 박정희는 후자를 선택했다. 무수한 적을 만들어 내고 목숨 걸고 그들과 싸울 걸 예상하면서 "내 무덤에 침을 뱉어라"라는 비장한 각오가 필요했다. 3선 개헌과 10월 유신을 거치면서 측근들도 떠나갔다.

권력과 돈 때문이 아니라 진심으로 그의 비전을 이해하고 기꺼이 동참했던 사람들은 얼마나 됐을까? 박 대통령은 외로웠다. 스스로 선택한 길이었지만, 다른 길이 없기도 했다. 1974년 문세광의 저격으로 부인을 잃고 나서는 더욱 더 외로워했다. 10·26으로 인해 적나라하게 드러난 측근들의 행태를 보면 그가 얼마나 외로웠을까 짐작된다.

박정희와 전두환

육사 11기를 각별히 아낀 박정희 대통령이었다. 전쟁이 한창이던 1952년 1월, 11기 200명이 경남 진해에서 입학했다. 미 웨스트포인트를 본 뜬 4년제 첫 정규 육사였다. 당시 대한민국에서 가장 똑똑한 학생들이 입학했다. 5·16군사혁명 당시 전두환·노태우 대위 등이 주동이 되어 육사 생도들은 혁명 지지를 선언했다. 그들은 이후 군의 중추로 성장했다. 10·26쿠데타가 발생하자 소위 12·12사태를 통해 이를 진압한 것도 그들이었다. 그들이 아니었으면 대한민국은 4·19 이후의 혼란을 재현하며 쇠락의 길로 접어들었을 것이다. 전두환·노태우 두 대통령을 거치면서 대한민국은 정치적·경제적 체력을 키울 수 있었고, 그 덕분에 순조롭게 문민정부 시대를 열었다. 그런 점에서 노태우 대통령이 퇴임한 1993년까지가 박정희시대였다고 할 수 있다. 박정희 대통령이 정성을 기울여 양성한 인맥이 과도기를 잘 관리한 것이기 때문이다.

국제 정세의 격랑을 헤쳐 나가다

박정희 대통령을 평가하려면 반드시 당시의 국제 정세를 함께 논해야만 한다. 그렇지만 쉽지 않다. 그가 대통령에 취임한 1963년은 6·25전쟁 휴전 이후 겨우 10년 뒤였다. 1968년 대통령이 된 닉슨은 그 전부터 미국이 더 이상 세계의 경찰이 될 수 없고 베트남에서 미군은 철수되어야 하며, 아시아에서 미국의 개입을 줄여야 한다고 주장했다. 1970년, 결국 주한미군 두 개 사단 가운데 제7사단을 철수한다고 일방적으로 통보해 왔다.

1972년에는 닉슨이 중국을 방문해 마오쩌둥과 회담했다. 1973년 1월 27일 파리에서 미국·월남·월맹 사이에 평화협정이 체결되었고, 미군이 월남에서 철수했다. 1975년 4월 30일 월맹 탱크가 월남 수도인 사이공 대통령궁의 철문을 부수고 들어가자 월남 대통령이 항복했다. 1976년 11월, 미국 대선에서 주한미군 철수를 선거 공약으로 내건 카터가 대통령에 당선되었다. 그는 대통령 취임 후 곧바로 주한미군 철수 3단계안을 발표했다. 1978년 말까지 지상군 6,000명을 철수시키고, 1982년 7월까지 나머지 지상군을 모두 철수시키되, 공군과 해군은 계속 주둔시킨다는 안이었다.

돌이켜보면, 박정희 대통령은 재임 기간 내내 안보 위기에 시달렸다. 북한은 1968년 1월 무장공비 31명을 침투시켜 청와대를 직접 공격했다. 미군은 철수한다고 하고, 북한은 수시로 도발했다. 미국이 중국과 화해하면서 한반도를 중국에 넘기는 게 아닌가 의심할 수밖에 없는 상황이 전개되었다. 이런 상태에서 권력을 내놓고 서구식 민주주의를 하게 되면 대한민국은 사실상 무방비로 북한의 위협에 노출되는 것이었다. 3선 개헌과 10월 유신은 불가피했다. 그러나 많은 국민들은 박정희의 장기 집권에 염증내고 있었다. 나라를 지키기 위한 개발독재의 필요성과 국민의 민주화 욕구가 정면으로 충돌한 게 1980년의 광주 사태였다. 광주 사태에 북한군이 개입했는지 여부와는 별개로, 광주 사태를 타기唾棄해서도 신성시해서도 안 되는 이유다. 한국민의 병존하기 어려운 두 욕구가 충돌한 것이었다.

한편, 박정희시대의 경제발전을 논할 때 미국과 일본의 호의를 잊으면 안 된다. 그게 없었더라면 박정희 열 명이 있었더라도 경제발전은 불가능했을 것이다. 이 주제는 많은 전문가들이 자세히 밝힌 바 있기 때문에 여기서는 이 정도로 그치고자 한다. 우리는 이승만을 통해 미국과 만났고, 박정희를 통해 일본과 만났다. 미국을 아버

지로, 일본을 어머니로 했기에 우리가 세계사의 기적으로 태어난 게
아닐까.

역사 교과서야말로 핵심 진지陣地

이 글을 쓰면서 박정희와 그의 시대에 대해 꽤 많은 문헌이 있다는 걸
알게 되었다. 내가 게을러서 그 존재를 모르고 있었을 뿐이다. 그런데
나 같은 보통사람이 박정희 대통령과 그 시대에 대해 여러 권의 책을
찾아 읽는다는 건 쉬운 일이 아니다. 그가 서거한 지 벌써 43년이 되
었다. 나보다 젊은 사람들에게 박정희는 그야말로 역사 속 인물이다.
게다가 정보화 시대를 맞아 현대인은 정보의 홍수 속에 살아간다. 매
일 새로운 정보가 쏟아진다. 과거를 돌아볼 겨를이 없다. 결국 대부분
의 한국인들은 박정희와 그의 시대를 역사 교과서에서 배운 대로 평
가할 수밖에 없는 게 현실이다.

　좌파들은 일찍이 이걸 깨달은 듯하다. 그들은 역사를 장악하고
역사 교과서를 장악했다. 역사는 문화콘텐츠의 원천이다. 좌파적
시각으로 왜곡·윤색된 역사가 국민을 세뇌하는 영화, 드라마, 소
설, 미술 등의 소재를 제공한다. 이탈리아의 공산주의자 그람시
Gramsci, Antonio(이탈리아 공산당 창설자)가 제안한 진지전은 선전선동으로
문화적 헤게모니를 쟁취하자는 것으로 선전선동이 총이라면 역사
는 총알이다.

　좌파들은 역사 교과서를 장악한 동시에 각종 과거사위원회를 만들

어 역사 해석의 주도권을 공고히 했다. 박근혜 대통령이 역사 교과서 국정화를 시도했지만 참담하게 실패하고 국정의 동력을 잃는 하나의 계기가 됐다. 역사가 얼마나 중요하고 치열한 전장戰場인지 모르고 시작했기 때문이다.

이러한 싸움은 정예부대를 조직하고 정교하고 집요하게 해야 하는 일이다. 공무원들에게 지시해서 될 일이 아니다. 결국은 백전백패다. 새 정부가 잘해 주기를 간곡히 바란다.

한 민 호

현 공자학원 실체 알리기 운동본부 대표. 서울대학교 역사교육과를 졸업하고 8년간 중학교 역사 교사로 일하다가 제37회 행정고등고시에 합격하여 공직의 길에 들어섰다. 문화체육관광부 체육정책관, 미디어정책관 등을 역임했다. 문재인 정부의 대북·대미·대일 외교, 원전 폐기 등을 비판하는 글을 썼다는 이유로 2019년 10월 파면되었으나 2022년 3월, 파면 처분 취소 청구 행정소송에서 승소했다.

2부

다시, 혁명 앞으로

6

박정희식 넛지Nudge

허

현

준

1990년대 닥쳐온 공산체제 붕괴와 북한 주민들의 대량 아사는 내가 지탱해 왔던 모든 것들을 흔들었다. 걸어온 길을 살피고 누군가의 강요된 인식이 아닌 스스로의 성찰로 새로운 길을 찾아야 했다. 운동권 내에서 체화된 공상적 사고, 집단에 대한 충성, 가진 자들에 대한 반감, 세상의 본질을 안다는 자만, 타인보다 더 도덕적이라는 오만, 내 안에 잠재된 홍위병, 선악 이분법과 편 가르기 습속, 투쟁 만능주의, 혁명가라는 우월 의식 등 내면에 잠재된 것들과의 싸움은 지난한 것이었다.

선택적 역사 인식이 아닌

그리스 문명은 인류의 진보에 가장 오랫동안 그리고 가장 강력한 영
향을 끼쳤다. 현대 민주주의 근간이 되고 있는 자유와 평등의 원형도
그리스 문명에서 출발했다. 그리스인들은 자유와 민주, 평등의 개념
을 창안했고, 그 정신은 국가와 사회의 곳곳에 스며들어 그들의 삶과
제도에 구현되고 체현하는 과정을 거쳤다. 그리스인들이 현대적 의
미의 시민적 기본권을 누린 것은 아니었지만 자유와 민주, 평등의 가
치를 창안하고 구현하려 했다는 점은 변함이 없다. 그들이 생성한 문
명의 산물들은 중세와 근대 시민혁명을 거쳐 현대 국가의 보편적 가
치로서 철학·정치·경제·과학·문화 예술·종교·교육·건축 분야 등에
자리하고 있다.

그리스 문명에는 또 다른 모습이 있다. 그리스 도시 국가들은 노예

제에 뿌리를 두고 있다. 그리스 노예제는 전쟁에서 획득된 포로에서 시작되었다. 노예는 참정권은 물론 신체의 자유, 표현의 자유, 거주 이전의 자유, 결혼의 자유, 자신이 원하는 일을 할 수 있는 자유가 제한되었다. 법적인 피해자로서 구제 대상의 주체가 될 수도 없었다. 그리스 국가들은 동족인 그리스 국가의 시민을 노예로 삼지는 않았다(스파르타는 예외). 그리스에 거주하는 사람이라고 해서 모두 시민이 될 수 있는 것도 아니었다. 농업인이나 상공업 종사자들은 시민 영역 밖에 있었다. 근대 초까지 자기 나라 백성이나 같은 민족까지 노예로 삼았던 중국, 조선, 일본 등 동아시아 국가들에 비하면 훨씬 진일보한 셈이다. 비록 그리스 문명이 노예제에 기반하고, 그리스 국가에 살고 있는 모든 사람들이 시민적 권리를 가진 것은 아닌, 제한된 민주주의 한계는 있지만 자유와 평등 정신을 현실에서 구현하려 했다는 점에서는 부인할 수 없다.

그리스인들이 남긴 문명의 유산이 무엇이고 그것이 현대 문명에 어떤 영향을 끼쳤는지를 이해하고 평가하려면 당시의 시대적 맥락이나 환경적 조건 등을 살펴야 함은 상식이다. 또 그 시대의 정치적 상황에 경제, 철학, 과학, 문학, 인물, 군사, 제도 등이 어떻게 상호 조응하였는지 횡적으로 조명하는 것도 놓치지 말아야 한다. 역사 해석을 문명사적 관점이 아닌 공산주의자 마르크스처럼 '계급 투쟁의 역사'나 '정치 투쟁의 역사'로 보게 되면 노예제 사회인 그리스에서 어떻게 자유와 평등, 민주주의가 창안되고 발전해 왔는지를 제대로 알 수 없다.

그렇지만 여전히 우리 사회 내 좌익 성향의 지식인들과 운동권들은 계급 투쟁의 역사, 정치 투쟁의 역사 인식에 머물러 있다. 한국 현대사를 해석하는 데 있어 반미(반제)·반독재·반자본적 시각에 머물러 있다 보니 '박정희는 독재자다', '박정희는 민주주의 파괴자다'라는 정치 투쟁만 외칠 뿐 박정희시대가 남긴 위대한 문명적 자산을 볼 수 없는 지경에 이르고 말았다.

질병의 속박에서 벗어나다

인간 수명 최대의 적은 질병이다. 지금의 선진국조차 20세기 초까지 사망 원인의 대부분은 원인을 알 수 없는 전염병 등 질병이었다. 당시 주요 사망 원인을 보면 인플루엔자, 결핵, 폐렴, 홍역, 천연두, 설사병 등이 주를 이루었다. 특히 폐렴, 설사병, 홍역, 천연두를 비롯한 여러 가지 전염병이 많은 어린아이의 목숨을 빼앗아갔다.

1960~1970년대에 천연두가 전 세계에 유행하자 미국과 소련은 냉전 시기였지만 천연두 퇴치를 위해 협력했다. 미국은 자금과 인력을 제공하고, 소련은 백신을 대량생산해 공급했다. 미·소간의 협력으로 난제였던 열대 지방 국가에서 접종을 시작하자 1970년을 기점으로 환자가 크게 줄었고 1980년에 이르러 완전 퇴치를 선언할 수 있었다.

박정희 정부는 콜레라, 천연두, 홍역, 말라리아 등의 전염병 퇴치에 크게 기여했다. 경제성장으로 국민의 생활수준이 나아져 영양 상태가 좋아지고 위기에 대응할 교통수단이 발달하며, 전염병을 유발하는 진원지를 차단하고 화장실 및 수로 등의 환경 위생 상태가 급속히 개선되었다. 여기에다 예방적 방역 대책이 강화되고, 선진국의 발전된 의학 기술이 도입되고 제약 산업이 발전함으로써 질병 퇴치의 획기적인 전기가 마련됐다.

의료보험 등 강력한 의료 시스템 기본을 구축했다. 의료보험제도는 1963년 의료보험법이 제정되었으나 재정적 여건 등으로 실시되지 못했다. 추가적인 준비 끝에 의료보험법을 개정하여 1977년 7월 실시했다. 1977년 7월에는 500명 이상 사업장 근로자들을 대상으로 제도가 실시되었고, 1979년에는 공무원과 사립학교 교직원들을 대상으로 확대했다. 민간 기업가인 정주영 회장과 김우중 회장도 이에 동참하여 농어촌 지역에 종합병원을 건립했다. 정주영 회장은 아산재단을 설립하고, 김우중 회장도 대우문화복지재단을 세웠다. 그리고 곳곳에 종합병원들이 들어섰다. 그 후 의료보험제도는 점차 확대되어 현재는 전 국민 의료보험제도가 실시되고 있다.

부유한 민주주의 국가에서는 사망률, 특히 영유아 사망률이 더 낮아졌고 평균 신장은 커졌다. 유아기에 좋지 못한 환경에서 음식을 충분히 섭취하지 못하거나 질병을 앓으면 건강 상태가 좋지 않아 신장도 자라지 못한다. 뇌의 발달에도 영향을 끼친다. 2013년 「사이언스」에 실린 논문에 따르면, 가난이 뇌의 인지 기능을 떨어뜨려 잘못된 결정이나 실수를 하게 할 가능성이 높다고 한다. 빈곤은 사회적 경쟁력뿐만 아니라 지능적 경쟁력까지 떨어뜨려 가난을 대물림할 수 있다는 사실을 제시했다.

전염병이 유행하면 사람들은 다른 사람을 경계한다. 코로나19 유행이 시작되었을 때에도 사람들은 다른 사람이 접근하는 것을 경계하고 매우 민감하게 반응하며, 마스크를 쓰지 않은 사람에게 적개심을 나타내기도 했다. 평소에 낯선 타인에게조차 친절하던 사람도 전염병이 유행하면 자신에게 닥쳐올 위험에 경계하고 피한다. 그런 결벽증 현상은 사회적으로 과도해져 유행이 되고, 약자나 병자 등 특정 대상을 집중적으로 공격하는 심리도 확대된다. 전염병의 유행이 확산되면 불가피하거나 불가피함을 이유로 국민들의 기본권도 제약된다.

국민들이 기본적으로 누려야 할 다양한 생활을 위협하는 분위기가 형성되어 이동과 이주, 다양성과 표현의 자유가 제약될 뿐만 아니라 특정 권위자에 이견을 제시하거나 도전하는 것을 불온시하는 분위기도 강해진다. 전염병과 질병의 확산은 경계와 배제, 배타적인 사회 분위기의 어두운 면을 드러내기도 한다. 박정희는 그러한 질병을 퇴치함으로써 국민의 건강권과 기본권 신장에 크게 기여했다.

문명의 충격, 과학 기술

농촌의 겨울은 유독 길다. 그 긴 겨울이 지나 완연한 봄이 되면 TV가 있는 집의 마당이나 방은 아이들로 가득 찼다. 당시 우리 동네에서 TV가 있던 집은 10여 집으로 만화가 방송되는 날이면 아이들이, 드라마가 방송되는 날엔 여성들로 집이 북적거렸다. TV가 있는 집은 동네 사랑방이었고 그 집 아들은 선망의 대상이었다. 다이얼식 전화기가 들어오자 전화기 있는 집은 어른들 선망의 대상이 되었다. 여러 날에서 많게는 십여 일이 넘게 걸리는 편지 배달과 달리 전화기는 교환원을 통해 서울에 있는 자녀와 바로 통화할 수 있으니 얼마나 놀라운 일이었겠는가. TV와 전화기의 등장은 문명의 충격이었다.

TV와 전화기 못지않게 신기했던 것이 냉장고와 세탁기다. 평소에 남은 음식은 부엌이나 뒷마당에 놔두곤 했는데 냉장고가 들어오면서 그런 풍경은 싹 사라졌다. 엄동설한 추위에 차가운 물에 손을 담그며 힘들게 빨래하던 풍경도 세탁기가 들어오면서 사라졌다. 어머니들의 허리가 펴지고 얼굴에 생기가 돌았다. 집안일이 줄어들고 가사 노동이 점차 변해갔다.

과학 기술이 미친 강력한 변화 중 하나는 피임이다. 계획하지 않은 임신은 크나큰 장벽이었다. 겨우 입에 풀칠하며 살아가는 가난한 농촌에서 아이가 하나 더 느는 것은 보통일이 아니었다. 그래서 아이를 가진 어머니들은 아이를 떼기 위해 수양버들 뿌리를 달여 먹는 등 별의별 노력을 한다. 그만큼 산모는 절박했다. 그런데도 기어이 나오는 아이도 있다. 내가 그랬다.

전기의 발전은 더 큰 변화를 가져왔다. 등잔불을 사용하던 시절에는 해가 떨어지기 무섭게 아버지는 '기름을 아껴야 한다'며 일찍 자라고 했다. 전깃불이 들어오자 변화가 생겼다. 밤에도 밝은 전깃불 아래서 공부할 수 있는 시간이 늘었다. 학업량이 늘어나니 학업 성취도가 나아졌다. 전기 보급으로 TV나 냉장고 등 가전제품 사용이 늘었다. 음식을 냉장 보관할 수 있게 되었고, 위생이 개선되어 수인병 질병이 줄어들었다.

가로등에 전기가 들어오면서 교통 상황이 개선되고 돈과 물건을 노린 범죄도 줄어들었다. 더 큰 산업 현장에서는 전기 보급이 확산되자 밤낮을 가리지 않고 일을 하여 소득과 고용률이 증가했다.

1965년 제정·공포된 '농어촌 전화 촉진법'에 따라 농어촌 전화 사업이 시작되었다. 농어촌 산간벽지에 전기를 공급해 농어민 삶의 질을 향상하고, 농어업의 생산력을 높이기 위함이었다. 1964년 말 농어촌 12%, 도시 51% 수준에 불과했던 전기 보급률은 1979년 12월 말까지 극히 일부 도서와 산간벽지를 제외하고는 275만 5,000여 가구에 전기가 공급되어 98.7%를 달성했다. 전기 공급은 국민들의 생활과 산업에 획기적 변화를 가져왔다.

박정희는 과학 기술의 꿈을 현실로 만들었다. "과학 기술은 생산 증강의 요체요, 경제발전을 촉진하는 힘의 원천이다"라고 강조하며 "한 국가의 부흥과 발전의 원동력은 과학 기술과 그것을 이용한 산업 기술에 있다"고 했다. 과학 기술 장기 계획의 시작은 제1차 경제개발계획에서 시작됐다. 1962년 경제개발계획 수립 과정에서 과학 기술의 수준과 기술자 문제를 처음으로 제기한 것은 박정희였다. 당시만 하더라도 경제개발계획을 주도한 공무원이나 학자들조차 '기술'이라는 것을 노동력의 한 부분으로 여겨 대수롭지 않게 생각하던 시절이었다. 사농공상의 유습이 남아 기술과 기능을 천시하는 경향이 강하여 과학 기술의 기반조차 갖추지 못한 수준이었다. 해방 이후 그나마 남아 있던 과학 기술자 중에서 6·25전쟁으로 유능한 과학자들이 대거 월북하면서 과학 기술자 공동체는 붕괴에 직면했다. 당시 국내에는 박사 학위를 취득한 사람이 6명에 불과할 정도로 과학 기술 인재가 부족했다.

연구소조차 없는 과학 기술의 황무지였다. 박정희의 질문 한마디를 계기로 시작되어 1962년 5월 한국 최초의 과학기술진흥 장기종합계획인 '제1차 과학기술진흥 5개년계획'이 수립되었다.

1965년 5월 한국이 베트남전 파병을 결정하자 미국 대통령 린든 존슨은 그 보답으로 1000만 달러 원조를 약속했다. '과학 기술 입국'을 꿈꾼 박정희는 미국의 1000만 달러와 우리 정부 출연금 1000만 달러를 합쳐 그다음 해에 한국과학기술연구소KIST를 설립했다. KIST를 설립한 박정희는 해외에 나가 있는 우수한 한국인 과학자들을 불러들이는 데 전력을 다했다.

해외에서 불러들인 과학자들에겐 집과 의료보험 등 안정적인 생활 환경을 제공해 주고 대통령 자신보다 몇 배나 많은 봉급을 지급하기도 했다. 그는 "자가용이나 냉장고도 없는 초라한 삶이지만 '내일'을 바라보며 지금도 구슬땀을 흘리고 있습니다. 여러분, 오늘의 편안한 생활에 만족하거나 화려함만 꿈꾸지 말고 동포가 발버둥치며 일하는 고국으로 돌아오십시오"라며 조국애를 담아 호소했다. 결국 KIST 설립 2년 만에 전 세계에서 분야별 핵심 과학자 35명을 모았다.

KIST 설립 후 박정희는 한 달에 한두 번씩은 꼭 연구소를 찾아가 연구원들을 격려했다. 연구원들을 청와대로 초청해 그들의 어려움을 듣고 즉각적으로 조치를 취하는 등 연구원들의 힘을 북돋웠다. 박정희의 각별한 관심으로 정부 부처 공무원들이나 정치인들은 불필요한 영향력을 행사하지 않았다. 이에 강한 자부심과 사명감을 느낀 연구원들은 연구에 전념했다.

KIST는 그 후 생명공학연구소·전자통신연구원 등 20개의 전문 연구소를 만드는 데 기여했고 4,000여 명의 석·박사급 과학 인재를 키워냈다.

과학 기술은 산업 활동의 핵심이다. 그러나 당시 우리나라는 기술의 대부분을 외국에 의존했다. 기술과 자원이 부족하므로 세계 시장에 경쟁할 만한 변변한 공업 제품도 없었다. 과학 기술을 이끌 과학자나 연구소조차 없는 상황에서 KIST 설립 등 과학 기술에 막대한 예산을 쓰는 박정희를 향해 야당 정치인들이나 반정부 인사들의 비난이 빗발쳤다. 그러나 박정희는 그런 비판을 뒤로하고 '과학 기술 입국'의 꿈을 달성하기 위해 모든 것을 걸었다.

경제개발에는 과학 기술이 필수라는 인식을 확고하게 가졌던 박정희는 '우리 국민의 살길은 기술 개발과 과학 발전의 길밖에 없다'고 생각했다. 그의 노력으로 우리나라 과학 기술은 빠르게 발전했다. 과학 기술이 산업화 동력이 되었고, 기계화·자동화 등 대량생산으로 국민들의 생활은 풍요로워졌다. 여기에다 위험한 작업 일이 개선되어 산업재해가 점차 줄어들고, 여성은 가사 노동이나 육아 부담에서 벗어나 사회로 진출할 수 있게 되었다. 과학 기술의 발전은 중화학, 제철, 조선, 자동차 등의 산업발전은 물론 근로자의 작업 환경과 여성의 사회 진출 등 국민의 기본권 증진에도 크게 기여했다.

교육의 반란

1930년생인 아버지는 일제시대와 광복, 6·25전쟁을 거치며 가난과 굶주림 속에서 살았다. 가슴에 늘 가난의 한을 품고 사셨다. 할아버지와 할머니를 일찍 여의고 고아로 살아온 아버지의 삶에는 상처와 아픔이 겹겹이 쌓여 있었다. 소작농이었던 아버지는 온갖 고생 끝에 내가 태어나고 얼마 안 돼 논 1필지를 샀고, 몇 년 후 1필지를 더 샀다. 논 2필지를 가진 소농이 되자 아버지는 새벽녘에 논에 나가 자신의 소유가 된 논과 작물을 보며 흐뭇해했다.

그렇지만 아버지의 한은 쉽사리 풀리지 않았다. 늦은 밤이면 막걸리를 거나하게 드시고 들어와 자식들을 불러 훈계를 하곤 했다. "자식들은 나처럼 고생하며 살아서는 안 된다"며 "되는 데까지 가르칠 테니 열심히 공부하라"고 힘주어 말씀하시곤 했다. 겨우 입에 풀칠하는 정도의 소농이었지만 아버지는 전력을 다해 자식들 교육에 열정을 쏟았다. 자식들이 허튼짓을 한다고 생각될 때는 단호하게 행동했다. 누구도, 그 무엇도 막을 수 없었다. 가난과 결핍의 깊은 굴레에서 벗어나는 길은 배워서 출세하는 것이라 생각했다. 생존의 절박함이었고 절규였다.

전후 일본의 부흥이 빨랐던 이유는 무엇이었던가. 제2차 세계대전 중에 원자폭탄을 맞은 일본은 나라 전체가 폐허 상태였다. 전국 90여 개 도시가 초토화되고 전쟁 이재민은 800만 명에 이르렀다. 일본인들은 하루에 쌀 배급 300g으로 연명했다. 암시장에는 온갖 가재도구는 말할 것도 없고 귀환 병사들의 군수품이나 훈장들까지 쏟아져 나왔다. 그런 것마저 내다 팔아 한 끼를 때워야 할 만큼 극도의 결핍을 겪었다. 그럼에도 불구하고 일본은 어떻게 그리 빨리 복구할 수 있었을까? 김일성의 남침으로 시작된 6·25전쟁은 일본의 특수를 누릴 기회였다. 유엔군 보급기지에다 미 공군 발진기지가 되고 각종 전쟁 무기류 정비창 역할을 했다. 부상병 치료와 휴가 장병들의 휴식처도 됐다. 트럭, 전파 탐지기, 시멘트, 비료, 종이, 건축용 철재, 철사류, 칫솔과 비누까지 각종 물자들이 미친 듯이 팔려나갔다. 휴전까지 3년 반 동안 일본은 엄청난 전쟁 특수를 누릴 수 있었다.

물론 일본 부흥의 이유가 6·25전쟁의 특수만이었다면 잠깐으로 끝났을 것이다. 중요한 다른 이유가 또 있다. 세계적인 수준의 기술과 기술력을 가진 인재들이 두텁게 형성되어 있었기 때문이다. 일본은 메이지유신 이후 부국강병과 산업혁명의 길을 걸었다. 앞선 서양 제도와 기술을 수용하여 자국의 군사력과 기술력을 세계적 수준으로 끌어올렸다. 제1·2차 세계대전 당시 일본은 러시아 등 세계 패권국과 맞설 정도의 강한 군사력과 기술력을 보유하고 있었다.

전쟁 패배 후 하드웨어는 파괴됐지만 첨단 기술과 기술 인적자원이라는 소프트웨어는 그대로 남아 있었다. 그 기술력과 기술자를 바탕으로 소니가 트랜지스터라디오 개발에 성공하고 혼다는 오토바이와 4륜차를 개발했다. 마쓰시다전기와 샤프전기, 히타치, 도시바, 미쓰비시전기, 산요전기와 같은 기술 기업들이 폭풍처럼 성장했다. 후지제철, 일본강관과 석유화학 등 중화학공업도 번창하기 시작했다.

영국이 제1차 산업혁명에 먼저 성공할 수 있었던 것도 영국의 인재들이 기업가와 기술자로 진출했기 때문이다. 서독이 정밀 기계공업 발전으로 영국보다 앞서 제2차 산업혁명을 일으킬 수 있었던 것도 제2차 세계대전 이전 우수한 기술력을 보유하고 있었기 때문이다.

박정희는 유능하고 헌신적인 엘리트 관료들을 매우 신뢰했다. 국가재건최고회의(최고회의)나 월간경제동향보고(월경) 회의에도 실무자를 참석하도록 했다. 경제부처 간 알력이 생기거나 소양강댐이나 금리 인하 조치 등 권력의 상층부에서 이해타산이 엇갈리고 결론 내기 힘든 일이 생길 때마다 실무자들의 의견대로 결론을 내버리곤 했다.

김학렬, 김정렴, 남덕우, 최형섭, 신현확 등 능력 있는 인재는 반드시 발탁하여 최고의 능력을 발휘할 수 있도록 기회를 주고, 정치권의 외풍을 막아주었다. 또한 사심 없이 국익을 위해 쓴소리하는 인재를 존중하고 발탁했다. 국회의장을 역임한 동아일보 기자 이만섭도 그렇게 발탁됐다.

지금 우리는 조국의 근대화라는 국가 목표를 달성하기 위해서 모든 자원과 인력, 기술을 총동원하고 있습니다. 이중에서도 우리에게 가장 중요하고 가장 필요한 것이 새로운 기술의 개발과 이를 습득한 기능인들인 것입니다.

박정희는 기술 인력 양성을 강조했다. 이를 위해 금오공고와 기계공업고등학교, 특성화 대학을 설립했다. 이러한 바탕 위에서 기술 인력이 대거 양성되어 조선·제철·중화학공업 육성의 발판이 되었고 삼성전자, 현대자동차 등이 세계적 기업으로 성장할 수 있었다.

박정희 시기의 대표적인 교육정책은 '중학교 무시험 입학'과 '고교 평준화'다. 학교별 자체적으로 학생을 선발하던 방식에서 평준화 이후에는 전체 학생을 학생이 속한 학군별로 일단 배정한 뒤 해당 학군 안에서 전산 추첨 방식으로 일반계 학교에 배정하던 방식으로 변경했다. 입시 과열로 인한 극심한 부작용을 해소할 목적으로 추진한 정책으로 당시로는 가히 혁명적인 조치였다.

1954~1959년에 '의무교육완성 6개년계획'이 추진되면서 우리나라 초등학교 취학률은 96%에 이르는 완전 취학 수준에 도달했다. 그러나 중등교육은 1960년대에도 여전히 진학률이 50%에 못 미쳤다. 1965년에는 48.6%, 1968년에는 51.5%에 머물렀으나 무시험 입학제가 도입된 첫해인 1969년에는 57.2%로 급상승했다. 전국적으로 무시험 입학제가 실시된 1971년에는 71.6%에 이르다가 1980년에는 95.8%로 완전 취학 수준에 도달했다. 이후 1985년에 도서·벽지를 포함한 중학교 의무교육이 실시되었다. 대학진학률은 1980년대 초 27%에 불과했으나 소득 증가와 교육열, 졸업정원제 등 대학 제도의 변경에 따라 1990년대 50%, 2,000년대에는 80%대로 증가했다.

교육 증진의 성과들은 경제성장을 견인하고 민주주의 번영에 일조한다. 국내외 교육 연구자들의 조사에 의하면, 전반적으로 대학 교육을 받았다고 답변하는 성인은 자원봉사 활동이나 지역 사회 정치 활동에 활발히 참여했다. 권익 신장에 관심이 많고 개인의 선택권을 중시하기 때문에 민주주의적 체제를 선호한다.

근대 이전까지 교육 받을 기회는 소수의 특권층에만 허용되었다. 소수의 특권이 지금은 모두가 누리는 일상의 혜택이 되었다. 지성과 진리의 공간이자 자유의 상징으로 불리는 상아탑 밑에는 박정희의 고도성장이 받치고 있다. 1980년대 대학생들은 박정희로부터 가장 많은 혜택을 받은 세대다. 그런데 그들이 박정희를 가장 증오하는 세대다. 자기 눈을 찌르는 격이다.

자연 재난과의 결별

농번기 모내기철이 다가오면 아버지는 새벽부터 바빠진다. 1미터 너비의 수로를 따라 흘러오는 농업용수를 논에 제때 받아야 했기 때문이다. 물의 양이 적거나 가뭄이라도 덮치면 신경은 더 날카로워진다. 위아래 동네 사람들인지라 심한 싸움이 일어나지는 않지만 간혹 물 때문에 말다툼이 생겼다. 물은 많지 않은데 앞에 있는 논 주인들이 뒤에 있는 논을 생각하지 않고 맘껏 받아쓰게 되면 물을 받지 못한 뒤의 논 주인은 발을 동동거리며 화를 낸다. 이렇게 기분이 상한 논 주인의 맘이 꼬이면 감정싸움으로 이어지곤 한다. 이럴 때는 막걸리나 담배가 해결사다. 막걸리 한 사발을 건네거나 담배 한 개비를 건네면서 부드럽게 부탁하면 된다. 농번기의 물은 하늘이다.

고고학자 스티븐 르블랑은 저서 『끊임없는 전투: 우리는 왜 싸우는가』에서 원시인들이 자연과 조화를 이루며 평화롭게 살았다는 것은 환상이라 말한다. 식량, 물, 땅의 만성적인 부족이 폭력적인 습격으로 이어졌으며 인류 초기부터 부족한 자원을 둘러싼 끊임없는 싸움으로 보고 있다. 잘 보전된 꽃가루와 식물, 사람의 유골 등의 화석화된 증거들은 가뭄과 홍수, 태풍이 어떤 방식으로 식량 고갈, 이주, 잦은 폭력으로 이어졌는지를 설명한다.

실제로 남아시아의 갠지스·브라마푸트라·인더스 강과 중동의 티그리스 유프라테스 강, 아프리카의 나일 강 유역에서는 주민들이 담수를 구하지 못해 어려움을 겪고 있다. 강수량이 감소하여 공유 수원

숨결이 혁명 될 때

지에 의존하는 주민들 간의 폭력적 분쟁도 증가하고 있다. 물이 부족하면 식량 생산에 악영향을 끼쳐 식량 부족에 따른 영양실조와 기아로 인해 주민들은 생존을 위협받는다.

박정희는 수자원 해결과 산림녹화의 선구자였다. 매년 반복되는 가뭄과 홍수 피해를 근본적으로 해결하기 위한 특단의 대책을 설계하고 강력하게 추진했다. 박정희의 마지막 육성이 된 삽교천 연설에서 그는 "국토개발이 국력의 원천이며, 오는 1983년부터는 홍수와 가뭄이 없는 농촌이 될 것입니다"라며 "오늘날 우리나라 4대강의 수자원 관리 시설과 유역 일대의 농경지는 괄목하게 변모하여 상습적이던 한해旱害, 수해를 극복했을 뿐 아니라 해마다 풍작을 거두고 주곡 자급에 크게 이바지하고 있습니다"라고 설파했다.

1960~1970년대 우리나라는 가뭄과 홍수가 연례행사처럼 반복되었다. 홍수로 농경지가 물에 잠기고 일부 주민들은 집과 재산을 잃는가 하면, 가뭄이 오면 논과 밭이 쩍쩍 갈라져 농민들의 가슴을 애태우며 식량 생산에 악영향을 주었다. 저수지나 관개 수로가 부족하고 천수답이 많아 비가 오지 않으면 농사를 망치기 일쑤였다. 전국의 홍수 피해 중 78%, 한해 피해 61%가 4대강 유역에서 발생하자 박정희는 다목적 댐(소양강댐, 충주댐, 안동댐, 섬진강댐 등)을 비롯한 다양한 댐들을 4대강 유역에 집중적으로 건설하였다. 이로써 4대강 유역에 상습적으로 발생했던 홍수와 가뭄 피해가 대폭 줄었고, 담수량이 풍부해짐으로써 개선된 수로로 농업용수가 일정하게 공급되어 농사에 획기적인 변화가 일어났다.

또한 발전용 댐과 방조제 건설에도 심혈을 기울였다. 아산방조제 건설로 1억 4000만 톤의 농업용수를 담은 동양 최대의 인공 담수호 아산호가 생겼다. 삽교천 방조제 건설로 삽교호가 조성되어 한해와 수해를 많이 겪던 충청남도 당진·아산·예산·홍성의 4개 군, 22개 읍·면 지역의 농수가 해결되었다.

가뭄과 홍수는 천형天刑이 아님을 박정희는 댐·방조제 대역사로 증명했다. 댐과 방조제가 완공되는 날에 지역 주민들은 서로 얼싸안고 만세를 불렀다. 자연 재난은 세는 것이 아니라 극복하는 것임을 입증했다. 그로 인해 자연 재난의 공포로부터 벗어날 수 있었다. 비가 많이 와도 물이 넘칠까 걱정하지 않고 다리를 쭉 뻗고 잘 수 있었다. 뙤약볕이 작열하는 가뭄이 와도 논과 밭에 도달하는 농업용수는 풍부해졌다. 재난으로 인한 죽음과 재산 피해가 줄고, 식량 생산이 늘어나 결핍과 영양실조에서 더 빨리 벗어났다. 스티븐 르블랑은 말했다.

박정희는 식량, 물 등의 부족으로 인한 폭력적 습격을 종식시켰다.

조직범죄를 제압하다

내가 살던 곳은 60~70여 가구가 있는 작은 마을이지만 좀도둑이 있었다. 가게 주인이 잠시 자리를 비운 사이에 돈과 과자를 훔치는 정도였다. 어린아이들이 한 짓이라 부모가 와서 사과하고 변상하면 대개는 봉합이 된다. 큰일이라 하면 들녘에 매어 놓은 소가 사라지거나 모종용으로 보관해 놓은 종자가 없어지는 일이다. 어느 날엔 그런 일도 생겼다. 동네 어른이 마을 어귀에 소를 매어 두었는데 갑자기 소가 사라진 것이다. 온 동네에 비상이 걸렸다. 어른은 물론 아이들까지 소 찾기에 동원됐다. 나중에는 읍내에 있는 경찰까지 왔다. 경찰이 며칠간 수색했지만 소를 찾지는 못했다. 당시 소도둑 사건은 가끔 뉴스로도 보도될 때였다. 소도둑이 훔쳐간 것인지 아니면 고삐가 풀려 어디론가 달아난 것인지 알 수는 없다. 우리 동네 미제 사건으로 남아 있다.

북한은 1990년대 초반부터 국가 차원에서 백도라지(양귀비의 북한식 표현)를 대대적으로 재배했다. 황장엽 전 노동당 비서는 "1980년대부터 김일성의 지시에 의해 도별로 경작지를 10ha 혹은 20ha 규모로 할당하여 재배했다"고 밝혔다. 공산권 국가들이 붕괴한 후로는 외화벌이를 위해 마약 밀매를 시작했다. 당시 김일성은 마약 생산을 "미 제국주의와 싸우는 방법"이라고 지시했다. 북한은 자국 내에서 생산한 헤로인을 홍콩과 마카오 등의 동남아 마약 조직과 연계하여 마약 밀매를 진행해 왔다. 당과 군부에 소속된 무역업체들은 마약을 팔아 김 씨 일가에 충성자금으로 바쳐왔다.

지구상 살인이 가장 많이 일어나는 곳은 라틴아메리카와 카리브 제도다. 브라질, 콜롬비아, 멕시코, 베네수엘라에서 발생하는 살인만 해도 전 세계 살인의 25%에 달한다. 2,000년 이후 이 지역에서 살해당한 규모는 250만 명이 넘는다. 브라질과 남아프리카 같은 곳에서 범죄가 치솟는 원인은 가난과 부정부패, 치안과 법치의 부재다.

박정희는 부정부패와 폭력 집단에 단호하게 대처했다. 1960~1970
년대에 걸쳐 경제개발과 새마을운동이 한창 진행되는 시기에도 공직
사회와 정치권, 그 주변 비리가 여전히 득세하자 직접 앞장서서 서정
쇄신庶政刷新을 벌였다. 서정쇄신은 공직 사회의 부정부패를 척결해 건
전한 국민정신을 되살리자는 정신개혁운동으로 1975년부터 대대적
으로 벌어졌다. 부조리 현상 3대 유형을 정해 기업과 국민 전반에도
확산시켰다.

첫째, 반사회·반국가적인 밀수·탈세·밀주·대마초·마약 등의 제
조·판매 및 퇴폐 행위 등을 금지하고, 둘째, 조직 및 상습적인 경제
폭력 등 폭력 행위, 유해식품·의약품 제조 행위, 임금 착취, 국민경
제 침해 행위를 금지하고, 셋째, 낭비와 사치스런 소비 생활, 도박,
방탕 행위 등을 금지했다. 박정희의 강력한 의지에 따라 비리와 문
책, 적발과 처벌을 대폭 강화하는 등의 조치를 취했다. 어느 정도 효
과가 나타나자 권력형·치부형 비리에도 관심을 돌려 공무원과 그 가
족에 대한 교육을 강화하는 한편 신상필벌을 적용해 공적이 있는 공
무원을 포상했다. 또한 정부는 사회 정화 차원에서 사회 질서 저해
사범 단속을 강화했다. 물론 과정에서 일부 강압적이고 무리한 행위
들이 발생하면서 인권침해와 억울한 희생자가 발생한다는 비판의 목
소리도 있었다.

해방 이후 좌우의 극심한 대립 속에서 정치 깡패들의 폭력도 문제
였다. 김두환·이정재·임화수 등이 우익 정치 깡패라면, 조선청년전
위대 같은 좌익 폭력 집단도 있었다. 전쟁 당시 흘러나온 각종 총기
들을 깡패들이 무장하고 거침없이 사용하는 일이 벌어져 큰 위협이

숨결이 혁명 될 때

되기도 했다. 1955년 서울 '단성사' 극장에서 동대문파 이석재가 정치 암살 명단을 폭로한 김동진을 백주대낮에 총으로 저격한 '단성사 저격 사건'은 사회적으로 큰 파장을 일으켰다. 당시 깡패들의 폭력이 극심해져 5·16군사 정부가 들어서지 않았다면 우리나라도 야쿠자들처럼 거대한 폭력단체가 길거리에서 총격전을 했을 수도 있다.

조직범죄는 민주주의를 위협한다. 집단 폭력이 횡행하는데도 치안과 질서가 무력해져 법치가 무너진다면 민주주의 제도에 대한 국민들의 믿음은 약해진다. 부정부패와 폭력 집단은 한 몸처럼 단짝이 되어 민주 질서를 해체하여 국민들로 하여금 폭력에 의탁하도록 만든다. 박정희는 부정부패와 폭력 집단에 맞서 강력한 사회 개혁으로 민주주의와 사회 질서를 바로잡아 세계에서 치안이 가장 잘 되는 안전한 나라를 만들었다.

'왜 가난한가'라는 의문과 어려운 결심

나는 박정희시대에 유년기를 보내며 경제개발계획과 새마을운동을 잠시나마 겪었다. 하루가 다르게 달라지는 동네, 주민들의 옷차림, 개량된 집, 수북이 쌓인 물건, 늘어나는 자동차, 넓어진 도로, 늘어나는 쌀 소출량, 도시로 향하는 청년들, 잘 살겠다고 말하는 아저씨들을 보고 듣고 자랐다. 당시에는 그것들을 그냥 그런 것으로, 당연한 것으로 여겼다.

그 후 낭만적 감수성으로 가득한 스무 살의 청년은 입학한 대학에서 또 다른 것을 갈구했다. '내 부모는 왜 가난한가'라는 의문에서 시작된 사유는 선동적인 대자보, 16자 구호가 적힌 현수막, 죽창이 그려진 대형 걸개, 5·18 광주 비디오, 낯선 불온서적, 비밀스런 회합, 피를 흘리며 싸우는 시위, 반제반파쇼를 외치던 함성 그 어딘가에 청년들이 가야 할 진실과 정의가 있다고 생각했다. 캠퍼스는 학문 연구의 산실이 아닌 이념적 토론장이고 혁명의 진지였다.

그러다 1990년대 닥쳐온 공산체제 붕괴와 북한 주민들의 대량 아사는 내가 지탱해 왔던 모든 것들을 흔들었다. 걸어온 길을 살피고 누군가의 강요된 인식이 아닌 스스로의 성찰로 새로운 길을 찾아야 했다. 운동권 내에서 체화된 공상적 사고, 집단에 대한 충성, 가진 자들에 대한 반감, 세상의 본질을 안다는 자만, 타인보다 더 도덕적이라는 오만, 내 안에 잠재된 홍위병, 선악 이분법과 편 가르기 습속, 투쟁 만능주의, 혁명가라는 우월 의식 등 내면에 잠재된 것들과의 싸움은 지난한 것이었다.

세계사에서 찾아보기 어려운

운동권 한복판에 있었던 나로서는 박정희는 만주군관학교와 일본 육군사관학교 출신의 친일 장교, 남로당을 거역한 배신자, 쿠데타의 주역, 통혁당과 인혁당 혁명 동지를 죽인 살인자, 정경유착의 경제개발, 민주주의를 파괴한 독재자라는 편린으로 가득 찼다. 사상적·조직적 소용돌이를 빠져 나온 후 다시 살피기 시작한 한국 현대사의 빛과 그림자에서 나는 박정희의 진면목과 위용을 다시 보게 됐다.

숨결이 혁명 될 때

식민지 시대 제국의 장교였지만 황야의 늑대 '이시하라 간지'와 천황의 여우 '기시 노부스케'의 일본을 넘어 조국의 독립을 준비한 투철한 군인 정신과 조국애, 한때 공산주의에 동조했음에도 남로당을 버린 냉정하고 냉철한 현실 인식, 김일성 공산집단의 침략으로 나라가 풍전등화 위기에 처했을 때 공산당에 합세하지 않고 목숨을 던져 나라를 지키려 했던 호국정신, 무능하고 부패한 장면 내각과 법치가 무너진 혼란한 상황에서 군사정변을 일으킨 결단력과 구국의 정신, 그리고 5,000년 역사에 왕도 어쩌지 못했다는 가난을 극복하고 조국 근대화를 위해 경제개발에 나서고 중화학공업을 일으켰다. 새마을운동을 창안하며, 경부고속도로와 포항제철 건설을 실현한 강한 집념과 추진력, 뛰어난 엘리트 관료와 과학자를 중시한 용인술, 남북 대화로 평화통일을 주도하면서 방위산업과 신무기 개발로 세계 강군의 기틀을 만든 강한 국방 의지, 몇 십 원짜리 우동을 먹고 어르신들과 논두렁에 앉아 막걸리를 마시는 소탈함 등 통치 시기에 그가 보여 준 전설 같은 일화는 세계사에서 찾아보기 어려운 위대한 지도자의 모습이었다.

똑똑한 선택을 이끌다

이 글은 박정희가 집권 시기 의료, 과학, 교육, 자연재난, 조직범죄의 획기적 개선이 민주주의 발전에 어떻게 기여했는지를 다른 나라와 비교하며 쓴 글이다. 민주주의 핵심은 자유와 평등으로 이는 국민의 기본권이다. 박정희는 전염병과 질병 퇴치, 획기적인 과학 기술 발전, 인재양성과 보편 교육, 가뭄과 홍수 예방은 물론 부정부패와 집단폭력 척결을 통해 죽음과 질병, 기아, 무학, 재난에서 벗어나도록 했으며 그들의 생활과 권리를 증진시킴으로써 민주주의 발전에 크게 기여했다.

우리나라의 민주주의 발전 과정을 건물 짓는 것에 비유하자면, 이승만은 토지 매입과 건축 허가까지 한 것이고, 박정희는 부지 조성 공사에 건축 공사와 준공 검사까지 한 것이고, 김영삼 등 민간 정부는 인테리어 공사와 건물 등기를 한 것이다. 1987년 민주화 시위는 민주주의 발전 과정에서 인테리어 공사를 한 정도인데도 민주화의 모든 공적을 좌익은 독차지하려고 든다.

5·16군사정변, 긴급조치 발동, 10월 유신, 통혁당·인혁당·민청학련 관련자 처벌, 언론과 시위 통제 등을 이유로 박정희 권위주의 체제에 대한 비판을 온전히 수용한다고 하더라도 강력한 정치적 리더십에 의해 이룩한 위대한 문명적 자산을 독재자라는 비난으로 덮을 수는 없다. 우리 국민은 박정희가 산업화·근대화 문명을 창조한 혁명가임을 알고 있다.

죽음과 기아, 무지, 폭력의 굴레에서 벗어나게 한 박정희는 독재자가 아니라 '건설형 민주주의자'이다. 똑똑한 선택을 이끈 박정희식 넛지Nudge였다.

허 현 준

현 도서출판 ㈜글통 대표. 전북대 경영학부 졸업. 한때 운동권 활동을 하다가 사상적 전환 이후 박근혜 정부 청와대에서 국민소통비서관실 행정관을 역임했다. 유튜브 채널 〈펜앤드마이크TV〉에서 '허현준의 돌격 청와대'를 진행하고 있다.

숨결이 혁명 될 때

7

선물

허
화
평

이제 누구도 박정희 대통령이 남긴 위업을 부인하거나 가릴 수는 없다. 비판할수록 위업은 더욱더 빛날 것이고 위업을 가릴수록 더욱더 드러날 것이다. 유신체제는 결과적으로 자유와 민주와 인권을 위한 굳건한 토대 구축을 가능케 함으로써 국민 모두를 승리자가 되게 했다. 박 대통령이 남긴 위업偉業은 지금 이 순간에도 우리의 삶과 함께하고 있기에 박 대통령은 우리 민족과 국민의 영원한 동반자로 위대한 선물일 수밖에 없다.

딱 한 번 스친 인연

한 시대를 풍미風靡했던 지도자가 생을 마감하고 나면 쉽게 잊히는 경우가 있고, 반대로 세월이 흘러갈수록 기억이 새로워지는 경우가 있다. 박정희 대통령의 경우는 후자에 속한다. 5,000년 민족사를 통틀어 으뜸가는 위업을 남겼기 때문이다. 그러나 유감스럽게도 반유신체제 인사들과 그 후예들의 비난과 비판은 계속되고 있다. 과연 이러한 현상이 우리들 자신과 후대를 위해 바람직한 것일까?

나는 박 대통령 생시에 딱 한 번 대면한 적이 있다. 1961년 2월, 육군사관학교 졸업을 앞두고 졸업 여행을 가던 열차 안에서였다. 태릉에 위치하고 있는 화랑대花郎臺역을 출발한 생도 전용 열차가 부산으로 가던 도중 대구역에 잠시 정차했을 때 이름을 몰랐던 장군 한 분이 올라와 우리 생도들을 격려했는데 그가 바로 당시 제2군 사령부 부사령관이었던 박정희 육군 소장이었다. 단신이었으나 단단해 보였고 과묵해 보였으나 인간적 체취를 풍기는 모습이 지금도 기억에 생생하게 남아 있다.

1961년 3월, 졸업 후 광주육군보병학교 초등군사반 교육 마지막 과정인 유격훈련을 끝내고 보병학교로 복귀하던 날 새벽, 2.5톤 군용 트럭 위에서 5·16군사혁명 뉴스를 들었다. 복귀 후 혁명지도자가 박정희 소장임을 알게 되었을 때 '올 것이 왔다'는 느낌을 받았다. 그날로부터 18년이 지난 후 박 대통령은 1979년 10월 26일, 청와대 인근 궁정동 안가에서 동향이자 군 동기생이며 가장 신뢰했던 중앙정보부장 김재규의 총탄에 목숨을 잃고 생을 마감했다.

나는 다음 날 시해弑害 현장에서 그때까지 선혈의 냄새가 가시지 않은 핏자국을 보았다. 11월 초에는 국군보안사령부(현재의 국립현대미술관 서울 분관) 2층에서 박 대통령의 영구차 행렬이 청와대를 떠나 경복궁 담벽을 끼고 서서히 지나가는 것을 내려다보았다. 그 슬픈 행렬은 역사의 거인巨人 박정희와 더불어 치열했던 유신維新체제의 종말을 의미했다. 나는 당시 육군 대령으로서 국군보안사령부 비서실장직에 있었고 사령관은 전두환 육군 소장이었다.

법에 따라 보안사령부에 합동수사본부(합수부)가 구성되고 사령관이 합수부 본부장이 되어 시해 주범 김재규와 시해 현장에 동석해 있던 청와대 비서실장 김계원과 만찬장 옆 김재규 안가에서 대기 중이던 정승화 계엄사령관을 구속·수사하여 재판에 회부했다.

박정희 장군은 군사 쿠데타로 집권했으나 국가 최고 지도자로서 혁명가의 삶을 살고 간 위대한 지도자였다. 5·16 쿠데타와 10월 유신

숨결이 혁명 될 때

혁명은 오늘날의 교과서적 입헌 자유 민주주의 원리에 따르면 비판이 가능하지만, 당시의 시대적 상황을 판단 기준으로 한다면 비판하기 어렵다.

식민지 해방과 건국 16년, 입헌 자유 민주주의 사상과 이론에 대한 학습과 이해, 경험의 절대부족, 무능하고 부정부패한 민간 정부와 정치 지도자들, 국가적 빈곤과 사회적 혼란, 북한으로부터의 대외적 위협과 같은 심각한 난국이 지속되는 상황 속에서 극단적 활로活路 선택만이 국가 존립과 국민 생존을 위한 유일한 방책이었음을 누구도 부정할 수 없었다.

따라서 5·16 쿠데타는 역사적 필연 차원에서만 이해 가능하고, 10월 유신혁명은 역사적 결단 차원에서만 수용 가능하다. 5·16군사혁명은 정치적 표현인 반면, 교과서적 표현은 5·16 쿠데타다. 5·16 쿠데타는 고려시대였던 1170년, 문존무비文尊武卑 풍토에서 천대받던 무신武臣들이 분노하여 난을 일으키고 정권 장악에 성공한 이래 처음으로 군軍이 정권을 장악했다는 점에서 역사적이고 1961년 시대 상황에서 군사 쿠데타 외에 달리 탈출구가 없었다는 점에서 필연적이었다.

1972년 10월 유신은 역사적 결단으로 의회 권한 축소와 대통령 권한 확대로 고도의 중앙 집권 통치를 가능케 한 '입헌독재체제'를 탄생시켰다는 점에서 혁명이었고, 유신체제 선상에서 국력을 결집하여 역사에 길이 남는 위업을 달성한 것 역시 혁명적이었다. 박 대통령은 가장 짧은 기간에 최소한의 희생으로 최대의 위업을 달성함으로써 1961년 5월 16일 새벽, 굳게 다짐했던 자신에게 주어진 역사적 사명을 다하고 세상을 떠났다.

무無에서 이뤄낸 4가지 위업

사범학교 교사 출신답게 채찍을 들고 깊이 잠들어 있는 국민을 일깨웠으며, 군 출신답게 계획적이며 조직적으로 국가 번영의 토대를 구축했다. 박 대통령이 18년 통치 기간에 무無에서 시작하여 이뤄낸 위업은 4가지다. 의식개혁과 경제건설, 자주국방과 산림녹화 달성이다.

박정희 대통령은 긴긴 세월 빈곤한 약소국가의 국민임을 숙명으로 받아들이며 체념 상태에서 고달프게 살아왔던 국민으로 하여금 '새마을운동'으로 "우리도 할 수 있다!"는 자신감을 갖게 하고 스스로의 힘으로 일어서게 했다. 이것은 혁명적인 변화를 의미한다.

> 새벽종이 울렸네. 새 아침이 밝았네……
> 살기 좋은 새마을 우리 힘으로 만드세.

박 대통령이 직접 작사作詞한 '새마을 노래' 가사의 일부로 이른 아침 일터로 나가자는 독려와 잘살아 보자는 의지를 확인할 수 있는 내용이다. 1969년 11월, '농촌근대화촉진법'을 발표하고 시행 준비를 거쳐 1971년 농촌에서부터 시작된 새마을운동은 1975년부터 도시와 공장으로 확대되어 갔다. 새마을운동이 내세웠던 근면勤勉·자조自助·협동協同 정신은 근대적 개인이 갖추어야 하는 기본 덕목virtue이며, 이러한 기본 덕목을 갖춘 개인들로 구성된 공동체가 근대적 의미를 갖는 시민 사회다.

새마을운동으로 국민 의식 혁명에 성공함으로써 이 땅에 진정한 의

미의 근대적 개인을 탄생시키고 근대적 시민 사회를 출현시켰으며, 이러한 요소들이 국가적·국민적 에너지로 승화昇華하면서 경제건설, 자주국방·산림녹화 달성을 가능케 했다.

"절망과 기아선상에서 허덕이는 민생을 해결하고……"

"절망과 기아선상에서 허덕이는 민생을 해결하고……"는 5·16 혁명 공약 중의 하나다. 빈농 출신, 빈곤 국가 출신으로 보릿고개의 한, 가난의 한을 안고 살아왔던 박 대통령에게는 가난의 극복만큼 절실한 것은 없었다. 김용삼 기자가 쓴 『박정희의 옆 얼굴』(기파랑, 2018)에 소개된 1961년 언론 보도 내용은 비참했던 당시의 실상을 전하고 있다.

곡창지대인 전남, 16만 4천 호의 94만 6천 명이 밥을 굶었다.

가난은 인간으로 하여금 무기력하게 만들고 체념케 만들어 사회적 인격체로서 역할을 제대로 할 수 없게 만드는 최악의 요인이다. 박 대통령은 경제건설 과정에서 자유와 민주 우선을 주장하며 자신을 비판하던 야당 정치 지도자들을 향하여 참다운 인권과 민주란 "굶주림으로부터 해방"이라고 확신에 찬 어조로 말했다. 가난과 굶주림을 경험해 본 적 없는 사람은 이것이 얼마나 비참한 것인지를 느끼기 어렵다. 박 대통령이 무너뜨린 정권의 윤보선 대통령과 장면 총리는 가난과 굶주림을 모르는 지도자들이었고, 대한민국은 지구상에서 가장 가난한 국가들 중의 하나였다. 박 대통령이 외쳤던 가난의 극복은 경제건설을 의미했다.

이승만 자유당 정권이 물려준 것은 미국 원조경제에 의한 '수입 대체 공업정책'으로 설탕, 제분, 면방직, 비료 등의 기초 소비재와 유리, 시멘트, 제련과 같은 기초 공업재료 생산을 중심으로 한 내수 경제였다. 박정희 공화당 정권은 빈곤 탈출과 경제건설을 위해 어떤 노력도 마다하지 않았다. 1960년대 중반부터 '수출주도 공업화' 정책을 채택하고 유사 이래 처음으로 국제 시장에 진출하여 경제 구조를 농수산 중심에서 제조산업 경제로 전환시켜 가는 과정에 도시화가 진행됨에 따라 '우리도 할 수 있다'는 자신감으로 무장한 농촌 인력이 산업 노동력 공급을 원활하게 하면서 경제발전이 가속화되어 갔다.

1962년, 제1차 5개년계획에 따른 노동집약적 경공업제품인 가발, 신발, 합판, 면제품 등의 수출이 기대 이상의 성과를 내자 자신감을 갖게 된 박 대통령은 1973년 1월, '중화학공업 정책'을 확정하고 기계, 전자, 화학, 철강, 조선 등 5개 분야를 중점 산업으로 결정한 뒤 1980년도 수출 100억 달러 달성이라는 목표를 설정해 강력하게 추진하여 경제건설 토대 구축에 성공했다.

경제건설은 산업 기반 조성만으로 달성되는 것이 아니라 산업간접자본 확충과 기술 인력 양성이 뒷받침되어야 했으므로 박 대통령은 제6대 대통령 선거 유세에서 '사회간접자본 건설 종합계획'을 제시하고 '경부고속도로' 건설을 천명했다. 국민 개인 소득 142달러였던 당시에 국제 관계 기구들은 물론 전문가와 야당 인사들의 극심한 반대를 무릅쓰고 서울~부산 간 428km에 이르는 고속도로를 순수 우리

——————————— 숨결이 혁명 될 때

기술로 계획하여 기간보다 2년이나 빠른 2년 5개월(1968.2~1970.7)만에 완공함으로써 인적·물적 이동과 교환에 획기적 기여를 가능케 하여 산업 연관 효과와 파급 효과를 극대화하였다.

기술 인력 양성을 위해서는 1973~1979년 6년 동안 공업기술학교를 적극적으로 권장하여 97개 학교가 연간 5만여 명의 졸업생을 배출, 기능공 80여 만 명을 길러내도록 했다. 1977년 네덜란드에서 개최된 제23회 '국제기능올림픽' 대회에 48명의 기능공이 참가하여 금메달 12개, 은메달 4개, 동메달 5개를 획득해 종합 1위를 차지하며 세계인들을 깜짝 놀라게 했다.

1961년 수출액이 6000만 달러였던 것이 1964년 1억 달러, 1971년 10억 달러, 1977년 100억 달러를 달성했다. 국민 개인 소득은 1961년 82달러에서 1979년에는 1700여 달러로 증가했다.

박 대통령은 자작농이 늘어나야 공산주의와의 싸움에서 이길 수 있다는 신념으로 농수산물 증산에도 노력을 아끼지 않았다. 미곡 증산을 위한 '통일벼'라는 신품종이 이때 채택되었다.

박 대통령이 서독에서 한국 광부들과 간호사들 앞에서 함께 눈물을 흘린 일화는 지금도 감동적이지만 박 대통령의 가난 극복과 경제건설에 대한 집념이 얼마나 강했던가를 말해 주고 있다. 대통령 전용기가 없던 시절, 1964년 12월 6일 일본에서 독일로 운항하던 서독 루프트한자Lufthansa 항공사 여객기를 이용하여 서독을 방문한 박 대통령 부부가 한국에서 파견되어 온 광부들과 간호사들 앞에서 "…… 조국의 명예를 걸고 일합시다. 비록 우리 생전에는 이룩하지 못하더라도 후손을 위하여 번영의 터전만이라도……"라고 연설하던 도중 함께 눈물을 흘렸다. 이와 같은 극적 장면을 TV에서 목격한 '라인강 기적'의 주인공 에르하르트Ludwig Erhard 서독 총리가 감동하여 3개년 무담보 재정차관 2억 5000만 마르크(약 4800만 달러) 제공을 약속했고, 한국의 경제발전을 위해 서독의 성공 경험을 친절하게 설명해 주었다.

국제 사회가 인정하고 있는 20세기 2개의 기적은 서독의 '라인강 기적'과 대한민국의 '한강 기적'이다. 두 나라가 공히 이념 분단국가라는 공통점은 있었으나 서독은 과거 성공했던 경험이 있었다. 인간·자연 자원 외 정치·사회·경제·문화적으로 수준 높은 국민을 지닌 국가로 패전으로 인한 폐허에서 재기한 나라다. 반면 우리나라는 성공 경험이나 인간·자연 자원도 없다시피 한 정치 후진국의 숙명적 빈곤 국가로서 기적을 달성했던 것이다. 그런 점에서 '한강 기적'이 '라인강 기적'보다 더 값지고 위대하다고 말할 수 있다.

박 대통령이 생전에 후손을 위한 '번영의 터전' 마련에 성공함으로써 우리나라는 1980년대 중반에 이르러 대기업과 중소기업이 아우르는 '자립경제'를 갖추게 되었다. 지금은 GDP 기준 세계 10번째 국가가 되었으며, 원조를 받아야만 했던 국가에서 원조를 베푸는 국가가 되었다.

진정한 자주국방이란

조선이 망하고 일제식민지로 전락한 것은 자신을 지킬 수 없었기 때문이다. 지키고자 하는 의지도, 지킬 수 있는 능력도 없었다. 관존민

비官尊民卑, 문존무비文尊武卑라는 병적 전통과 풍토가 지배했던 조선은 명明나라와 청淸나라에 대한 사대주의 근성이 뼛속 깊이 젖어 있던 터라 '자주국방'이라는 개념 자체가 없는 나라였다.

1948년 건국과 더불어 탄생한 국군이 6·25전쟁을 치르면서 미국의 원조로 면모를 갖추게 되었으나, 국방 예산 전액을 국민세금으로 충당할 수 있는 자주국방 태세가 갖추어진 것은 1970년대 중반이다. 1971년 11월 10일, 박 대통령은 자주국방의 목적으로 20개 예비군 사단을 무장시키기 위한 60mm 박격포 등 기본 병기를 개발하는 '제1차 번개사업'을 국방과학연구소ADD에 지시함으로써 방위산업을 시작했고 그 후 '율곡사업'으로 확대해 박차를 가하면서 군의 훈련과 정신 전력 강화를 강조했다.

군이 필요했던 무기와 장비를 미국 원조에 의존했던 것을 이제는 우리가 생산하는 대부분의 무기와 장비로 무장하게 되고 방산 제품을 해외에 수출하는 국가로 발전했다. 소총을 비롯하여 자주포, 전차, 장갑차, 함정, 관측·통신 장비, 미사일은 물론 경비행기와 전투기 등을 생산하고 있다.

2022년 초에는 중동의 아랍에미리트UAE와 4조 원에 달하는 탄도탄 요격미사일 체계인 '천궁-Ⅱ' 수출을 계약했다. 이집트와는 2조 원에 달하는 'K-9 자주포' 수출 계약을 체결했을 뿐 아니라 인도네시아에는 잠수함을, 인도네시아·필리핀·태국에는 T-50 고등훈련기를 수출했다. 첫 국산 전투기 'KF-21 보라매'를 생산·출고하여 2022년 실험비행을 거친 후 2028년부터 실전 배치를 계획하고 있다.

일반대학교 학생들을 대상으로 한 ROTC 군 간부 양성으로 군 전력을 크게 강화했을 뿐 아니라 이들이 전역 후 각 분야에서 뛰어난 역량을 발휘케 함으로써 국력 향상에 큰 도움이 되고 있다. 군 통수권자로서 능력위주 군 인사 체계를 확립했고, 대통령직속기관인 '특검단(특명검열단)'을 설치하여 평소에 전군전투준비태세를 점검하여 문제점을 발견해 시정토록 하는 등 국방태세에 만전을 기했다.

미국의 요청을 받아들여 우리 군은 유사 이래 첫 해외 파병으로 월남전에서 미군과 어깨를 나란히 하여 싸웠고 지금은 유엔 깃발 아래 평화유지군으로 파병되어 국제 사회에서도 모범 사례가 되고 있다. 오늘날 우리나라는 세계적으로 군사력 6위, 군사비 지출 10위의 강군을 유지하고 있다.

그렇지만 친북 좌파들과 배타적 민족주의자들이 주한미군을 점령군으로 규정하고 주한미군에 의한 전시작전권 행사를 주권 침해라 비판하며 자주국방 태세를 부정하는 것은 제2차 세계대전 이후 보편화되어 있는 집단·동맹 안보를 외면하는 시대착오적 주장에 지나지 않는다. 영국·독일·프랑스·이탈리아·터키 등이 참여하고 있는 NATO군 최고사령관은 항상 미군 장성이다. '지휘권 일원화'는 가맹국들 각자의 주권을 존중하는 가운데 유사시 군사작전의 효율성을 도모하기 위함이다. 또한 세계평화 유지와 보편 가치 수호라는 공동 목표를 추구하기 위함이다.

북한이 패권을 노리는 중국을 배후 세력으로 두면서 핵으로 무장하여 적화통일을 노리는 상황에서 미국의 핵우산과 정보 교환은 그 어느 때보다 중요하다. 국가가 존속하는 한 자주국방은 절대적 필요조건이자 국민 생존과 안전을 보장하는 필수 장치다. 박 대통령이 구축해 놓은 자주국방 태세를 지속적으로 보완해 가면서 정신 전력을 높여가야 함에도 불구하고 우리의 정치 지도자들은 입으로는 군을 추켜세우면서도 국방 문제를 선거 상품처럼 소홀히 다루고 있다. 군 인사 역시 사조직 다루듯 하고 있어 우려하지 않을 수 없는 실정이다.

'나무 대통령'

탈북 인사들은 국정원 심사 기간 중 건물 밖 야산의 우거진 수목을 보고는 적잖이 놀란다고 한다. 북한의 산들은 수목이 없는 민둥산이기 때문이다. 1945년 해방 직후 남한의 산 대부분도 헐벗은 민둥산 일색이었다. 가정용 연료가 나무였던 탓에 산에 나무가 남아 있을 리가 없었다. 박 대통령의 산림녹화에 대한 관심은 지대했고 특별했다. 『박정희의 옆얼굴』이라는 책에는 당시에 있었던 사실들이 진솔하게 소개되어 있다. 어느 날 박 대통령은 관계 관료들에게 산림녹화를 위한 자신의 각오를 다음과 같이 밝혔다.

"선거에서 표가 안 나와 패하더라도 도벌盜伐은 철저히 다스리겠다."

산림청만의 노력과 감독만으로는 한계가 있음을 누구보다 잘 알고 있었던 박 대통령은 지방행정을 책임지고 있는 내무부로 하여금 강도 높은 도벌 방지와 녹화사업 추진을 담당케 했다. 1971년 3월 18일, 자신의 고향인 구미를 방문했을 때 고향 사람들에게 치산치수治山治水

에 대한 자신의 견해를 말했다.

"비행기를 타고 내 고장 위를 지나갈 때 내 고장이라 반가우면서도 벌거숭이산을 보면서 서글픈 마음을 금할 수 없었습니다.…… 나무를 심지 않는 사람은 나라 사랑, 애국을 논할 자격이 없습니다."

박 대통령은 1975년 4월, 내무장관과 산림청장을 대동하고 경부고속도로를 이용해 대구로 향하면서 고속도로 주변 구릉과 절토 부분의 조림 그리고 조경에 대해 세밀한 지시를 할 만큼 산림녹화에 미친 사람 같았다. 박 대통령은 산림녹화가 민생고 해결 못지않게 중요하고 나무가 많은 나라가 잘 사는 나라라고 확신했다.

산림녹화에서 식목과 도벌 방지 이상으로 중요한 것이 대체연료 공급정책과 평시 감시감독 체계임을 깊이 인식했던 박 대통령은 강원·경북·충북 일대에 산재해 있던 화전민火田民 30여 만 가구를 하산시켜 새로운 삶의 터전을 마련해 주었다. 한편 '대체연료 공급정책'을 세워 태백산종합개발 사업을 추진하여 석탄을 증산하고 '탄좌법'을 제정하여 영세탄광을 규모화했다. 가정용 연탄 시대를 열어 더 이상의 벌목이 필요 없게 했다.

산불을 내는 자는 무조건 구속했고 해당 지역 행정 책임자를 강도 높게 문책했다. 1978년은 '제1차 치산녹화 10개년계획'을 4년이나 앞당겨 완수한 해로 그해 4월 5일 식목의 날 행사에서 기념비적 담화를 발표했다.

숨결이 혁명 될 때

6년 동안에 국토 녹화의 기반을 완전히 다지고 내년부터는 명실 공히 '치산부국'을 향한 본격적인 계획을 추진할 수 있게 되었습니다. …… 옛부터 치산치수治山治水는 국가 백년대계로 국정의 근본이라 했습니다. 산에 나무를 심고 가꾸는 것은 국토와 자연을 아름답게 보전하는 첫길이며 울창한 산림은 부강한 국력의 상징이기 때문입니다. …… 우리 국민 모두가 나무를 내 몸처럼 아끼는 애림사상에 투철해야 하고…… 사후 관리에 배전의 정성과 노력을 기울여야만 소기의 성과를 거둘 수 있습니다.…… 울창한 숲과 아담한 현대식 농촌 주택들이 그림 같은 조화를 이룬 아름다운 자연 속에서 행복을 누리면서 살아가는 것이 우리들의 오랜 꿈이었습니다. 이 꿈은 지금 하나하나 실현되어 가고 있습니다.

박 대통령은 소양강댐·대청댐·의왕댐 건설로 홍수 조절과 농수역량 증대를 도모하고 수력발전을 늘려 산업용 전기 공급을 획기적으로 늘렸다. 이어서 원전 건설에 의해 1978년부터 가동을 시작해 에너지 정책을 극대화함으로써 산림녹화정책은 더 이상 방해를 받지 않고 지속되어 산은 푸르러지고 강물은 넘쳐흐르고 농토는 더욱 비옥해졌다. 그뿐만 아니라 국민 모두가 아름다운 강산의 혜택을 입을 수 있게 되었다. 그야말로 상전벽해桑田碧海, 자연의 대변신, 친환경 혁명이 달성된 것이다. 유엔은 20세기 대표적 녹화사업 성공 국가로 이스라엘과 대한민국을 지정했다. 경기도 포천에 위치한 국립수목원 '숲의 명예전당'에는 '대통령 박정희'가 헌정되어 있다. 저 푸른 수목 한 그루, 한 그루가 살아 숨 쉬는 박정희 대통령의 분신이라 해도 틀린 표현은 아닐 것이다.

비판은 쉽지만 성취는 어렵다

현재를 기준으로 과거사를 평가하는 것만큼 비현실적인 것도 없다. "세상엔 공짜가 없다"는 세속적 표현은 불변의 진리다. 자유와 민주란 고담준론高談峻論이나 구호만으로 주어지는 것이 아니라 빵과 물적 기반 위에서만 누릴 수 있고 어떠한 위업도 희생과 대가 지불이 따른다는 것을 인정하지 않으면 안 된다. 미국과 영국, 독일과 프랑스, 일본과 같은 선진 강국들 모두가 오늘에 이르기까지 우리와는 비교할 수 없는 희생을 치렀고 성취의 대가를 지불했다.

박정희 정권이 빈곤과 굴욕의 세월 600여 년을 18년 만에 끝내고 번영을 위한 터전을 구축하고 위대한 시대를 열었다는 것은 기적이다. 비현실적 대의명분으로 조선왕조가 망하는 경험을 했으면서도 민주와 자유라는 미명하에 아무런 성취도 이뤄낸 것이 없으면서 비관용·비타협과 선명성 경쟁으로 자유 민주주의체제를 약화시키고 위험에 빠뜨리면서 갈등과 증오를 부추기는 자들이 자신들의 정치적 이익과 사회적 입지 강화를 위해 박 대통령이 이뤄낸 위업을 깎아내리고 비판하는 것을 일삼는다. 하지만 50년 전 유신혁명에서 비롯된 한때의 희생과 아픔을 이해와 관용으로 치유하고 모두가 위업 달성의 참여자로서 역사의 승리자로 자리매김할 때 비로소 성숙한 국민으로 거듭나지 않겠는가.

나는 이와 관련하여 미국 남북전쟁 당시 링컨 대통령의 결단이 크게 참고가 되리라 생각한다. 미국 남북전쟁은 4년간(1861~1865년)에 걸쳐 치러진 남·북 간의 내전으로 62만여 명의 엄청난 희생자를 냈다.

숨결이 혁명 될 때

당시 미국 전체 인구 2500만 명의 2.5%에 해당하는 숫자이고, 미국이 제1·2차 세계대전과 한국·월남 전쟁에서 낸 전사자 숫자와 비슷한 희생이다.

남북전쟁과 링컨 연구가인 박정기 육사 동문이 최근 출간한 『WE WAKE UP KOREA!』(時와에세이, 2021)에는 전쟁이 끝나갈 무렵 링컨 대통령과 북군사령관 그란트 장군 간에 있었던 다음과 같은 대화가 소개되어 있다.

> **그란트** 각하, 전쟁은 끝날 것 같습니다.
>
> '저 사람들those people'을 어떻게 할까요?
>
> **링 컨** 그 사람들, 그냥 돌려보내세요.
>
> **그란트** 그냥이라니요?
>
> **링 컨** 그냥 돌려보내라고 하였소.
>
> **그란트** 그럼 그저 집으로 돌려보내란 말입니까?
>
> 군에는 엄연한 군법이 있습니다.
>
> **링 컨** 그러니까 모두 집으로 돌려보내라 하였소.
>
> **그란트** 알겠습니다.

링컨과 그란트는 남군을 '반역군', '반란자'로 호칭하지 않고 '저 사람들', '그 사람들'로 호칭함으로써 그들 모두가 여전히 미합중국 국민들임을 암시하고 있다. 그란트는 남군 병사들로 하여금 각자가 타고 다니던 말을 갖고 고향으로 돌아가게 했다. 남군 장교들은 각자의 무기를 소지한 채로 귀향토록 했다. 남군 사령관 리 장군은 용서받았고 남부연합대통령 데이비스는 잠시 투옥되었으나 석방되어 천수를 누리고 죽었다. 오직 한 명, 헨리 위르츠Henry Wirz 소령이 남군의 포로수용소 소장직에 있으면서 포로를 학대했기 때문에 처형되었을 뿐 반역·반란죄로 처형되지는 않았다. 남북전쟁이 끝난 최후 결전장은 버지니아주 시골마을인 애포매톡스Appomattox였다. 박정기 동문이 직접 답사했을 때 마을 햄버거 집 옆에 조그마한 돌기둥이 서 있었는데 다음과 같은 글이 새겨져 있었다고 한다.

바로 여기가 남과 북이 화합을 이룬 곳이다.

말하자면 북군의 승리와 리 장군의 항복을 상징하는 어떤 조형물이나 기록물은 발견할 수 없었다. 링컨의 결단은 미합중국의 분열과 국민 간 분열을 막기 위해서는 승자와 패자를 가려서는 안 된다는 신앙에 가까운 신념에서 비롯된 것이었고, 그의 결단이 오늘의 미국을 있게 한 결정적 계기가 되었다. 미국의 위대한 점은 수도 워싱턴 D.C.에서도 확인할 수 있다. 과거의 승리를 미화하고 상징하는 어떤 기념물이나 조형물을 찾아볼 수 없다. 언젠가는 친구가 되고 서로 돕고 살아가야 함을 믿었기 때문이다.

우리나라 같았으면 어떻게 했을까? '역사바로세우기'라는 명분으로 가혹한 단죄와 보복을 반복했을 것이고, 후대들은 과거진상조사위원회를 만들어 끊임없는 반복 조사를 하며 증오와 원한을 부추겼을 것이다. 승리한 곳을 성지화하고 기념탑도 높이 세웠을 것이다.

우리는 이 순간에도 전직 대통령이 감옥에 가 있다. 후임 대통령이 전임 대통령을 감옥으로 보내는 것이 전통처럼 되어 가고 있다. 조선 왕조 이래 한국의 정치문화는 가히 '정치식인종 문화'라고 할 만큼 잔인하다. 이처럼 사악한 정치문화, 정치 풍토를 극복하지 않는 한 결코 문명국가가 될 수 없다.

이제 누구도 박정희 대통령이 남긴 위업을 부인하거나 가릴 수는 없다. 비판할수록 위업은 더욱더 빛날 것이고 위업을 가릴수록 더욱더 드러날 것이다. 유신체제는 결과적으로 자유와 민주와 인권을 위한 굳건한 토대 구축을 가능케 함으로써 국민 모두를 승리자로 만들었다. 박정희 대통령이 남긴 위업偉業은 지금 이 순간에도 우리의 삶과 함께하고 있기에 우리 민족과 국민의 영원한 동반자로 위대한 선물일 수밖에 없다.

허 화 평

현 미래한국재단 이사장. 육군사관학교 졸업. 청와대 정무 제1수석비서관. 제14~15대 국회의원을 지냈다. 저서 『사상의 빈곤이 가져온 우리 시대의 모순과 상식』(새로운사람들, 2018), 『나의 생각, 나의 답변』(새로운사람들, 2020), 『고독하지만』(새로운사람들, 2021) 등이 있다.

현충원에서 열린 선거 유세에서 손을 흔드는 박정희 대통령

8

과거와 미래는 현재에서 만난다

이
서
윤

광화문에서 '김정은 환영단'이라는 플래카드를 들고 모
인 수많은 청년들의 모습이 뇌리에 선명하게 떠오른다.
지금의 자유대한민국을 부강한 나라로 만든 박정희는 독
재자라는 오명으로 끌어내리고, 1인 수령체제 아래 인간
의 기본적인 자유와 의식주조차 해결하지 못한 북한의
김정은을 위인으로 여기는 이들이 현재 대한민국에서 함
께 살아가고 있다.

가슴을 얼어붙게 한

"언니, 언니가 어떻게 그런 책을 읽어?"

몇 해 전 친한 후배가 내 카톡에 올려놓은 박정희 관련 책 사진을 보고 한심하다는 듯 한마디 했던 말이다. 오랜 세월 같은 교직에 있으면서 궁금한 것이나 정보를 공유하고, 힘들 때마다 서로 위로하던 사이였는데도 그 말은 내 가슴을 얼어붙게 했다. 비슷한 시기를 살아가는 사람들의 국가 지도자 평가가 이토록 극명하게 다른 것은 국가적으로도 불행한 일임에 틀림없다. 개인이든 대통령이든 잘못한 일에는 법적 처벌이나 역사적 비판을 받는 것이 당연한 일이지만, 언제부터인가 박정희는 덮어놓고 대한민국에서 부정하고 비난해야 하는 혹은 지워야 하는 대상이 되어버렸다.

몇 해 전 광화문에서 '김정은 환영단'이라는 플래카드를 들고 모인 수많은 청년들의 모습이 뇌리에 선명하게 떠오른다. 지금의 자유대한민국을 부강한 나라로 만든 박정희는 독재자라는 오명으로 끌어내리고, 1인 수령체제 아래 인간의 기본적인 자유와 의식주조차 해결하지 못한 북한의 김정은을 위인으로 여기는 이들이 현재 대한민국에서 함께 살아가고 있다. 심지어 김일성은 고난의 행군이라는 미명 아래 300만 명 이상을 굶겨 죽인 바 있다. 끔찍한 굶주림과 자유가 없는 북한을 탈출해 중국과 아시아 국가를 거쳐, 때로는 휴전선과 동해와 서해를 통해 남한에서 살고자 목숨을 건 탈북 행렬이 이어져도 김일성을 위인이라 한다.

1948년 8월 15일, 대한민국 건국 당시 북한은 남한보다 4배 더 잘 살았다고 하는데 2022년 현재 남북한 경제력 차이는 어디서 온 것일까? 학교에서 배우는 교과서는 물론 사람들도 대부분 대한민국의 경제성장은 전 국민이 열심히 일한 덕분이라고 말한다. 그럼 우리보다 훨씬 더 많이 일하는 북한 주민들은 왜 아직도 굶주리고 있는 걸까?

은퇴를 앞둔 지금, 나는 나와 내 부모, 이웃들의 모습을 보고 느낀 것을 바탕으로 대한민국이 어떤 시절을 지나왔는지 그 기록을 남기고자 한다. 우리는 5,000년간 이어진 가난과 굶주림에서 우리가 어떻게 벗어났는지, 그 기록을 역사에 남겨 내 소중한 자손들에게 최고의 선물인 자유와 번영을 위해 어떻게 살아야 하는지 과제를 던져주어야 한다.

고추를 달고 나왔어야 하는데

1962년 나는 전형적인 농촌 마을에서 육 남매 중 넷째로 태어났다. 지금도 가을마다 볏짚으로 만든 이엉으로 지붕을 새로 덮던 초가집, 대문 안쪽의 외양간에서 커다란 눈망울을 껌벅이던 우리집 일꾼 누렁소가 생생하게 기억난다. 어머니는 나를 낳고 딸이라는 이유로 미역국도 제대로 얻어먹지 못했다고 한다. 당시에는 어느 집이나 아들을 중시했는데 생각해 보면 제사나 대를 잇는 목적뿐 아니라 농사일에 필요한 노동력이 집마다 부를 결정짓는 중요한 자산이라 아들을 더 원했던 건지도 모른다. 어른들은 종종 내게 "네가 아들로 태어났어야 하는데, 고추를 달고 나왔어야 하는데"라는 말을 했다. 그럴 때마다 기분이 몹시 상했지만 나중에는 내가 아들이었다면 아버지의 힘든 농사일에 많은 도움을 주었을 거라는 생각이 들었다.

다행히 우리집은 농사짓는 땅이 좀 있어서 살림이 특별히 곤궁하지는 않았지만, 엄마는 가끔 쌀을 아끼려고 밀가루를 반죽해 국수나 수제비를 만들어 주었다. 우리집 육 남매는 봄부터 가을까지 부모님과 함께 씨앗을 뿌리거나 밭의 잡초를 뽑았고, 벼가 익어가는 가을이면 벼를 쪼아 먹는 참새를 쫓느라 논둑에서 닳아빠진 놋그릇을 두드려댔다.

아버지는 동이 틀 무렵부터 논에서 일했는데 내가 밥과 국을 커다란 통에 담아 가져가면 논둑으로 나와 점심을 드시고는 이내 다시 일에 몰두했다. 해가 서산으로 넘어가고 어둑해질 무렵에야 아버지는 흙탕물이 흘러내리는 바지와 거머리에 물린 다리를 우물가에서 씻으셨다. 어쩌다 내가 논일을 할 때면 거머리에 물릴까 봐 신경이 곤두섰고 깡마른 아버지의 다리를 공격하는 거머리가 싫어서 나중에 크면 거머리 퇴치약을 개발하겠다는 야무진 꿈을 꾸기도 했다. 하지만 농촌에서 농약을 사용하고부터 거머리는 저절로 자취를 감췄다.

내가 다니던 초등학교는 논과 밭 사이로 난 좁은 길을 한참 걸어가야만 했다. 나는 늘 언니들의 옷을 물려 입었는데 친구가 새 옷을 입고 오는 날이면 모두가 그 친구를 보며 부러워했다. 학교 도서관도 제대로 갖춰지지 않아 책이라고 해야 학교에서 배우는 교과서가 전부였다. 교과서를 받는 날과 소풍날은 내게는 생일보다 더 특별한 날이었다. 새 교과서 냄새는 학교에 가는 날까지 매일 밤 나를 설레게 했다. 교과서를 읽으며 나는 새로운 담임선생님과 친구들 모습을 그려보기도 했다.

초등학교를 졸업하던 날, 중학교에 가지 못하는 아이들이 '졸업식 노래'를 부르며 여기저기서 통곡했던 일은 지금도 가슴 아픈 추억으로 남아 있다. 중학교를 졸업한 날 가장 친했던 친구가 3년 전액 장학금 수석을 목표로 도전한 고등학교에 2등으로 합격하자, 입학을 포기하고 서울에 있는 공장에 취직한 것도 내게는 큰 충격이었다. 동네 친구 R은 내가 중2가 될 무렵 시집을 가서 아들을 낳았는데 친정에 오면 좀처럼 문밖으로 나오지 않았다. 중고등학생이 된 친구들과 아이를 낳은 자신의 처지를 비교하며 마음의 문을 닫은 듯했다.

중2 무렵부터 동네에 전기가 들어왔고 전깃불은 방 안 곳곳에서 책을 볼 수 있는 환경을 제공했다. 등잔불을 사용할 때는 불 가까이에서만 책을 볼 수 있었는데 그을음 때문에 다음 날 아침이면 검은 콧물이

나왔다. 전깃불 덕분에 대낮처럼 밝아진 것은 물론 얼굴도 깨끗해졌다. 고등학교에 들어가고 얼마 후 우리집에도 전화를 놓았고, 농사일도 많이 개선되어 우리 가족의 생활은 점점 나아졌다.

대학입시를 앞둔 어느 가을날, 학교에 남아 공부하다가 갑자기 박정희 대통령 사망 소식을 들었다. 친구들과 나는 마치 부모님이 돌아가신 것처럼 슬프게 울었다. 바로 전날 우리 마을과 가까운 충남 삽교천 준공식에 참석한 대통령이 갑자기 죽었다는 것, 더구나 자신과 함께하던 부하에게 목숨을 잃었다는 것은 충격 그 자체였다. 그런데 나와 가족, 수많은 국민에게 충격과 슬픔을 안겨 준 그날이 다른 한편에 있는 사람들에게는 '축배의 날'이었다는 것을 나중에 알았을 때의 충격은 더욱더 컸다.

5,000년간 이어진 가난 탈출 운동

시골 마을에는 잡화점도 이발소도 없었다. 몇 달에 한 번씩 이발사 아저씨가 동네에 오면 아이들은 머리 깎는 일이 마치 무슨 놀이라도 되는 듯 신이 나서 모여들었다. 딸이 귀한 집에서는 머리를 길게 길러 예쁘게 땋아줬지만, 농사일로 바쁜 우리 엄마는 딸 넷의 머리를 꾸며 줄 시간도 여유도 없었다. 단발머리로 남아 있는 어릴 적 내 사진은 오랫동안 아쉬움으로 남았다. 이발사 아저씨는 아침 일찍 우리 동네에 왔고 머리를 깎을 아이와 어른은 자신의 차례가 오기를 기다렸다. 머리를 깎아 준 대가는 돈 대신 쌀이나 보리쌀로 냈다. 이발을 끝

낸 아저씨가 곡식 자루를 지고 마을 밖으로 점점이 사라질 때까지 지
켜본 적도 있다.

마을 사람들은 떡을 하면 서로 나눠 먹고 어려운 일이 생기면 함께
도와서 해결했다. 동네 사람들은 대부분 개를 한 마리 이상 길렀는데
언니들이 개를 무서워해 이웃집으로 가는 심부름은 내가 도맡아야 했
다. 나 역시 개가 무서웠지만 어른들 칭찬이 내게 용기를 주었다. 어
른들이 일하는 모습이나 계절별로 달라지는 마을의 모습을 보는 것도
내게는 큰 즐거움이었다.

'새벽종이 울렸네. 새 아침이 밝았네.'
'잘살아 보세, 잘살아 보세. 우리도 한번 잘살아 보세.'

어느 날부터 마을에 노래가 울려 퍼졌다. 이것은 라디오에서 듣던
노래와 달리 경쾌했고 아이들도 쉽게 따라 불렀다. 마을회관 확성기
에서 이 노래가 흘러나오면 아버지는 괭이나 삽을 들고 대문을 나섰
다. 집마다 어른이 한 명씩 나왔는데 대개는 아버지가 나왔으나 가끔
은 아들이 나오기도 했다. 이장은 그날 해야 할 일을 전달하거나 마을
사람들과 의논할 일로 이야기를 나누기도 했다.

마을 앞을 지나가는 신작로는 비포장도로였는데 하루에 몇 대씩 다
니는 버스 전용 길이었다. 마을 앞길에서 동네로 들어오는 길은 아주
좁아 지게를 지고 가거나 마차가 겨우 지나갈 정도였다. 어느 날부터
마을 사람들이 모여 길을 넓게 만들었다. 길옆의 논이나 밭을 길로 확
장하면서 우리집 논과 밭도 상당 부분 길로 들어갔지만 부모님은 그

숨결이 혁명 될 때

것을 한 번도 불평한 적이 없다. 몇 년 전 나는 엄마에게 당시 길로 들어간 논과 밭을 보상받았는지 물었는데 보상은 없고 마을회의에서 결정한 대로 길을 넓혔다고 한다. 일 년 내내 농사 지은 쌀은 대가족 식량을 공급하기에도 부족했으나 아버지는 하루 열두 시간 넘는 농사일과 극도의 절약으로 논과 밭을 더 마련했다. 그렇게 보상도 없이 소중한 땅을 내놓은 많은 사람의 양보와 희생으로 길은 넓혀졌고, 이는 농촌 마을이 부를 쌓는 기초가 되었다.

소와 마차를 이용해 하던 일을 경운기와 트랙터가 해냈다. 국가가 농민에게 장기 저금리 혜택을 주어 집마다 농업용 기계를 구입했다고 한다. 우리는 가끔 아버지의 일이 끝나기를 기다렸다가 경운기를 타고 신나게 개선장군처럼 집으로 돌아오곤 했다.

농업기계화와 함께 농촌의 수로사업은 농부들에게 매년 연례적인 가뭄을 일시에 해결해 준 꿈같은 일이었다. 엄마는 지금도 가뭄 때문에 논이 갈라지고 손바닥만 한 벼가 자라지도 못한 채 빨갛게 타죽었던 일을 떠올리며 수로가 아니었으면 여전히 먹을 쌀도 없었을 거라고 말씀하신다. 내가 살던 곳은 아산만과 남양만, 삽교천에 이르기까지 바다가 가까운 마을이었다. 산지가 있는 마을은 댐을 건설했지만 평야지대와 바다가 가까운 우리 마을은 아산만과 남양만, 삽교천까지 바닷물을 막아 민물을 가두고 곳곳에 수로를 건설해 심한 가뭄이 와도 논밭 농사를 짓게 했다. 덕분에 가을이면 창고에 벼가 가득 찼고 굵게 주름이 파인 아버지 얼굴에는 웃음꽃이 피어났다. 가뭄 때마다 하늘만 원망하던 그 시절, 새마을운동이 안겨 준 농촌 근대화는 농민들의 수천 년을 이어 온 빈곤을 걷어낸 농촌혁명이었다.

얼마 전 링컨 자서전을 읽었는데, 그가 정계 입문을 선언하고 일리노이주 의회 의원에 입후보하면서 한 연설은 박정희의 도로 건설과 수로사업의 중요성을 떠올리게 했다.

> 공공사업의 공익성은 시간과 경험이 입증합니다. 아무리 가난하고 인구가 적은 지방일지라도 넓은 도로를 내고 강물의 항행을 방해하는 장애물을 제거하면 크게 번영할 수 있다는 사실을 아무도 부인하지 못할 것입니다. 그러나 우리에게 그런 사업을 완수할 능력이 있는지 먼저 따져보지 않은 채 사업에 착수하는 것은 어리석은 일입니다.

1823년 스물세 살의 청년 링컨이 어떻게 주민들에게 '공공사업의 공익성'을 알리려 했는지 그저 놀라울 뿐이다. 오늘날에도 수많은 나라 사람들이 워싱턴 링컨 기념관을 방문해 그를 추모한다. 비록 흑인 노예해방이라는 위대한 업적이 있긴 해도 대통령이 된 이후 언론을 탄압하고 의회 기능을 정지시킨 링컨이 독재자가 아닌 인권과 평화의 상징으로 남았다는 것은 시사하는 바가 크다.

외교관과 선생님 사이의 거리

내 꿈은 외교관이었다. 어떻게 외교관이란 단어를 알게 되었는지는 기억에 없다. 아마도 10대 이후 집에 텔레비전이 들어온 뒤 알게 된 듯하다. 외교관이 정확히 어떤 일을 하는지 이해는 부족했지만, 외교

숨결이 혁명 될 때

관이 되면 외국에 나가 좋은 약을 구해다가 아버지께 드리고 싶었다. 아버지는 초등학교에 들어가기 전부터 가장이 되어야 했다. 할아버지와 큰아버지가 일찍 돌아가시고 할머니와 큰어머니, 큰오빠와 우리 육 남매를 포함한 11명의 대식구가 한 집에 살았는데 아버지는 새벽부터 밤늦게까지 우직한 소처럼 일해야만 했다.

아버지는 매일 밤 책을 읽거나 공책에 뭔가를 쓰셨고, 나는 밤중에 깨어 아버지가 생각에 잠긴 모습을 보곤 했다. 몇 년 전 돌아가신 아버지는 90여 년 삶을 기록한 여러 권의 일기를 남겼고 돌아가시기 전에 자서전으로 엮었다. 일기에는 그날 쓴 돈이나 빌린 돈, 갚은 돈, 할머니와 고모들의 일도 적었는데 어느 날의 기록은 이러했다.

다섯 살 무렵, 그러니까 만 세 살에 돌아가신 아버지의 기억이 없는 게 아쉽다. 열한 살에 초등학교에 들어가 매년 우등상을 받았지만 6학년인 열일곱 살 때는 여 선생님이 내게 편견이 있었는지 우등상을 주지 않았다.

어려웠던 그 시절에는 부모의 물질적인 선물로 학생의 등수가 달라지기도 했다고 한다. 일제시대에 태어난 아버지는 일본 선생님과 한국 선생님께 배웠고 학년마다 선생님 성함과 본관 심지어 일본 선생님 이름, 모습, 어떤 분인지까지 일기에 세세히 기록했다. 초등학교 졸업 후 집안을 이끌어야 했던 아버지는 공부를 잘했어도 중학교에 진학하지 못하고 농사를 지었다. 할아버지와 큰아버지가 연달아 돌아가시자 할머니는 먼 곳까지 가야 하는 중학교에 도저히 보낼 수 없었다고 한다. 할머니는 생전에 아버지를 중학교에 못 보낸 걸 내내 후회

했다. 바람에 날아갈 듯 깡마른 아버지가 배우지 못해 힘든 농사일을 하는 걸 보며 할머니는 평생 미안함과 가르치지 못한 한을 안고 있었던 것 같다.

당시에는 치료약 수준이 낮고 돈이 없어서 병원에도 마음껏 갈 수 없던 시절이라 나는 외교관이 되면 외국에서 좋은 약을 구입하여 아버지를 치료해 드리고 싶었던 것이다. 나는 낮에는 부모님을 돕고 밤에는 공부에 전념하면서 외교관이 된 내가 아버지께 약을 사다 드려 건강해진 모습을 상상하기도 했다.

사달이 난 건 고3 때부터였다. 건강에 문제가 생기기 시작했다. 어느 날 갑자기 수업 중 책상으로 엎어지자 담임선생님은 친구들과 함께 나를 업고 병원으로 내달렸다. 치료는 링거를 투여하는 것뿐이었는데 이후 나는 시도 때도 없이 쓰러졌다. 아버지는 나를 대학병원으로 데려갔다. 검사 결과 좌우 고막이 모두 손상되어 수술해야 한다고 했다.

그해 봄에 수술을 받고 몇 달 동안 치료받는 사이 외교관이 되겠다던 내 꿈은 점점 멀어져 갔다. 아버지는 재수를 권했고 엄마는 내가 교사가 되기를 바랐다. 건강에 자신감을 잃은 나는 재수할 자신이 없어서 본고사 없이 입학이 가능한 교육대학에 지원했다.

우리는 살다 보면 예기치 않은 일로 운명이 갈리는 순간을 맞이하기도 한다. 한 개인에게 직업과 배우자의 선택이 운이라면, 국민에게는 시대와 지도자가 운이 아닐까 싶다. 일제시대에 태어난 아버지는 나보다 공부를 훨씬 잘했어도 초등학교만 다니고 평생 농사를 지어 가족을 부양해야 했다. 반면, 박정희시대에 태어난 나는 자녀교육에

숨결이 혁명 될 때

남다른 아버지의 헌신과 국가가 번영한 덕분에 대학도 다니고 교사가 되어 안정적으로 생활하는 행운을 누렸다.

독재와 민주는 한 끗 차이

경력직 교사가 된 나는 어느 날 문득 자신에게 독재적인 교사인지 민주적인 교사인지 물었다. 박정희는 임기 내내 그리고 사후 반세기가 지난 지금까지도 여전히 독재자란 비난을 받는다. 우리 사회 언론과 신문에는 지금도 독재와 민주라는 두 단어가 자주 등장한다. 나는 초임 시절부터 중견 교사가 될 때까지는 통제형(독재형)으로 학생들을 가르쳤지만, 2,000년 이후부터 지금까지는 민주형 교사에 가까운 것 같다. 과연 독재형과 민주형 중 어느 한쪽만 옳은 것일까?

처음 발령받은 곳은 내가 학교에 다니던 시절처럼 가난하고 학력이 매우 낮은 지역이었다. 나는 그 아이들이 부모처럼 힘든 노동을 하지 않고 직장에서 월급을 받으며 살도록 돕는 걸 목표로 삼았다. 성적이 뒤떨어진 아이는 방과 후에 보충수업을 하고 교과별로 수업을 연구해 가르치기도 했는데, 그 덕분인지 다른 반 아이들보다 성적이 쑥쑥 올랐고 전교에서 1등 학급이 되는 영광도 누렸다.

당시에는 도시와 농촌 어디서든 학력 저하와 함께 도난사고 문제가 자주 발생했다. 이는 대부분 농촌이나 경제적으로 어려운 도시 지역 학교에서 주로 일어나는 큰 문제였다. 아이들의 연필, 지우개, 책부터 교사 월급봉투까지 때와 장소를 가리지 않고 도난사고가 빈번했으며,

아이들은 과제를 하지 않거나 준비물 없이 학교에 오는 것을 당연하게 여겼다.

수십 년 동안 여러 학교에서 근무하다 보니 경제 상황이 학교 문화에 어떤 영향을 미치는지 확연히 느껴졌다. 경제적 여유가 있는 지역은 학생들에게 자유를 많이 주어도 시간을 잘 관리하고 스스로 공부하며 과제도 잘해 온다. 덕분에 수업이 지식 전달보다 대화형·토론형으로 이뤄진다. 반면 경제적으로 낙후된 지역은 학력이 매우 낮고 도덕이나 규칙 개념도 부족해 교사의 권위를 강화하는 통제형 수업과 학급 운영이 이뤄진다.

다시 말해 국가 경제성장과 국민의 소득 수준 향상은 학교 문화에도 많은 변화를 일으킨다. 사는 것이 넉넉하면 간단한 학급 규칙만으로도 질서와 규칙이 지켜지고 교육 활동에 자유를 허용하면서 즐거운 학급 운영이 이뤄진다. 그만큼 교육 민주화도 각 가정이 얼마나 잘 사는가에 달려 있다. 먹을 것이 충분하고 부모의 삶에 여유가 생기면 교사의 권위를 낮출 수 있고 보다 자유로운 학습 활동도 가능하다.

은퇴가 다가오는 지금, 내 교육 철학은 학력 향상보다 모든 아이가 건강하고 안전하게 자신의 꿈을 이뤄가도록 돕는 것이다. 독서와 창의적인 활동을 경험하며 학교생활에서 즐거움을 느끼는 아이들을 볼 때마다 나는 통제형 수업을 하던 지난 시절을 떠올리며 웃음을 짓곤 한다.

숨결이 혁명 될 때

필리핀에 간 까닭은?

2018년 여름, 나는 미국에 사는 언니를 만나러 인천 국제공항에서 비행기를 탔다. 외국 항공사라서 그런지 비행기 안에 한국인은 나를 포함해 두세 명뿐이고 모두가 외국인이었다. 혹시라도 옆 사람을 잘 만나면 12시간이 넘는 비행시간도 지루하지 않게 잘 보낼 수 있다. 그런데 좌우를 살펴보니 둘 다 외국인이라 말을 꺼내기가 쉽지 않았다.

잠시 후 아직 식사 시간도 아닌데 승무원이 왼쪽 신사에게 먹을 것을 가져다주었다. 남들보다 일찍 식사하는 이유가 궁금해서 나는 간단한 인사와 함께 몇 가지 질문을 했다. 당뇨가 있거나 음식을 제한적으로 먹어야 할 경우 특별식을 신청하면 따로 제공받는다고 했다.

파키스탄에서 태어나 성장하고 필리핀에서 대학 공부를 마친 그는 미국에서 산다고 했다. 그의 부친은 어렸을 때 너무 가난해서 학교에 가지 못했고 노숙을 할 정도였다. 그는 우연히 선교사 도움으로 초등학교에 들어갔고 이어진 도움으로 대학까지 마친 뒤 직장생활을 하다가 지금은 목회와 교육 선교를 하는 중이었다. 형도 그와 똑같은 일을 한다고 했다. 파키스탄은 이슬람 국가라 기독교 박해가 매우 심하고 기독교 가정의 자녀는 학교에 다니는 것을 허용하지 않는다.

미국과 아이슬란드에서 10년 이상 교사로 일하며 안정적인 직장과 가정에 만족하던 그는 어느 날 자신이 해야 할 일은 교육 후원이라는 생각이 들었다고 한다. 은퇴를 몇 년 앞두고 교육 사각지대에 있는 아이들의 교육에 관심이 있던 나는 그가 하는 일에 크게 관심이 갔다. 그는 방학 때 필리핀이나 파키스탄 학교를 방문해 볼 것을 권했다.

우연인지 겨울방학을 앞둔 어느 날, M선생이 내게 필리핀에서 2주간 겨울 캠프 활동이 있는데 시간을 내 한 번 다녀가라고 제안했다. 나는 아이들의 교육 활동이 어떤지 궁금해서 가기로 마음먹었다.

6·25 전쟁 때 우리나라를 도와준 나라로만 알고 있는 필리핀은 지금 어떻게 살까?

가족과 동료들은 모두 필리핀은 치안이 불안한 나라라서 위험하니 가지 말라고 했지만, 제법 용기가 있는 나는 일단 가보기로 했다. 출발 전날, 예정한 출발 시간보다 5시간 연기한다는 문자가 오더니 내가 인천 국제공항에 도착하고 비행기가 출발할 시간에 이르자 승무원이 또다시 몇 시간 연기한다며 사과했다. 오후에 떠나기로 했던 비행기는 결국 다음 날 새벽 동틀 무렵에야 필리핀으로 출발했다.

마닐라 공항에 내린 뒤 다시 국내선을 타고 목적지에 도착하자 M선생이 가족과 함께 마중을 나왔다. 함께 숙소로 가는 길은 포장도로와 비포장도로의 연속이었다. 상가 건물과 농촌 집들은 내가 어린 시절에 살던 집과 비슷해 보였다. 가끔 보이는 빵집, 은행, 호텔 앞에는 총을 든 사람이 있었는데 무섭기도 하고 궁금하기도 해서 물으니 사설 경찰관이라고 했다. 필리핀에서는 각종 강도와 범죄자 때문에 음식점 주인마저 손님의 안전과 재산 보호를 위해 사설 경찰관을 둔다고 한다. 나는 대한민국이 얼마나 안전한 나라인지 새삼 깨달았다.

다음 날 내가 방문한 학교는 소도시에 있었다. 초등학교 1학년부터 중학교 교실까지 모든 학급이 작은 건물 안에 있었다. 교실 안에서 나를 바라보던 아이들은 수십 년 전 중고등학교 시절의 내 교복처럼 흰색 상의와 검은색 하의를 입고 있었다. 어떤 아이의 교복은 겨드랑이가 찢어져 있었다. 내 할머니는 늘 우리 형제들의 옷과 양말을 바느질하셨는데 그 아이의 부모는 바느질할 시간조차 없는 듯했다. 책상 위에는 닳아서 작아진 크레파스가 몇 개 놓여 있고 조명은 시력이 약한 아이들이 책을 보는 게 어려울 만큼 흐릿했다.

교육은 정규교육 과정과 성경 공부를 함께하고 있어서 학력으로 인정받는다고 한다. 종이를 잘라 제본한 공책에 글을 쓰는 아이들을 보며 형형색색 연필과 공책까지 패션이 된 대한민국 아이들 모습이 떠올라 안타까운 마음이 들었다.

두 번째 학교는 해변과 가까운 곳에 있었는데 학교 주위를 집들이 둘러싸고 있었다. 운동장도 갖춘 그 학교는 첫 번째로 가본 학교보다 그나마 교육환경이 좋아 보였다. 아이들은 나를 보자마자 사인해 달라며 달려들었고 휴대전화로 사진을 찍기도 했다. K팝 가수 이름과 노래를 자랑스럽게 말하며 웃는 아이들의 모습은 아주 천진난만했다.

건물도 훨씬 깨끗하고 아이들의 학습 활동도 좀 더 여유 있어 보였지만 악기나 스포츠용품 등은 이 학교에서도 찾아볼 수 없었다. 나는 다음에 올 때 아이들이 좋아하는 피구공과 실로폰, 멜로디언 등을 몇 개라도 가져다주기로 마음먹었다.

운동장 한쪽에는 농구 골대가 쓰러져 있었다. 이유를 물으니 태풍으로 쓰러졌는데 학교에 예산이 없어서 방치하고 있다고 했다. 한쪽에만 있는 농구 골대를 보고 내가 농구 골대를 하나 기증하려 달러를 내밀자 교장은 고맙다며 기부 영수증을 건넸다. 수입과 지출을 정직하게 관리하는 그 모습에 나는 감명을 받았다. 한국에 도착하고 얼마 후 M선생은 새로 장만해 세운 농구 골대 사진을 찍어 보내며 감사의 글을 첨부했다.

필리핀을 돌아보고 온 뒤 6·25전쟁 때 현재와 같은 가난한 나라가 어떻게 우리를 도와주었을까 싶어서 여러 가지 자료를 찾아보았다. 그들은 왜 우리보다 훨씬 더 가난한 나라로 살고 있을까?

오랫동안 스페인과 미국 식민지였던 필리핀은 독립하기 전까지 일본군이 점령했다. 1950년대부터 1970년대 초까지 필리핀은 아시아에서 일본 다음으로 경제 사정이 좋았으나 마르코스 정권의 독재와 과도한 부패 탓에 경제적으로 몰락하고 말았다.

6·25전쟁 때 도와준 16개국 유엔군 중 하나였던 필리핀과 대한민국이 오늘날처럼 경제적으로 차이가 생긴 이유는 무엇일까? 당시 우리를 도와준 나라 중에는 필리핀뿐 아니라 룩셈부르크, 네덜란드, 뉴질랜드, 태국, 남아프리카공화국 등 지금의 대한민국보다 경제적으로 훨씬 가난한 나라도 꽤 있다.

1945년 8월 15일 해방을 거쳐 1948년 8월 15일 대한민국을 건국했지만 우리는 체제도, 나라를 운영할 세금도 거의 없는 나라였다. 건국 후 2년도 채 되지 않아 북한의 남침으로 그나마 있던 공장과 시설마저 모두 파괴되면서 6·25전쟁을 승리로 이끈 맥아더는 "대한민국이 전쟁 이전의 모습으로 돌아가려면 최소 100년은 걸릴 것"이라고 했다.

자유 대한민국을 건국한 이승만 정권이 부정부패와 부정 선거로 물러나고 민주주의를 가치로 내세운 제2공화국 장면 정부가 들어섰지만, 자유에 대한 잘못된 인식과 국가 운영 능력 부재로 극심한 혼란을 빚었다. 6·25전쟁에서 피 흘려 지킨 나라가 다시 혼란에 빠져들자 박정희는 5·16군사혁명으로 권력 전면에 나섰다.

북한의 남침으로 수많은 양민이 학살당하고 군경 사상자와 유엔군 사상자까지 많은 이들이 피 흘려 지킨 나라가 또다시 침략을 받았다면, 지금의 대한민국은 김일성체제 아래 굶주림과 출신 성분에 따른 계급 사회에서 살았을지도 모른다. 박정희가 오직 권력에만 욕심이 있었다면 지금의 대한민국이 필리핀보다 훨씬 잘사는 게 가능했을까?

필리핀 학교 방문은 내게 대한민국 건국의 고마움과 피 흘려 싸워 조국을 지키고 잿더미 속에서 경제 기반을 닦은 이전 세대들의 무한한 희생을 새롭게 생각하는 계기가 되었다.

용광로 같은 어떤 그리움

새마을운동 이전, 가난한 집에서 태어나 가난한 집으로 시집간 여인은 자신은 굶어도 시부모와 형제들 그리고 자신이 낳은 여러 명의 아이까지 먹이는 게 일생의 과제였다. 그렇게 굶주리던 분들은 어느 날 자신의 피 같은 땅을 내놓아 마을길을 넓혔고 초가집은 기와집으로 바꾸었다. 이장은 매일 주민들을 모아놓고 마을에서 어떤 일을 해야 하는지 설명했으며, 사람들은 아침마다 새마을 노랫소리를 들으며 일터로 모여들었다. 온 동네 사람들이 우물물을 쓰거나 펌프질로 물을 끌어 올려야 했던 농촌에 수도가 들어오고 마을 모습이 달라진 것은 새마을운동 덕분이었다.

대다수가 소작농인 농부들은 매년 끊임없는 가뭄으로 소작료를 내고 나면 남는 식량이 없어서 가족이 먹을 식량을 높은 고리대금으로 빌렸다. 그렇게 매년 늘어나는 이자의 악순환 고리를 끊지 못한 채 수많은 세대가 세상을 떠났다. 밥 한 끼도 먹기 어려웠던 시절, 배고픈 아이는 남의 집 대문에서 서성거렸고 운 좋은 날엔 친구 엄마 눈에 띄어 밥을 얻어먹었다. 그렇게 밥을 얻어먹던 아이는 청년이 되어 돈을 벌자 어머니 덕분에 살았다며 생신 때마다 찾아왔다. 전 국민이 똑같은 상황은 아니었지만 나와 우리 이웃, 친구, 부모님 중 다수는 그런 시절을 견뎌내야 했다. 가난 때문에 가출한 아이들, 가난해서 학교에도 못 가고 10대에 시집가 시부모 봉양에 애까지 낳아 길러야 했던 그때의 아이들은 지금 노년기를 보내거나 노년을 향해 가고 있다.

우리는 지금 사방으로 뚫린 고속도로와 편리한 도로망을 누리고 있고 주말마다 공원, 호수, 관광지는 사람들로 가득 찬다. 코로나19가 시작된 2020년 주춤했던 관광과 여행 산업은 지금 예약하기조차 어렵다고 한다. 전쟁도 가난도 배고픔도 모르는 M세대들은 전국 곳곳을 향해 달려간다. 그곳의 아름다운 산과 하천, 바다는 언제부터 있었을까? 시계의 태엽을 50년 전으로만 돌려도 그곳은 매년 홍수로 둑이 무너지고 썩은 냄새가 진동했다. 당시의 아이들은 그곳에서 물놀이도 하고 썰매도 탔던 곳이다.

가을 농사가 끝나면 농촌 사람들은 내년을 위해 쌀을 담을 가마니를 틀(짜)거나 생활용 바구니를 만들었다. 그렇지만 일부 남성은 아침부터 저녁까지 술을 마시며 화투를 쳤다. 사랑방에서는 방 안 가득 모

숨결이 혁명 될 때

여든 동네 청년들이 화투판을 벌이며 술을 마셨고, 잃은 돈 때문에 싸우고 분노했다. 평소에는 어른들께 공손하고 착하던 동네 청년들도 화투를 칠 때는 원수가 되어갔다.

그렇게 추운 겨울 문틈으로 들어오는 세찬 바람처럼 희망이 없던 농촌이 어느 순간부터 변해갔다. 동네 사람들은 '새마을 노래'를 들으며 함께 모여 도로를 넓혔고 농업용 기계가 들어오면서 농가 소득이 늘어나자 집마다 집을 새로 짓거나 개조해 아궁이는 연탄불로, 연탄불은 다시 보일러로 개선했다. 한겨울 방 안에 떠 놓은 물이 꽁꽁 얼던 시절은 지나가고 이제는 농촌 마을도 실바람 하나 들어오지 않는 따뜻한 집에서 전자레인지와 인덕션으로 음식을 만드는 편리한 환경으로 변했다. 가끔은 겨울이면 부엌에서 아궁이에 불을 때던 그 시절이 그립다.

그리고 그 시절을 함께했던 박정희 대통령을 향한 용광로 같은 그리움들을 떠올리곤 한다. 세상이 박 대통령과 박 대통령의 통치 기간을 왜곡해 한마디로 단정해버린, 그 가차 없는 왜곡에 맞서서 그 긴 세월이 얼마나 엄청난 것이었는지 확인하면서. 이렇게.

이 서 윤
현 샘모루초등학교 교사. 춘천교대 졸업. 사계수필 회원. 수필가로 등단해 활동 중이다.

1979년 2월 20일, 서울지하철을 타고 이동하는 모습

9

우리를 움직이게 하는 것들

신
승
민

지금 MZ 세대는 공짜 복지, 무상 시리즈에 혹하지 않는다. 그게 세금 낭비이고, 생활과 사회를 근본적으로 개혁하지 못하는 땜질식 처방이라는 사실을 잘 안다. 너무나 많은 '가짜 진보'들에게 너무도 철저하게 속아 왔기 때문이다.

이렇게 살아도 되는 것일까

6년 전의 그 깊은 겨울. 내 인생의 한 장이 끝난 듯했다. 광화문 밤하늘을 사를 듯 촛불을 치켜든 함성들이 안에 있는 모든 음울한 이미지를 연상시켰다. 대통령의 목이 대로에 나뒹굴고, 기업 총수들이 죄수복 차림으로 포승줄에 묶여 저잣거리 개고기마냥 끌려가던 섬뜩했던 인형극 퍼포먼스. 정권 타도를 외치며 고조된 군중의 핏발 선 분노는 이내 역사와 체제 엎어뜨리기로 변질돼 갔다. 그때 연단에 선 모某 인사는 "박정희의 유해遺骸"를 언급했다. 박근혜 정권의 최후를, 비극적으로 생을 마감한 그의 선친 박정희 대통령에 빗대어 저주한 극언이었다.

당시 나는 박정희대통령기념재단 산하 청년박정희연구회 소속으로 박정희 대통령의 치적과 리더십을 공부하고 있었다. 이듬해 탄신

100주년을 기념하는 행사들로 재단 전체가 분주한 시기였는데, 때아닌 난리에 순수한 의도의 학술연구회까지 좌파의 공세를 받아야만 했다. 그것은 "때가 어느 땐데 박정희냐", "박근혜도 박정희도 이제 민중의 심판을 받아 역사의 무덤 속으로 들어갔다"는 의기양양한 점령군의 삿대질과도 같았다.

그 시절의 사회 분위기란 그만큼 을씨년스럽고 어수선했다. 보수 진영은 물론 우파의 이념과 자유의 가치까지 적폐로 찍혀 조리돌림을 당했다. 박정희 대통령의 업적과 그 시대의 성취 또한, 폐족廢族으로 은둔하다 엉겁결에 권력을 잡은 좌익들의 '복수와 해체의 목표물'이었다. 증오만이 넘실대는 낙인의 고해苦海였다. 이렇게 살아도 되는 것일까.

증오와 역사 재단裁斷의 시대

이후 탄핵과 대선이 이어졌고, 정권이 교체돼 제 세상을 만난 듯 떵떵거리던 세력들은 신新적폐를 차곡차곡 쌓아갔다. 청산의 칼끝은 국가 정체성과 역사까지 제멋대로 재단했다. 항일이라면 공산주의자도 옹호했고, 보수의 산물이라면 가릴 것 없이 친일 딱지를 붙여 민심을 선동했다. 민족과 국가를 반석 위에 세운 근대화 위인들은 소란스러운 좌익의 칼춤에 부관참시剖棺斬屍했다.

재정 퍼 주기로 나라 살림은 병들어 가는데, 경제 문제는 방석으로 깔고 앉아 '국민 분열', '정치 놀음'의 화투판 삼매경에 빠진 꼴이었다.

숨결이 혁명 될 때

그 위세가 어찌나 광풍 같은지 두려움에 어느 누구도 제대로 말 한마디 못했다. "박근혜가 끝났는데 박정희가 웬 말이냐"고 질시하고 따져 묻던 눈빛들은 오만과 독선으로 무장한 권력의 충견처럼 쏘아대고 있었다. 정말 그들 말대로 세상이 바뀌고 역사가 바뀐 줄만 알았다.

그러나 그 아집과 불통의 권세는 3년을 채 넘지 못하고 보기 좋게 꺾였다. 밤이면 정권 심판의 촛불이 캠퍼스에서 의기 당찬 학생들 손끝에서 타올랐고, 대낮에는 광화문과 시청 광장에 태극기가 가득했다. 남녀노소 들고 일어났던 것이다. 죽창가를 부르짖던 법무장관 후보자 일가의 '내로남불' 비리 의혹이 언론을 통해 알려지면서 국민들은 배신감과 허탈함에 빠지다 못해 분연히 떨쳐 일어났다. 이건 심판해야 한다, 바로잡아야 한다는 공의公義 정신이 솟구친 것이다. 정의와 공정을 기치로 집권한 세력의 상징적 인물이 이토록이나 위선적이고 겉과 속이 다를 줄 몰랐다는 실망감은, 정권 출범을 지지한 세력마저도 등 돌리게 만들었다.

그렇게 집권 세력은 불과 3년여 전 보수 정권에 향했던 시민들의 격노를 임기 도중에 되돌려 받게 됐다. 2019년의 촛불은 2016년의 촛불 못지않게 맹위를 떨쳤다. 그래도 집권층은 제 잘난 맛에 반성할 줄을 몰랐다. 남의 자식은 '개천 용' 못 되게 막고, 내 자식은 프리패스로 명문대와 좋은 회사 보내는 소위 '강남 좌파'로 들통 난다고 해도, 까짓 것 제 놈들이 어쩔 것이냐, 권력은 우리에게 있다, 개돼지들은 적당히 돈푼이나 주면 가만히 있게 돼 있다는 식으로 완전히 '막무가내'였다. 폭발적 규모의 집회에도 사안을 깔아뭉개다가 계절이 바뀔 무렵에야 꾸역꾸역 몇 걸음 물러섰다.

이듬해 초유의 대역병大疫病을 만나 초기 대응이 늦어 각종 대란을 자초하고, 허둥지둥하는 백신 수급에다 오락가락하는 방역 대책으로 국민 건강을 위태롭게 한 아마추어 정권이었으나 '위선과 독선'만은 버리지 않은 채 신줏단지 모시듯 했다. 자기네가 살아보지도 않았던 박정희시대를 무슨 독재라 비난하더니, 각종 명분 선전과 감성팔이로 보여 준 그들의 고집스러운 행태는 독재 그 이상이라 할 만했다.

스스로 짓밟다

그러다 지지율을 죄다 까먹었다. 특히 청년층, 20대 민심은 완전히 돌아섰다. 'MZ 세대'가 정권을 다시금 심판한 것이다. 집권 세력이 소위 이 시대의 패러다임, 제1의 가치로 내세웠던 '공정'을 스스로 저버리고 짓밟았기 때문이다. 그렇다. MZ 세대, 소위 586 노땅 꼰대들이 낮잡아 부르는 '요즘 것들'은 달라도 확실히 다르다. 게으르고 부패한 보수도 싫어하지만, 가식과 위선으로 분칠한 진보는 더 싫어한다. 한마디로 이념의 경계가 없다. 실익과 유용, 편리의 가치를 추구한다. 자신에게 득 될 것 없는 허황된 명분에 일생을 투신하는 '바보짓'은 하지 않는다.

무엇보다 약속한 대가가 노력에 미치지 못할 때, 내가 노력하는 와중에 누군가 부모찬스·배경찬스 온갖 편법으로 지름길 탈 때 가장 크게 분노한다. 그들은 누군가 노력한 만큼 명문대를 가고 보람찬 성취를 거두는 것에 질투하지 않는다. 대신 뒤로는 특권과 반칙을 일삼으면서 앞으로는 노력을 가장하는 위선자들을 경멸한다. 그런 간사한 행위들이 정당한 경쟁의 무대, 기본적인 공정의 가치를 무너뜨리고 한국 사회의 생태계를 교란시킨다고 여기기 때문이다. 그래서 아버지 대에 민주화운동 한 번 했다고 대대손손 특권을 세습하려는 고약한 586 진보 세력에 반감을 느끼고 비판하는 것이다.

유경준 국민의힘 의원은 『월간조선』 2021년 7월호에 기고한 칼럼에서 "MZ 세대의 특징은 이른바 '공정'이라는 가치에 민감하다는 점이다. 치열한 입시 경쟁에서 체화된 공정과 능력주의가 바탕에 깔려 있기 때문"이라며 "대표적으로 2018년 평창 동계올림픽 때 여자 아이스하키 남북 단일팀 구성을 두고 우리나라 젊은 층이 보인 반응을 들 수 있다. 당시 MZ 세대는 열심히 노력한 우리 선수들이 불이익을 받고, 북한 선수들이 마치 무임승차를 하는 듯한 모습에 분노했다"고 논한 바 있다.

유 의원은 "조국 사태와 인천국제공항 정규직 전환 논란 등은 공정이라는 가치가 훼손될 때 MZ 세대가 어떻게 반응하는지 알 수 있는 좋은 예"라며 "(집권 세력은) 온갖 부모찬스를 활용하면서도 남의 자식을 향해서는 '모두가 개천의 용이 될 필요는 없다'고 한다. 청년, MZ 세대는 '공정'의 문제를 제기할 수밖에 없다"고 지적했다.

'신상필벌'의 시대정신

이렇게 역사의 변곡점에서 시대 교체의 깃발을 들어온 MZ 세대, 그들이 중시하는 실용과 공정의 가치, 그게 바로 박정희 정부가 남긴 정치·사회적 유산이라는 것을 '박정희 까기 전문'인 진보 좌파들은 과연 알기나 할까?

무슨 깨어 있는 지식인이라는 자들은 "개발독재 시대 논리로 무장한 박정희 패러다임을 용도 폐기하자"고 떠들지만, 하나만 알고 둘은 모르는 헛소리에 지나지 않는다. 박정희 리더십은 결코 개발 우선주의가 아니다. 그것은 '인간 개조 정신'이요, '나라 개혁 정신'이다. 평등한 출발선에서 자기 노력으로 성취를 일구는 사람에게 상을 주고, 나태하고 남 시기하고 요령 피우는 이에게는 벌을 내리자는 신상필벌의 원칙이다. 결과에 따라 상벌이 분명한 공정한 사회가 박정희 대통령이 꿈꾼 대한민국이다. 그 '공정 추구 정신'이 수출입국, 산림녹화, 자주국방, 조국 근대화, 중화학공업, 새마을운동, 경제개발계획 등 주요 치적에 아로새겨져 있다. 박 대통령은 생전 이렇게 논했다.

성장과 발전은 근시안적이며 미봉적인 정책이나 알맹이 없는 번드레한 구호 남발로 얻어지는 것이 아니라, 피와 땀의 결정이며 인내를 전제로 한 꾸준한 노력의 대가임이 재인식되어야 하며, 민족의 지성은 이러한 안목과 자세로 일시적이며 무책임한 문제 해결 방법을 단호히 배격해야 합니다.

우리 민족은 역사상 가장 도전이 컸을 때, 가장 큰 발전을 이룩했습니다. 남이 우리의 운명에 위협을 가할 때 우리는 결연히 일어섰고, 그 위협을 물리쳤을 때 우리는 찬연한 문화와 번영의 새 역사를 창조할 수 있었던

숨결이 혁명 될 때

것입니다. 이제 이 땅에는 오늘을 참고 내일의 영광을 위해 근면하게 노력하는 민족의 강인한 의지와 그 무한한 저력이 재현되어 가고 있습니다.

기회는 바야흐로 우리 편에 있고, 시련에 대한 우리의 도전은 반드시 성공에 직결되는 민족사의 전환점에 다다랐습니다. 우리 모두가 밝아오는 민족의 새 아침을 위하여 전진합시다. 그 위대한 전진에 참여한 보람으로 미래를 개척합시다(『한국 국민에게 고함』, 동서문화사, 2005).

"올 것이 왔다"

박 대통령은 당대 가난하고 보잘것없었던 나라 살림을 감안해 검박한 생활과 실용적 태도, 도전정신을 강조해 왔다. 죽어가는 나라를 한번 되살려보겠다는 의지였다. 『대한민국의 대통령들』(김영사, 2017) 저자 강준식은 책에서 "하면 된다는 정신을 심어 준 것은 박정희의 최대 공로다. 캠페인 이전의 한국인들은 패배주의적이고 체념적이며 의존적이어서 스스로 '엽전'이니 뭐니 하며 비하하는 경우가 많았다"며 "이런 한심한 국민적 에토스를 박정희가 일거에 바꿔놓은 것"이라고 평한바 있다. 그에 따르면 박 대통령의 정치적 라이벌 관계였던 김대중 대통령 또한 "박 대통령이 국민들에게 하면 된다는 정신을 갖게 하고 사기를 북돋워준 공이 크다"고 언급한 일이 있었다고 한다.

그때의 한국은 실로 처참했다. 전후의 폐허로 나라는 썩어 들어가는데, 민주를 참칭하던 정치인들은 학생-시민이 거둔 4·19 정신을 짓밟고 신구파新舊派로 갈려 계파 싸움과 권력 나눠 먹기에 골몰

했다. 시위 이후 혼란한 사회 분위기를 수습할 만한 역량도 부족했고, 태산처럼 할 일이 많은 국정을 이끌고 민심을 다스릴 경륜도 모자랐다.

현장 제1선에서 민생과 정치 현실의 괴리를 체감하던 박정희 소장은 답답했고, 끝내 의거 정신을 이어받아 분연히 일어났다. 한강 다리를 건너 서울을 접수할 때도 항거가 없었던 무혈입성이었다. 책임 있는 정치인들은 자리보전과 제 목숨 지키기에 급급해 스스로 역사의 뒤안길행을 자처했다. 당시 윤보선 대통령까지 "올 것이 왔다"고 할 정도로 나라는 난맥상이었다. 그 어떤 초인이 이 복잡하게 얽힌 '고르디우스의 매듭'을 단칼에 끊어낼지, 사실상 시대가 기다려 온 것이라 할 수 있다. 당시 『한국일보』 기자로 역사의 순간을 목도한 이상우 전 한림대 총장은 저서 『살며 지켜본 대한민국 70년사: 반산일기』(기파랑, 2017)에서 이렇게 술회했다.

5월 16일 아침잠에서 깬 서울 시민들은 군사혁명 사실을 알게 되었다. 그 반응은 '올 것이 왔다'가 대부분이었다. 민주당 정부의 무능과 사회 혼란, 경제 파탄에 나라의 운명이 경각에 달렸다고 걱정하던 시민들은 안도의 한숨을 쉬었다. 특히 혁명군이 발표한 혁명 공약 6개 항을 보고 국민들은 안심했다. 그리고 혁명군이 약속대로 해 줄 것을 기대했다.

혁명 공약의 제1항은 반공을 국시의 제1의로 삼고 반공체제를 강화한다고 했다. 민주당의 느슨한 통제 아래서 갑자기 거세진 친북 공산단체들의 도발적 행위에 불안해하던 국민들은 마음을 놓았다. 제2항은 미국과 자유 우방과의 유대 강화, 제3항은 부패와 구악 일소, 제4항은 경제 재건에

숨결이 혁명 될 때

전력을 집중한다는 약속이었고 제5항은 통일을 위하여 실력을 배양하겠다는 선언, 그리고 제6항은 이상의 과업이 성취되면 민간 정치인에게 정권을 이양하고 군은 본연의 임무에 복귀한다는 약속이었다.

약 3,600명의 혁명군이 박정희 소장의 지휘 아래 한강을 건너 서울로 진입하여 혁명을 새벽 몇 시간 내에 성공적으로 끝냈다는 것은 역사상 보기 드문 무혈 쿠데타라고 할 수 있다. 왜 가능했을까? 군 장병도, 그리고 대부분의 국민도 묵시적으로 동의한 구국의 결단이었기 때문이었다. 그만큼 4·19 이후 1년간의 상황에 국민들의 불만이 높았었다는 의미다.

함정에 빠지다

불공정은 필연적으로 부정부패를 낳는다. 있는 집 자식, 노력 안 해도 부모가 다 배경을 만들어 주는 아이들의 철없는 불장난은 기어이 깨끗한 경쟁의 무대를 더럽힌다. 법망을 교묘히 피해 특권으로 세습하는 반칙주의자들이 세도勢道를 얻는 순간, 고단한 사회생활을 견디며 힘들게 일하는 사람들은 천치 바보가 된다. 민심이 들끓기 시작할 때면 편법이 체화된 집권 세력은 감언이설로 돈 없고 배경 없는 서민들을 혹세무민惑世誣民한다.

"이 나라는 민주주의 국가다", "국민이 주인인 나라다"라고 귓가에 달콤한 말들을 속삭인다. 그리고 무슨 명목의 지원금이랍시고, 국민 왼쪽 주머니에서 꺼낸 잔돈푼을 오른쪽 주머니에 찔러준다. 조삼모사로 눈속임하면 "개돼지들은 더 이상 짖지 못할 것"이라고 조소한다.

민주를 팔아 민심을 현혹하는 술책이요, 민주를 더럽혀 자유 민주주의를 뽑아내는 위선이다.

박정희 소장이 분연히 떨쳐 일어난 그 시대도 그러했다. 그저 말만 '민주'요, 타협 정치라는 미명 아래 오가는 '정치 협잡'으로 낮과 밤을 새우던 제2공화국. 나라의 앞날에 안개가 자욱해 절망이 일상화되고 민생고 해결은 요원하기만 했던 '암흑의 시대'. 그 시대를 타파하고 일소一掃해 '새 시대'를 열겠다는 장군의 진취적 거병擧兵은 당대의 정치와 민심이 모두 요구해 온 '변혁의 회오리'였다. 국민들은 수긍했고 정권도 순조롭게 이양됐다. 혁명 공약은 차근차근 이행됐고, 각계의 맡은 바 임무들도 일사불란하게 진행됐다.

이는 무엇을 말하는가? '군사혁명'은 사회를 발전시키는 공정한 경쟁 시스템이 아직도 확립되지 못한 후진 정치에 '하면 된다', '할 수 있다'는 자신감을 불어넣은 계기였다는 뜻이다. 당대의 정치·사회도 군사혁명으로 '쇄신 기풍'을 받아 한 단계 더 발전할 수 있었다는 의미다. 이는 곧 흔히 박정희시대를 평가할 때 내놓는 "경제는 잘했지만 정치는 못했다"는 논리의 함정을 깨부수는 팩트다. 경제 운용도 정치행위의 일종이다. 대통령이 정치를 잘 못하는데 어떻게 고도의 경제성장을 이룰 수 있나. 이치에 닿지 않는 모순이다. 정치를 잘했기 때문에 경제도 잘 돌아갈 수 있었던 것이다. 박정희시대가 낙후된 정치에 도전과 극복이라는 새 바람을 일으켰기 때문에 경제가 활력을 얻었고, 국민들도 자긍심을 갖고 열심히 일할 수 있었다.

숨결이 혁명 될 때

거기 말고 여기

그런데도 우리 사회는 여전히 박정희시대가 '정치적 암흑기'였다고만 생각한다. 경제는 어떻게 부인할 수가 없는 명백한 성과가 있기 때문에 입을 다물고, 정치는 '독재', '유신', '장기 집권'으로 썩어 갔던 시대라며 물 만난 고기처럼 힐난한다. 각종 사료로 증명되는, 당시 혁명 정부가 받았던 '국민적 기대감'은 찾아볼 생각도 안 한다. 분열과 무능뿐인 권력을 정치 혁신으로 몰아내고 '용기의 시대'를 열어젖힌 공로는 무시한다.

특히 대중에 미치는 영향력이 막강한 '문화 콘텐츠 산업'에서 이러한 비난 일색 논리가 유독 횡행한다. 아무리 좌익이 문화계를 점령한 지 오래됐다지만, 세상이 '실용과 공정의 가치 추구'로 하루가 다르게 변해 가는데 아직도 수구의 모습으로 옛날의 민주화 운동가를 부르짖으며 독재 타령에 세월 가는 줄 모르는가.

K콘텐츠가 세계를 휩쓸고 있는 지금, 우리네 정치 영화는 '박정희팔이' 아니면 새로운 이야기를 발굴조차 못하고 있다. 선거 앞두고 맨날 남산만 찾는다. 지겹고 천박하고 유치하기 짝이 없다. 그렇게 상상력이 부족한가. 서거하신 지 수십 년도 더 된 분을, 오글거리는 분장과 성대모사로 다시 끄집어내 표 장사를 하는 영화계가 한심스럽다. 살아보지도 않은 그 시대를 총칼과 시가, 군홧발로 대충 버무리면 관객들이 벌벌 떨면서 '친일 보수 세력 타도해야 한다'고 중얼거릴 줄 아는가. 관객 수준을 얼마나 얕잡아 봤으면 그런 정치 선동을 자행한단 말인가.

얼마 전, 박정희 정부 당시 DJ와 한 선거 전략가의 관계를 다룬 영화를 감상했는데, 거기서 연출된 박 대통령 역시 집권 연장에 골몰하는 포악한 독재자의 형상으로만 그려졌다. 1971년 제7대 대선이 영화의 배경이었다고 해도, 선악을 자의적으로 구분하는 구성은 유치하기만 했다. 영화 속 박정희 정부는 선거를 이기기 위해 수단을 가리지 않고 비리를 저지르는 악의 집단으로 묘사됐다.

　박정희가 이긴 선거는 설령 직선제였다고 해도 고무신·막걸리·와이셔츠 '매표 선거'이자 음모와 계략이 득실거리는 '부정 선거'이며, 지역감정을 조장한 '국민 갈라치기 선거'에 불과했다고 비난한다. '박정희가 이길 수 없었던 선거다. 뭔가 잘못이 있었을 것이다. 투표함 자물쇠가 엉성하지 않았는가'라며 그 시대 국민의 표심을 함부로 왜곡한다. 철없는 수준을 넘어서 건방지고 무엄하다. "아니야, 정치를 잘못한 독재자 박정희가 뽑혔을 리 없어. 그 직선제는 부정 선거야!"라고 외치는 '불쌍한 정신 승리'다.

　좌파들은 우리 어른 세대의 투표권 행사마저 자기네 이념만 옳다는 정치 논리로 함부로 더럽힌다. 현 MZ 세대 속 곪는 위선 정치에 이어, 그때 그 선량하고 양심적인 국민들까지 개돼지로 보는가. 민주주의가 어쩌고 하면서 국민들 얕잡아 보는 건 좌파가 더하다. 국민 떠받치면서 국민 무시하는 건 좌익의 주특기다. 자기네가 원하는 결과가 안 나오면 '이 나라 민주주의도 잘못됐다'고 서슴없이 주장하지 않나. 그래 놓고 오늘날 진보라는 집권 세력이 되레 '4·15 총선 부정 선거 논란'을 자초하고, '정치 방역으로 국민 경제 파탄 냈다'는 질타를 듣는 꼴이라니.

정치 풍자적 요소가 들어간 블랙 코미디 영화라는 점을 감안한다고 해도, 모든 한국의 정치 영화는 '박정희 까기'만 하면 그럴듯해 보인다고 착각하는 게 안타깝다. 박 대통령이 나라 발전을 위해 고심하고 노력하는 장면이 한 대목이라도 들어가면, 힘겹게 치장해 놓은 '악의 이미지'가 무너지기 때문에 절대 안 된다는 것인가. 기어이 그를 탐욕 정치의 화신으로 만들어 놔야 자기네의 소위 '진보 진영'이 더 깨끗하게 돋보일 수 있다는 것인가.

최소한 박 대통령을 다면적 면모가 내재된 '입체적 인물'로라도 연출할 순 없었던 것인가. 관객을 가르치려 들고, 역사를 자기 마음대로 곡해하려 하는 '박정희 팔이' 정치 영화가 이어지는 한, 단언컨대 한국 영화의 발전은 없다. 역사의 양면성과 시대 속에서 드러나는 진실을 복합적으로 드러내야 참 미학美學이다.

MZ 세대는

2022년 3월, 우리는 '제20대 대선'을 앞두고 있다. (이 글은 20대 대선 전에 집필됐다.) 우리는 과연 어떤 지도자를 뽑아야 할 것인가. 미래 한국을 이끌 지도자는 박정희 대통령처럼 국가와 사회 전체에 '할 수 있다'는 자신감을 불어 넣어 줘야 한다. 그리고 그것이 구호로만 나부끼는 게 아닌, 실질적 성과로 이어질 수 있도록 국민을 독려하고 단합시키는 '국민 통합'의 실천이어야만 한다.

경쟁을 반대하는 게 아닌, 경쟁을 방해하는 불공정에 맞서 싸우는

MZ 세대의 염원을 반영해 정책을 펼쳐야 한다. 그것이 바로 '자유의 실현'이다. 자유는 곧 경쟁의 산물이고, 자유는 그래서 공정 그 자체다. 떳떳하고 동등하게 경쟁할 자유, 남보다 더 노력해 더 많은 성취를 거둘 수 있는 자유, 나의 자아실현을 다른 이의 편법으로 방해받지 않을 자유가 보장된 사회가 공정한 사회다.

진보 정권이 말로만 '촛불 정신'을 외치고 겉으로만 '적폐 청산'을 운운하면서, 실제로는 무능과 방관, 독선과 아집으로 '신독재'를 행할 때, 이를 경고하고 질타한 청년들의 민심을 받드는 대통령이 나와야 한다. 청년을 홀리는 미사여구로만 일관해 온 '가짜 진보'가 아닌, 청년들에게 할 수 있는 것과 해선 안 되는 것을 알려 주고 사기 진작을 촉구한 '진짜 진보 대통령' 박정희의 길을 걸을 수 있는 자격이 되는 자는 누구인가.

> "'안 된다'고 생각하는 사람은 영원히 못하는 사람이다. '될 수 있다. 할 수 있다'는 자신과 의욕이 있는 사람만이 할 수 있다." - 연두 기자회견에서 (1971.1.11.)
>
> "'양반은 얼어 죽어도 겻불을 쬐지 않는다'는 속담이 있지만, 이러한 체면치레는 우리의 '잘살아 보겠다'는 노력을 가로막는 큰 병통이다." - 월간 '새농민'의 특별기고에서(1971.4.15.)
>
> "과학과 기술이 앞선 민족일수록 남보다 일찍이 국가 발전을 이룩했고 번영을 이룩했으며, 앞으로도 그러한 민족이나 국가가 남보다 앞서 세계를 이끌어 나가게 될 것이다. 오늘날 선·후진 국가를 막론하고 모든 나라들이 앞을 다투어 과학 기술의 개발과 육성을 위해 경쟁을 하고 있는 이유

숨결이 혁명 될 때

는 바로 이러한 데 있는 것이다." – '과학의 날' 치사에서(1970.4.21.)

박정희 대통령은 이렇듯 실용주의를 추구했다. 공리공론에 가까운 거창한 대의명분보다는 사회를 한 발 한 발 진보시키는 과학과 기술을 중시했다. 한 사람의 소시민이라도 가난의 질곡에서 허덕이지 않게, 그 절망의 굴레를 스스로 벗을 수 있도록 길을 인도했다. 오늘밤 술에 취해 사상과 이념 논쟁에 골몰하는 허송세월을 배격하고, 내일 새벽 일찍 일어나 땀 흘려 일하는 노동의 가치를 소중히 여겼다. 오늘날 우리 젊은이들이 원하는 게 바로 이것이다.

노력한 만큼의 약속된 보상, 모두가 오직 '실력만 발휘할 수 있게끔' 힘차게 뛸 수 있는 경기장을 만들어 주는 것. 바로 그것이다. 지금 MZ 세대는 공짜 복지, 무상 시리즈에 혹하지 않는다. 그게 세금 낭비이고, 생활과 사회를 근본적으로 개혁하지 못하는 땜질식 처방이라는 사실을 잘 안다. 너무나 많은 '가짜 진보'들에게 너무도 철저하게 속아 왔기 때문이다.

사람의 마음을 그저 몇 마디 말로써 사려고 하고, 맡은 바 업무가 얼마나 중요한 것인지 따분한 설교만 하려 들며, 정작 실질적인 보상은 약속한 대로 지급되지 않는 '꼰대의 속임수'를 경멸한다. 그게 MZ의 실용주의다. 어떤가, 박정희 정부의 '우리 모두 땀 흘려 잘살아 보세'라고 외치는 정치적 결단력, 정책적 추진력과 일치하는 부분을 발견할 수 있지 않은가. 누구나 말은 번지르르하게 할 수 있다. 당장 자기 돈 드는 것도 아니기 때문에, 집권 세력은 항상 듣기 좋은 말들로 미래 세대를 유혹할 수 있다. 그러나 현실을 직시하고, 국민에게 고백하며, 나라를 부국으로 거듭나게 하는 것은 어렵다. 박정희를 우리가 제대로 공부해야 하는 이유다.

우리를 움직이게 하는 것들

우리의 촛불은 그 숱한 이념 집회를 거쳐 어느덧 좌파의 전유물이 됐지만, 누가 어떤 목적으로 켜느냐에 따라 그 정체성과 진정성은 다시금 달라질 수 있다. 진보를 외치며 법을 다루던 고관高官의 일가가 비리를 저질렀다는 논란에 분개하고, 순수하게 믿고 지지했던 그 민심을 저버린 탐욕적 권력에 항거하는 촛불은 정의롭다. 밝으며 따뜻하다. 그 하나의 불꽃은 미약하지만, 여러 의지가 모이는 순간 '공정 사회를 이룩하는 한 줄기 빛의 씨앗'으로 자리한다. 가짜 진보의 포퓰리즘을 불사르고, 끝까지 반성하지 않는 독선과 위선의 가면을 불태우는 화염이 되어 밤낮으로 노력하는 청년들의 땀방울을 환하고 따뜻하게 비출 것이다. 그리고 오직 실용이라는 숭고한 결정체를 낳을 것이다.

박정희 정부와 그 시대의 어른 세대들이 일궈 온 도도한 근대화의 물결이 그 실용의 가치를 '지금, 여기' 우리에게 흘려보내고 있다. 불공정에 분노하는 이들이여, 박정희를 다시 배우자. 우리의 정신은 지금 얼마나 올바른가. 우리의 행동은 개조돼야 하지 않는가. 치열한 경쟁 대신 '나도 저런 찬스를 갖고 싶다'고 남 탓, 세상 탓을 하며 나약하게 살지는 않았는가. 돌아보고 뉘우칠 일이다. '혁명의 구름'을 기다린다면 내가 맡은 오늘의 일을 충실히 최선을 다해 마무리할 때

숨결이 혁명 될 때

비로소 우리가 두 발 딛고 선 대지를 비옥하게 하는 '희망의 비'를 뿌릴 것이다.

혁명의 새벽을 기억하는 자여, 일어나라. 나라와 민족을 걱정하는 세대여, 잠에서 깨어나라. 경쟁의 신발 끈을 묶고 도약의 새 아침을 맞이하라. 새벽잠 깨고 눈 비비며 일어나 옷 갈아입고 다시 도전의 날들을 꿈꾸며 세상을 향해 달리는 청년. 그 청년들의 등을 두드리며 "앞으로 나아가라" 격려하는 그분, 박정희 대통령이 우리 곁에 서 있다.

신승민
기자 겸 작가, 문학평론가.

잠깐의 여유 시간에 독서를 하고 있는 박정희 대통령

10

필연적인 혁명 이야기

이
지
현

사람들은 쉽게 민주주의, 민주주의 하는데 한 국가가 민주주의를 실현하기 위해 가장 필요한 게 뭔 줄 알아? 전 세계에서 민주주의를 이룬 국가들이 공통적으로 말하는 필수 요소는 바로 민주주의를 가능케 하는 경제적 기반과 그 주체 그룹인 중산층의 성숙한 시민의식이 형성되어야 한다는 거야. 당장 내일 먹을 게 없는데 무슨 민주주의?

프랑스혁명 편, 어느 프랑스 여인의 회고

때는 1804년 5월 18일. 나폴레옹이 프랑스의 황제가 되었어. 비로소 프랑스에 안정과 평화가 도래할 것만 같아 프랑스 국민 모두는 희망에 차 있었지. 당시 프랑스는 엉망 그 자체였거든. 내 아이들과 평화롭게 살 미래를 꿈꾸었지만 동시에 마음 한구석에서부터 극심한 회의감이 밀려왔어. 왠 줄 알아?

15년 전인 1789년 7월 14일. 이날이 무슨 날인지 알지? 파리 시민들이 바스티유 감옥을 습격해 프랑스혁명의 서막을 올린 날이야. 당시 풋풋한 아가씨였던 나 역시 청춘을 바치며 피 흘려 싸웠었지. 몇 년 후 1793년 1월, 추운 겨울이었어. 루이 16세의 목이 단두대에서 잘려 나갔을 때 나는 환호하면서 이제 왕을 죽였으니 평화가 올 거라 믿었어. 그런데 그 후 프랑스는 어떻게 되었는지 알아? 점점 더 혼란의 소용돌이에 빠져들었어.

　나는 결혼해서 아이까지 낳았는데 사는 게 너무 힘들었어. 당장 먹을 것도 없는데 프랑스의 앞날은 캄캄하기만 했지. 그땐 강력한 누군가가 짠하고 나타나 이 힘든 현실에서 우리를 구해줬으면 좋겠더라고. 나폴레옹이 나타난 게 그때였어. 왕을 죽인 지 불과 11년 만에 우리 프랑스 국민들은 압도적인 지지를 보내며 나폴레옹을 황제로 세웠어. 내 청춘을 다 바친 프랑스혁명 종착지가 왕도 아니고 황제라니. 역사의 아이러니한 중심에서 내 마음은 희망과 회의감이 교차했던 거야.

　1789년으로 거슬러 올라가 볼게. 파리 시민들의 분노는 이미 하늘을 찌르고 있었어. 무리한 전쟁으로 인해 재정은 파탄 났고 국민들은 먹을 게 없는데 왕족들은 호화롭게 사치를 즐겼던 거야. 배고픈 파리 시민들이 앙시앵레짐의 상징이던 바스티유 감옥을 습격한 이후 국민들의 봉기가 들불처럼 일어났어. 권력은 점점 루이 16세에서 국민의회 쪽으로 넘어갔고 드디어 「인권과 시민권의 선언」이 국민의회에서 가결되었어.

　그런데 현실은 우리 같은 파리 서민의 삶이 전혀 나아지지 않았다는 거야. 열 받은 엄마들이 베르사유 궁전으로 쳐들어가 왕과 가족들을 파리의 튈르리 궁으로 끌고 왔어. 그리고 1791년엔 왕이 몰래 도망가다 붙잡히는 바렌 사건이 벌어져. 국민들은 더욱 왕정 폐지를 요구했지. 그 와중에 헌법이 제정되고 입법의회가 수립되었는데 주변 유럽 국가들이 프랑스혁명의 위기감 때문에 대對프랑스 동맹을 맺기 시작했어.

　　　　　　　　　　　　　　　　　　숨결이 혁명 될 때

결국 프로이센과 오스트리아가 프랑스를 침공했고 우리는 연패를 당했어. 국민들의 삶은 어땠을까? 한마디로 불안의 연속이었어. 1792년에는 새로운 국민공회가 수립되었고 스스로 서민 변호사라 자칭하고 다녔던 로베스피에르라는 사람이 등장했어.

다음 해 1월, 루이 16세 선고 공판 법정에서 그가 이런 말을 했대.

"왕은 무죄일지도 모른다. 그러나 그가 무죄라면 혁명이 유죄가 된다. 왕을 죽여야 한다. 혁명이 죽어서는 안 되기 때문이다."

그리고 이틀 후 루이 16세는 단두대 앞에서 이런 말을 했지.

"나는 죄 없이 죽습니다. 나의 죄를 조작한 사람들을 용서합니다."

사형 집행관이 루이 16세의 잘린 머리를 높게 들어 군중들에게 보여 줬을 때 시민들은 "자유여 만세Vive la liberté!"를 외쳤어. 나도 당시 파리 콩코드 광장에서 그 끔찍한 처형 장면을 보면서 환영했었지. 왕을 죽였으니 이제 프랑스에 자유가 찾아 왔을까? 자유는커녕 로베스피에르가 공포 정치를 시작하면서 수많은 사람들을 반혁명 세력으로 몰아 단두대에서 잔인하게 죽였어. 그와 함께 혁명을 이끌었던 당통이라는 사람도 자신의 의견에 반대한다고 단두대에서 제거를 했지. 당통이 포승줄에 묶인 채 처형장으로 가던 중 로베스피에르 집 앞을 지나면서 "다음은 네 차례야" 라고 했다는데 그 저주가 현실이 되는데에 그다지 오랜 시간이 걸리지 않았어.

로베스피에르는 모든 것을 자기 마음대로 했거든. 특히 무리하게 시장에 개입해 서민 경제를 무너뜨렸는데 단적인 사례가 바로 '반값 우유 정책'이야. 그때 아이를 키우고 있던 나로선 우유 값이 반으로 내리는 게 나쁘지 않았거든. 좋았었지. 그런데 서민들을 위한답시고 우유 값을 내리지 않으면 단두대로 보낸다고 협박까지 하니까 축산 농가들이 젖소 사육을 포기하기 시작하더라고. 반값은 무슨, 우유 값이 10배까지 치솟았어. 결국 로베스피에르가 처형되는 테르미도르 반동이 일어났지.

프랑스는 이미 엄청난 인플레이션에 허덕이고 있었고 극단적으로 치닫던 혁명에 국민들은 지쳐 있었어. 설상가상으로 왕당파를 지지하던 파리 시민들이 무장 봉기를 일으킨 거야. 혁명가들은 초심을 잃었고 이대로 가다가는 다시 루이 16세 시절로 돌아갈 것 같았어. 더 이상 희망이 없어 좌절하고 있었는데 나폴레옹이라는 젊은 군인이 이 반란을 성공적으로 진압한 거야.

이후 프랑스에 총재 정부가 들어섰지만 여전히 파벌 싸움만 하더라고. 국민들은 또다시 실망했지. 그나마 나폴레옹이 전쟁에서 연전연승을 한다는 소식이 삶의 위안이 되었어. 국민들은 혜성처럼 등장한 나폴레옹을 환호하기 시작했고 인기가 급상승했어.

이집트로 원정을 떠났던 그가 파리로 돌아와 일명 '브뤼메르 18일 쿠데타'를 일으킨 때가 1799년이었어. 무능력했던 총재 정부를 밀어내고 30세에 프랑스 제1통령이 되더라고. 그러더니 군대를 이끌고 알프스 산맥을 넘어서 오스트리아와 이탈리아를 점령해 버렸어. 대포를 끌고 알프스 산맥을 넘을 거라고 그 누가 상상이나 했겠어. 프랑스 국

숨결이 혁명 될 때

민들이 오랜만에 똘똘 뭉쳐 이루어 낸 승리였지.

우리는 더욱 나폴레옹에 열광했어. 당시 서민들로 이루어진 병사들은 진심으로 나폴레옹에게 충성했고 프랑스를 위해 죽을 각오를 했어. 알다시피 나폴레옹도 시골 출신이잖아. 신분이 아닌 오로지 능력으로 그 자리에 오른 나폴레옹은 우리에게 프랑스혁명의 기조가 되는 평등을 실현해 줄 것 같았어. 11년 전 루이 16세의 머리를 잘랐던 프랑스 국민들이 스스로 황제가 되겠다며 국민 투표를 부친 나폴레옹에게 99% 몰표를 주었던 이유가 바로 여기에 있었어.

우리는 나폴레옹에게 평등하고 자유롭고 배고프지 않을 프랑스를 만들어 주길 바랐던 거야. 더 이상 정치적인 혼란도, 피 흘리는 혁명도 보기 싫었고 안정되고 부강한 프랑스를 원했던 거지.

나폴레옹은 우리의 바람대로 프랑스를 재정비하기 시작했어. 무엇보다 나폴레옹 법전이라 불리는 민법전을 편찬했는데 '모든 국민은 법 앞에 평등하다'는 프랑스혁명의 가치를 고스란히 담아냈지. 훗날 나폴레옹이 유배된 섬에서 "나의 진정한 영광은 전쟁 승리가 아닌 나폴레옹 법전에 있다"고 말할 정도로 자부심을 가졌대. 참 웃기지 않아? 왕을 죽이면서까지 혁명을 했는데 황제가 된 나폴레옹이 프랑스혁명의 정신을 성문화시켜 프랑스에 진정한 민주주의의 토대를 만들었으니 말이야.

나폴레옹은 그뿐만 아니라 출신 계급에 상관없이 인재를 등용했어. 사법체계를 구축해 법치국가의 기반을 만들었어. 또 은행도 설립했고, 군사 과정을 세분화시켰지. 무엇보다 프랑스의 교육체제를 근대화시켰지. 훗날 프랑스의 리더를 배출하는 '그랑제콜'을 설립한 사람이 바로 나폴레옹이야. 또 철학 시험으로 유명한 프랑스의 대학 입학 시험인 '바칼로레아'도 만들었고, 의무교육을 확대했어. 한마디로 프랑스의 낡은 제도를 고쳐 새로운 국가를 만든 거지. 무엇보다 혁명으로 인해 분열된 프랑스 국민들을 하나로 결집시켰던 거야. 비록 나폴레옹은 전쟁광이 되어 비참한 최후를 맞이했지만 나폴레옹이 통치한 16년은 '프랑스를 재건한 유신'이었던 거야.

나폴레옹 패망 이후 프랑스는 정치제도가 계속 바뀌면서 또다시 긴 혼란을 겪었다지. 그러나 먼 훗날 세계적인 강국 프랑스를 프랑스답게 만드는 요인들이 그의 통치 시절에 만들어졌다는 것은 부인할 수 없는 역사야.

국가가 위기였을 때, 국민들의 삶이 위험하고 굶주렸을 때, 우리에게 가장 필요한 것은 무엇일까? 시골 군인 출신으로 쿠데타로 정권을 잡고 스스로 황제가 된 나폴레옹이 영웅으로 기억되는 이유에서 그 답을 찾아보길 바랄게.

메이지 유신 편, 일본 마지막 사무라이의 고백

나는 조슈번의 한 도시에 살던 젊은 하급 사무라이였어. 250년 전 쯤 전국시대가 끝나고 에도막부시대가 도래된 이후 일본에는 더 이상 전쟁이 없었어. 평화가 지속되었지. 그러는 동안 농업 생산량이 늘고 상공업이 번성했어. 농민들의 수입은 날로 늘어났고 상인들도 부자가 되더라고. 반면 우리 무사들은 농사나 장사를 할 수 없었고 다이묘에게 봉급을 받으며 살았어야 했어.

빈부격차가 점점 심해졌지. 그래도 우리는 사무라이 기풍을 지키며 살아가려 노력했어. 나름 지배층이었으니까. 남들처럼 여유롭게 살지 못하는 것이 속상하긴 했지만. 그런데 경제적인 소외감보다는 '칼을 한 번도 빼보지 못한 사무라이가 무슨 소용일까?' 하는 생각이 우리 하급 사무라이들의 마음을 괴롭게 만들었어. 게다가 당시 막부시대에는 우리가 신분 상승을 이룰 수 있는 길도 없었거든. 우리가 일본 사회에서 무용지물이 된 것 같아 자존심이 몹시 상하더라고.

하루는 우리 조슈번에 사는 요시다 쇼인이라는 선생이 공부를 가르친다는 소식을 듣게 된 거야. 나 같은 하급 사무라이들이 그곳에서 유학을 공부한다는 거야. 무용지물이 되기 싫었던 나도 쇼카손주쿠에 갔지. 그곳에서 우리는 칼을 차고앉아서 정해진 주제를 놓고 자유롭게 토론을 했어. 신분도 나이도 문제가 되지 않았어. 쇼인 선생은 우리가 지금 공부를 하는 것은 정치를 하는 것이라고 했어. 그 말에 짓밟혀 버린 사무라이의 자부심과 자존감이 회복되는 것만 같았지. 그리고 유학을 공부하면서 현명한 군주를 중심으로 통일된 국가에 대한 로망도 생겨났고. 막부체제에 대한 불만이 커져 갔던 시절이었으니까.

그렇게 공부와 토론을 하며 하루하루를 보내던 어느 날 미국의 페리라는 제독이 해군 함대를 이끌고 에도 만에 나타났다는 거야. 듣자 하니 함대의 규모가 어마어마했대. 검고 진득한 타르라는 것을 발라 온 배가 까맣더래. 시커먼 연기를 내뿜는데 소리는 또 얼마나 강렬한지 마치 괴물을 보는 것 같았다더군. 우리는 이미 20여 년 전쯤 아편

전쟁에서 청나라가 영국이란 나라에 박살났다는 것을 알고 있었어. 청나라가 지다니? 영국이란 나라는 도대체 얼마나 강한 것일까. 늘 궁금했었는데 미국이 함대를 이끌고 왔다는 소식을 들으니 젊은 사무라이의 마음이 끓어오르기 시작했어. 페리 제독은 쇼군에게 '개항하지 않으면 전쟁'이라며 선택하라고 했지. 1637년 '시마바라의 난' 이후 쇄국정책을 고수해 오던 막부가 어떤 선택을 할지 귀추가 주목되었어. 우리도 다시 전쟁을 하는 것일까?

그다음 해 페리 제독은 더 큰 함대를 이끌고 나타났어. 막부는 과연 어떤 선택을 했을까? 세상에나! 청나라처럼 쑥대밭이 되느니 평화적으로 미국과 화친을 맺겠다는 거야. 그런데 그게 말이 화친 조약이지, 일본 입장에서는 너무 불리한 조건인 거야. 막부의 무능함으로 일본이 굴욕적으로 오랑캐에게 무릎을 꿇는 듯해 분노가 치밀어 올랐어. 더구나 1858년에는 막부가 천황 칙허도 없이 '미일수호통상조약'을 처리했다는 거야. 그렇게 개항이 되면서 서양 국가들이 일본의 금을 해외로 마구 유출했어. 또 쌀이나 명주, 차 같은 생산품을 싹쓸이해 가는 바람에 물가가 엄청나게 올라갔지.

사무라이들은 경제적으로 더욱 빈곤해져 갔어. 우리는 더 이상 막부를 용서할 수 없었어. 막부를 끝장내기 위해 천황 중심의 존양론자가 되었지. 그리고 우리 사무라이들이 다시 칼을 들고 오랑캐를 쓸어버리면 된다는 순진하고도 어처구니없는 생각을 했더랬어. 교역하자고 들어오는 서양 국가들이 하나같이 전함을 이끌고 나타났는데, 서양 함대를 보니 현타가 오더라고.

1863년에는 사쓰마번이 영국을 얕잡아보고 전투를 했는데 참패당

　　　　　　　　　　　　　　　　　　　숨결이 혁명 될 때

했어. 우리 조슈번은 영국·프랑스·네덜란드·미국 연합군에 박살났지. 시모노세키 전쟁이라 불리는 이 사건에서 우리는 아픈 현실을 마주했어. 그들의 총 앞에서 사무라이들의 칼은 아무 의미가 없더라고. 우리가 왜 졌을까에 대한 심각한 고민을 하게 되었는데 동시에 서양의 힘이 부러웠어. 그래서 배우고 싶었어.

서양 강국들은 해군을 동원해 전 세계로 나아가는데 우리는 땅에서 칼로 싸우는 사무라이들이잖아. 그들과의 전쟁을 잠시 유보하고 일본의 미래를 위해 서양을 배워서 서양보다 더 강한 일본을 만들고 싶었어. 영국에 박살났던 사쓰마번이 젊은 청년 19명을 선발해 영국으로 보냈다는 소식을 들었어. 우리와 같은 생각을 했던 거겠지. 실제로 그들은 영국과 유럽 나라들의 선진 문물을 배워 추후 일본의 근대화를 열어 나가는 선구자들이 되었지.

우리 조슈번은 시모노세키 전쟁에서 많은 희생을 치렀어. 또 같은 해 '금문의 변'이 일어나는 바람에 사쓰마를 비롯한 여러 번의 군대와 함께 쳐들어 온 막부에 항복할 수밖에 없었어. 막부도 본격적으로 서양 무기와 훈련을 도입했더라고. 끝까지 살아남았던 우리는 영국에서 무기와 함선을 구입하고 정규군을 육성했어. 특히 사무라이가 아닌 농민의 입대를 허용하기로 했어. 사무라이가 무인으로서의 특권을 평민들과 나눈다는 것은 참 힘든 결정이었지만 일본의 미래를 위해 꼭 필요했었지.

결국 우리 토막파가 지배권을 탈환하게 됐지. 우리는 힘을 키우며 1866년 사쓰마번과 비밀리에 삿초동맹을 맺었어. 막부는 우리를 또 응징하려고 했지만 사쓰마가 막부의 병력 파견을 거부했고, 우리는 막부군을 참패시켰어. 막부의 붕괴가 현실로 다가온 거지. 결국 1867년 막부가 권력을 천황에게 봉환한다는 대정봉환을 승인했어. 1868년, 일본은 마침내 정치·경제·문화 전 분야에 걸쳐 근대화를 성공시키는 메이지유신을 시작했어.

일본은 빠르게 근대화되었지. 우선 항만을 준설하고 항로부터 정비했어. 철도를 개통했고, 엔을 공용 화폐로 정했어. 번을 폐지하고 현을 설치해 봉건제를 끝냈지. 헌법이 제정되고 의회가 설립되는 등 서양의 시스템을 차근차근 구축해 나갔어. 또 전 국민 의무교육을 시행했고 국민개병도 추진했어. 우리 조슈번에서 사무라이들이 특권을 포기하고 농민과 함께 탁월한 전투력을 보여 줬던 게 기억나네. 가장 큰 변화는 우리 사무라이 무사 계급의 폐지였어. 반항하는 사무라이들을 사무라이 출신들이 냉정하게 진압했지.

일본이 이렇게 빠르게 변화하는 일련의 과정을 지켜보는 내내 마음이 참 복잡했어. 나는 조슈번의 하급 사무라이였잖아. 나라의 미래를 위해 우리 사무라이들이 했던 선택이 결국 사무라이 시대의 종말로 이어졌으니 말이야. 특히 1871년 단발령이 내려지면서 사무라이들의 머리카락이 잘렸는데 그 모습이 아직도 아픈 기억으로 남아 있어. 몇 년 후 칼을 차고 다니는 것도 금지되었는데 그때는 '진짜 사무라이 시대가 끝났구나'를 실감할 수 있었지. 상실감에 마음이 쓰리긴 했지만 새로운 일본에는 더 이상 사무라이가 필요 없다는 것을 우리 사무라이 스스로가 더 잘 알았던 거야.

메이지유신은 우리 같은 하급 사무라이들이 일으킨 일본판 대혁명이었어. 조국이 위기에 처했을 때, 이 위기를 극복하고 일본을 부강한 나라로 새롭게 만들겠다는 각오를 담대하게 이루어 낸 사람들, 우리는 일본의 마지막 사무라이였어. 훗날 누군가가 우리에게 일본의 전통과 정체성을 버렸다고 침을 뱉을 수도 있겠지. 그렇지만 우리는 후손들에게 당당하게 이야기할 수 있어. 우리는 일본의 미래를 위해 우리 스스로를 버렸노라고.

10월 유신 편, 어느 한 노신사의 성찰

1972년 10월 17일, 전국에 비상계엄령이 선포되었어. 집회나 시위가 일절 금지되었고 대학들은 강제 휴교에 들어갔지. 당시 나는 서울에서 대학을 다니고 있던 학생이었어. 말이 학생이지 사실 공부보다는 데모를 많이 했는데 이제 당분간 시위를 못하겠구나 싶었지.

4일 후 헌법 개정안을 놓고 국민 투표를 했어. 헌법 개정안 내용은 이랬어. 대통령 직선제를 폐지하고 통일주체국민회의에서 대통령을 선출하는 간선제로 바꾼다는. 또 대통령 임기는 6년이고 무제한 연임이 가능했어.

게다가 국회의원 3분의 1과 법관을 대통령이 임명하고, 국회 해산권을 가진대. 유신 헌법이었어. 이건 뭐 선거로는 안 될 것 같으니까 헌법을 바꿔서 영원히 대통령하겠다는 거잖아. 삼권 분립이고 뭐고 이 나라의 헌법과 민주주의가 철저히 파괴될 것 같았어. 우리 대학생들은 흥분했지.

그런데 말이야. 이 헌법 개정안이 국민 투표에서 압도적 찬성으로 통과가 된 거야. 그땐 이 나라를 정말 이해할 수 없었어. 더 말이 안 되는 것은 이 말도 안 되는 상황이 지금의 대한민국을 만들기 위한 유일한 선택이었다는 사실이지. 이것을 이해할 수 있겠니? 나는 이것을 깨닫는 데 몇 십 년이 걸렸어. 이성이 감성을 지배하는 나이가 되면서 대한민국이 걸어왔던 방향을 되돌아보니 많은 성찰을 하게 되더군. 이제 나의 반성문을 한번 들어보겠어?

시간을 거슬러 올라가 1968년으로 가 보자. 박정희 대통령이 1963년에 이어 1967년 재선에 성공하고 한창 제2차 경제개발 5개년계획을 추진하던 중이었어. 1968년 전후로 지금 대한민국을 대표하는 기업인 현대자동차, 포항제철, 삼성전자가 출범되기도 했지. 1968년 2월 1일에는 경부고속도로를 착공했고. 경제적으로 매우 중요한 해였지. 물론 휴전 이후 안보 면에서 아주 위험한 해이기도 했어. 그 시작이 바로 김신조 사건이야. 북한 특수부대원 31명이 청와대 인근 500미터까지 잠입했다 발각된 사건이야. 29명이 사살되고 한 명은 북한으로 도주했으며, 김신조는 생포되었는데 그가 했던 말에 온 나라가 발칵 뒤집혔어.

"우리는 박정희 모가지 따러왔수다."

그게 1968년 1월 21일이었는데 불과 이틀 뒤에 미 해군 정보수집함 푸에블로호가 동해 원산 앞바다에서 북한 해군의 공격을 받고 피랍되는 사건이 벌어져. 또 불과 1주일 후 이번엔 베트남 사이공에서 미국 대사관이 베트콩들에 의해 습격당했어. 당시 나는 이 사건에 큰

숨결이 혁명 될 때

관심이 없었지만 돌아보면 이후 대한민국에 심각한 위기를 불러오게 되는 중요한 사건이었더라고. 이 이야기는 조금 후에 풀어 볼게. 또 같은 해 12월에는 울진과 삼척 지역에 100명이 넘는 북한 무장공비가 침투해서 다짜고짜 주민들을 붙잡아 놓고 북한을 찬양하라며 협박했지. 그때 한 아이가 "나는 공산당이 싫어요"라고 외쳤다가 가족들까지 무참히 살해당하는 사건이 터졌어. 그래, 바로 이승복 어린이였어.

6·25전쟁을 직접 겪었던 국민들은 많이 불안해했지. 전쟁 때문에 초토화된 대한민국을 그나마 박정희 대통령이 집권하면서 국민들이 겨우 먹고 살기 시작했는데 또다시 북한이 쳐들어올까 봐 얼마나 마음을 졸였겠어. 그런 상황 속에 박정희 대통령은 250만 명의 향토예비군을 창설했지. 어쨌든 그렇게 북한의 위협 속에서도 대한민국은 경제발전을 이루어가고 있었어.

1968년 미국에서는 닉슨이 대통령에 당선됐어. 앞에서 얘기했던 베트남 미국 대사관 습격 사건 기억하지? 그 사건이 미국 내 반전 여론을 촉발시켰어. 왜 아까운 젊은 미국인들을 엉뚱한 나라에서 죽게 만드느냐는 거지. 그다음 해 1969년 7월 괌에서 닉슨 대통령은 일명 '닉슨 독트린'을 발표해.

"아시아 동맹국들이여, 이제부터 당신들 나라 안보는 스스로 책임져라!"

그러더니 주한미군 7사단과 2사단을 모두 철수시키려 했어. 박정희 대통령은 난리가 났지. 닉슨 독트린이 발표되자마자 샌프란시스코로

날아갔어. 그때 닉슨은 박정희 대통령에게 한국은 예외 지역이라며 안심시켰대. 그런데 닉슨은 박정희 대통령의 뒤통수를 세게 쳤어. 대한민국을 속인 거지. 1970년 3월에 주한미군 감축 정책이 박정희 대통령에게 전달된 거야. 박정희 대통령은 손으로 직접 편지를 써서 닉슨에게 보냈어. 그만큼 다급했던 거야. 미군이 나가는 순간 북한이 쳐들어 올 게 뻔했으니까.

이제야 겨우 먹고 살게 된 우리 국민들은 다시 전쟁을 해야 했는데 지도자로서 무슨 일이든 해야 했던 거지. 결국 그해 7월 미국은 주한미군 3분의 1을 철수한다고 일방적으로 통보해 왔어. 박정희 대통령은 또다시 강력히 항의를 하면서 주한미군이 철수하기 전에 우리 한국군의 전투력을 높이고 신무기들이 들어와야 한다고 주장했어. 에그뉴 당시 미국 부통령이 미군 철수 계획을 설명하러 한국에 왔는데 박정희 대통령은 점심 식사를 건너뛰면서까지 철군의 부당성을 설득하셨대. 에그뉴 부통령은 알겠다고 하고는 한국을 떠나는 비행기에서 기자들에게 '향후 5년 이내 모든 주한미군이 완전히 철수될 것'이라고 말을 했어. 이것은 바로 전날 박정희 대통령과 했던 약속을 뒤집은 거지. 박정희 대통령은 어떻게 했을까?

"미국, 가고 싶으면 가라. 이제 자주국방만이 우리가 살 길이다."

말은 그렇게 했지만 우리의 현실은 정말 막막했어. 무기를 우리 스스로 만들어야 하는데 돈이 어딨냐고. 박정희 대통령은 대한민국을 포기할 수 없었지. 무기를 만들기 위해 중화학공업을 육성하기 시작

숨결이 혁명 될 때

했어. 그리고 다들 아는 비밀이지만 핵개발도 했어.

닉슨 독트린 발표 이후로 세계정세가 대한민국에 굉장히 불리하게 돌아갔어. 1972년 닉슨 대통령은 중국을 방문해 수교를 맺고 대만을 유엔에서 축출해 버렸지. 6·25전쟁에서 우리와 함께 중국과 싸웠던 미국인데 그 미국이 중국과 덜컥 손을 잡은 거야. 미국은 당시 소련을 약화시키기 위해 중국을 이용하려 했던 것인데 이건 대한민국에 날벼락이었어.

우리의 국방력은 아직 터무니없이 약한데, 미국이 우리를 떠나 중국과 친하게 지내다니. 김일성은 어떤 생각을 했겠어? 박정희 모가지를 따러왔다던 김신조 기억나지? 이분은 나중에 목사님이 된 후 한 인터뷰에서 이런 말을 했대.

김일성은 당시 남한의 산업발전이 박정희 대통령의 공로라는 걸 인정했어요. 더 시간이 지나면 한국의 공산화가 힘들 것이라고 판단해 빨리 죽이려고 한 겁니다.

박정희 대통령이 당시 이것을 몰랐을 리가 없겠지? 당시 세계정세가 대한민국을 이렇게 위험하게 몰아붙이고 있는데 국내 상황은 어땠을까. 수출주도형 공업화를 공약으로 내건 박정희 대통령과 농업 중심의 국내 시장 자급자족을 내세운 김대중 후보가 대선에서 대등하게 맞붙고 있었어. 미군이 철수하고 대한민국의 안보는 위험해졌는데 농업 사회로 돌아가자고 주장하고 지지하는 국민들이 절반이었다는 거잖아. 박정희 대통령은 하루빨리 우리만의 기술로 무기를 만들어야 하는데 속이 얼마나 타들어 갔겠어. 그런데 솔직히 고백하자면 나도 그때는 우리끼리 잘살면 되는 거지 무슨 공업화야 그랬었다네. 국제 사회가 어떻게 돌아가고 있는지 잘 모르기도 했고, 조금 먹고 살만 해지니까, 배부르고 등 따뜻하게 되니까 인권이니 민주주의니 하는 이념이 더 중요해 보이더라고.

지금 생각하면 참 부끄럽지, 나라 안보가 뿌리째로 흔들리고 있었는데 말이야. 그리고 그때는 '이렇게 가난한 대한민국이 철강, 금속, 기계, 화학, 석유 뭐 이런 산업이 가당키나 해?' 라는 생각을 했더랬지. 어쨌든 다행히 1971년 대선에서 박정희 대통령이 겨우 승리해 3선 대통령이 되었어.

자, 우리 다시 한번 당시 상황을 정리해 보자. 미군은 철수한다고 하지, 미국은 중국이랑 친해지고 있고 김일성은 그 기회를 틈타서 대한민국을 공산화시키려고 끊임없이 도발해 왔어. 우리는 자주국방 말고는 답이 없었고 우리 스스로 무기를 만들려면 중화학공업을 우선적으로 육성해야 했던 거지. 그런데 국민들의 절반은 농업 국가로 돌아가서 우리끼리 잘 먹고 살면 된다고 생각한대. 중화학공업을 육성하려면 최소 10년 이상이 걸릴 것이고, 또 돈은 얼마나 많이 필요했겠어.

1972년 당시 대한민국의 1인당 GDP는 약 330 달러였어. 1972년 기준으로 박정희 대통령의 남은 임기는 고작 3년이었고. 대통령에게는 두 가지 선택밖에 없었지. '임기 끝나면 자주국방이고 뭐고 나도 이제 그만 쉬어야지' 아니면 '중화학공업을 성공시켜 우리 기술로 무기를 만들고 핵개발도 해야지.'

숨결이 혁명 될 때

그분의 선택은 10월 유신이었어. 그런데 솔직히 당시 박정희 대통령에게 선택의 여지가 있었을까? 누군가는 그러더군, 그때 꼭 박정희였어야만 했냐고. 다른 대안은 없었느냐고. 나 역시 이 질문에 대해 오랫동안 고민해 왔어. 내 대답은 마지막에 들려줄게.

박정희 대통령은 종신독재라는 과오가 생기겠지만 대한민국 미래를 위해 중화학공업을 일으켜서 자주국방을 완성하기로 해. 바로 청와대에 '중화학공업 추진기획단'을 설치해 방위산업을 직접 챙겼어. 1973년에는 당시 상상도 안 되던 철강, 금속, 기계, 조선, 전자, 석유화학을 6대 전략공업으로 선정해. 당시 우리의 1인당 GDP는 전년보다 조금 올라 겨우 400달러였는데 말이야.

그런데 말이지, 정말 이럴 수가 있는 걸까? 1973년부터 1978년 사이 대한민국은 중화학공업 덕분에 연평균 11% 성장률을 기록하게 돼. 특히 제조업은 16.6% 성장했어. 우리한테 불가능한 산업이라 생각했는데 단 몇 년 만에 수출까지 하더라고. 수출에서 중화학공업이 차지하는 비율이 40%까지 나왔어. 중화학공업을 시작한 지 1년 후 우리나라 국력은 북한을 추월했고 박정희 대통령 서거 직전에는 전차, 전투기까지 만드는 자주국방을 이루었던 거야.

통쾌한 소식도 있었어. 박정희 대통령은 닉슨 독트린 발표 이후 주한미군 축소가 결정되던 1970년 8월 6일 국방과학연구소를 창설했지. 출범 당시부터 탄도미사일 개발이 주요 목표였대. 북한의 공격을 원점에서부터 타격할 수 있는 무기가 필요했기 때문이지. 그렇게 극비리에 탄도미사일 개발을 기획하고 미국의 미사일을 모방하기로 했어.

1978년 9월, 일명 백곰이라는 미사일을 공개했는데 시험장에서 목표물을 정확히 명중했대. 사거리는 180km. 북한의 평양을 충분히 타격할 수 있는 거리였어. 우리가 미사일 개발에 성공할 것이라고 아무도 생각 못했는데 주변국, 특히 미국에서 깜짝 놀랐다고 하더군. 유신이 시작된 지 6년 만에 우리는 세계에서 일곱 번째로 미사일 기술 보유국이 되었던 거야. 이후로 미국은 우리가 핵개발을 할까 봐 경계하기 시작했지. 안타깝게도 백곰 미사일 개발을 성공한 다음 해 박정희 대통령이 서거하셨어.

사람들은 쉽게 민주주의, 민주주의 하는데 한 국가가 민주주의를 실현하기 위해 가장 필요한 게 뭔 줄 알아? 전 세계에서 민주주의를 이룬 국가들이 공통적으로 말하는 필수 요소는 바로 민주주의를 가능케 하는 경제적 기반과 그 주체 그룹인 중산층의 성숙한 시민의식이 형성되어야 한다는 거야. 당장 내일 먹을 게 없는데 무슨 민주주의?

200여 년 전 왕을 죽이고 민주주의 혁명을 했던 프랑스에서 나폴레옹이 황제에 등극했을 때 어떻게 보면 역사가 퇴보한 것 같지만 사실 나폴레옹 황제 시절에 프랑스혁명의 기조였던 법 앞에 모든 사람이 평등하다는 것을 성문화시켜 지금의 강대국 프랑스 뼈대를 만들었던 거지.

10월 유신은 언뜻 보면 민주주의를 말살시킨 역사 같지만 사실은 대한민국에 민주주의를 가능케 한 경제적 기반을 이루고, 오랜 세월 식민 통치를 받고 비참한 전쟁을 겪으며 전혀 자주적이지 못했던 우리나라 국민들을 새마을운동으로 계몽시킨 시절이었던 거야.

150여 년 전, 일본 마지막 사무라이들이 스스로를 버려가며 위기의 일본을 구하고 근대화를 이루었듯이 박정희 대통령은 독재라는 과오를 감수하고서라도 나라를 위기에서 구했어야 했던 거야. 박정희 대통령은 월남 패망을 보면서 딸 박근혜 전 대통령에게 이런 말을 하셨대.

> 월남이 공산당에게 먹혔는데 그 베트콩보다 더 무서운 존재가 북한이야. 나라가 위기에 직면한 상황에서 국가 지도자는 다른 문제로 비판 받더라도 나라부터 구해놓고 봐야 한다.

만일 박정희 대통령이 유신을 하지 않은 채 그대로 은퇴하셨다면, 아무리 경제개발을 해서 대한민국을 잘살게 하셨더라도 나는 그분을 존경하지 않았을 거야. 위기에 빠진 국가를 기적적으로 구해낼 수 있는 지도자는 세계 역사를 통틀어도 그렇게 많지 않더라고. 이것이 꼭 박정희였어야만 했냐는 질문에 대한 내 대답이야.

내 무덤에 침을 뱉으라고 하셨다지? 박정희 대통령의 그 마음이 오늘도 나를 반성하게 한다네.

이 지 현

현 프랑스 관련 기관에서 IT 분야 한-불 기업 간 교류 담당으로 근무하고 있다.
예원학교 졸업 후 프랑스로 건너가 파리 5대학에서 법학을 공부하고, 프랑스 국립 생모음악원을 수석 졸업했다.

태권도를 배우는 아이들을 미소로 격려하는 박정희 대통령

11

광화문 연가緣家

김

성

훈

나 혼자 결정한 비밀 사항인데, 2년 뒤 1981년 10월에
그만둘 생각이야. 10월 1일 국군의 날 기념식 때 핵무기
를 내외에 공개한 뒤 그 자리에서 하야 성명을 낼 거야.
그러면 김일성도 남침을 못할 거야.

어떻게 살아야 하나

2016년 말 대한민국을 강타했던 탄핵 광풍狂風은 내 인생의 진로를 바꿔놓았다. 당시 의과대학 연구실에서 면역학을 전공했던 나는 국가가 처한 중병을 치유하는 것이 더 시급한 문제라 판단했고 사회 운동에 뛰어들었다. 불법 탄핵과 좌익 세력의 집권을 막기 위해 싸웠다. 광화문 광장에서 목 놓아 외쳤고, 탄핵에 반대하며 서울시청 앞 텐트에서 철야하기도 했다. 그러나 나의 투쟁은 소위 '촛불 혁명'을 막기엔 역부족이었고, 역사는 내 바람과는 정반대로 흘러갔다. 2017년 3월 10일 헌법재판소는 박근혜 전 대통령의 탄핵을 인용認容했고, 같은 해 5월 10일 문재인 정권이 탄생했다.

촛불 혁명으로 집권한 문 정부와 그 지지 세력은 '민주', '인권', '자주', '평화'의 가치를 자신들의 전유물인 양 여겼다. 그들은 이승만·박정희 등 역대 보수 정권의 업적을 부정하며 뿌리 뽑아야 할 적폐 취급했다. 문재인 대통령은 당선되기 전 거리 집회에서 "가짜 보수 정치 세력, 이 거대한 횃불로 모두 불태워 버리자"는 무서운 발언을 하기도 했다.

좌파 집권 세력의 이승만·박정희 대통령에 대한 과도한 부정은 나로 하여금 두 지도자를 더 공부하고 연구하게 만드는 동기가 됐다. 두 지도자는 알면 알게 될수록 그 업적이 놀라웠다. 우리나라의 건국과 산업화뿐 아니라 민주화까지도 이들로 인해 가능했음을 알게 됐다. 이후 어린이·청소년·청년 세대가 한국 근현대사를 바로 알고 볼 수 있는 교육·저술 활동을 시작했다.

이 글 또한 과거 촛불을 들었던 내 또래 2030청년들에게 전하고 싶은 이야기다. 그들에게 묻고 싶다. 그대가 적폐 중의 적폐로 여기는 '10월 유신'이 대한민국의 민주와 인권, 자주와 평화의 토대가 됐다는 사실을 아는가? 유신 이후 박정희 정부가 일으킨 중화학공업 경제발전은 '한강의 기적'을 일으켰고, 장차 이 나라의 민주화를 이끌 중산층을 두텁게 했다. 굶주림에서 벗어난 국민들은 비로소 자유와 생명, 행복 추구의 권리를 추구할 수 있었다. 안보 위기 상황 속에서 추진했던 자주국방 정책은 우리 주권을 지키고 한반도 평화를 유지케 했다.

촛불을 들었던 젊은 그대여. 민주와 인권, 자주와 평화의 지도자를 찾는가? 이젠 어둠 속 촛불을 내려놓고 박정희 대통령이 이룩한 빛나는 대한민국의 역사를 함께 살펴보자. 그대들이 그토록 증오했던 유신 시대의 진실을 마주해 보자.

숨결이 혁명 될 때

비상非常의 때, 비상飛上의 결단

평시 상황이라면 10월 유신을 민주적인 정치체제로 보기는 어렵다. 그러나 국가 비상시非常時라면 그 평가는 달라진다. 당시 국내 안보 불안과 급변하는 국제 정치 상황을 이해하면 유신의 결단을 달리 해석할 수 있을 것이다.

1972년 10월 유신 선포 이전 1960년대 말부터 1970년대 초까지의 국내외 상황을 살펴보자.

먼저 북한의 도발 수위와 빈도가 높아지면서 국내 안보 불안은 고조되었다. 전면전 방식으로 감행한 6·25남침에서 한반도 적화에 실패한 북한은 1960년대 중반 이후부터 베트남과 제3세계 국가에서 효과가 증명된 게릴라전 방식으로 도발을 시도했다. 1960년대 말엽 박정희 정부가 당면한 안보 위기 상황은 '1·21 사태'를 계기로 단순 도발을 넘어 전면 대결로 확전될 위기에 처하게 된다. 북한의 크고 작은 도발은 계속 있어 왔지만 청와대가 직접 공격 대상이 된 것은 처음이었기에 그 충격은 컸다.

북한은 사건 이틀 후인 1월 23일 미 해군 정보수집함 푸에블로호를 동해상에서 나포하며 한반도 안보 위기를 한층 고조시켰다. 박정희 대통령은 북한에 대한 즉각적인 군사 보복을 생각했지만, 미국은 오히려 박 대통령을 자제시켰다. 베트남전의 상황이 악화일로에 있는 가운데 전선이 확장되는 것을 원하지 않았기 때문이다. 박 대통령은 미국의 태도가 미덥지 않았다. 그는 당시 주한 미국 대사였던 윌리엄 제임스 포터William James Porter를 청와대로 불러 이렇게 경고했다.

> 북한이 도발 행위를 중단하고 더 이상 사고를 일으키지 않을 것이라는 보
> 장을 받지 못한다면 한국 정부는 보복 조치를 취할 것이다. 공산주의자들
> 이 한미 간 분열을 바란다는 점과, 미 의회와 국민이 (한미 양국 간) 협조되
> 지 않은 조치를 못마땅하게 여길 것임을 잘 알지만, 엄연한 사실은 북한을
> 준엄하게 응징하지 않는 한 이들은 계속해서 말썽을 일으키고 한국 국민
> 들을 죽일 것이다(이춘근, 『10월유신과 국제정치』, 기파랑, 2018).

박 대통령의 예측대로 북한은 도발을 멈추지 않았다. 1968년
10~11월 울진·삼척 지역에 120명의 무장공비를 또다시 침투시켰
다. 이들은 "나는 공산당이 싫어요"라고 외친 당시 아홉 살의 이승복
어린이를 무참히 살해하는 등 우리 군경과 시민 61명의 목숨을 앗
아갔다. 이듬해인 1969년 4월 15일에는 미 해군 정찰기 EC-121이
북한 공군 전투기 MiG-21에 의해 동해상에서 격추당해 승무원 31
명이 전원 사망하는 사건이 일어났다. 확전을 원치 않는 미국은 계
속 미온적인 태도를 보이며 박 대통령의 군사적 대응을 막아섰다.
국군의 베트남전 파병으로 긴밀해졌던 한미 동맹은 점차 틈이 벌어
졌다. 리처드 닉슨Richard Nixon 미 행정부가 들어서면서는 갈등이 한
층 더 고조됐다. 한미 간의 갈등 심화에 정점을 찍은 사건은 '닉슨
독트린' 발표였다. 박정희 대통령이 10월 유신을 선포하게 된 가장
결정적 요인이 된다.

1969년 7월 25일 괌Guam에서 발표된 닉슨 독트린의 핵심은 앞으로

미국은 아시아 문제에서 서서히 손을 떼겠다는 것과 아시아의 방위는 우선적으로 아시아인들이 담당해야 한다는 내용이었다. 일본과의 태평양전쟁, 6·25전쟁, 베트남전에 이르기까지 아시아에서의 전쟁에 지친 미국은 한반도에서도 발을 빼고자 했던 것이다. 닉슨 행정부는 급기야 주한미군 철수를 발표했고, 한국 정부의 강한 만류에도 불구하고 실행에 옮겼다. 1971년 3월 27일까지 미 7사단 병력 2만여 명을 한국에서 철수했다.

한미 동맹을 보호막 삼아 경제발전에 주력했던 박정희 정부는 위기 감에 휩싸였다. 북한의 도발 수위는 높아지고 한미 동맹의 안전막은 약화하는 국가적 비상사태 속에서 조국 근대화와 자유통일을 향한 전진을 알고 멈출 수 없었던 박정희 대통령은 특단의 조치를 취하게 된다. 그것이 바로 10월 유신이다. 박 대통령은 중앙집권화된 국가 권력을 활용해 위기를 타개하고 조국 근대화를 향한 '중단 없는 전진'을 이어가고자 했다(이강호, 『박정희가 옳았다』, 기파랑, 2019).

박 대통령은 1972년 10월 17일, 10월 유신을 선포하며 자유 민주체제를 지키기 위해 내린 불가피한 비상조치임을 강조한다.

> 우리는 자유 민주체제보다 더 훌륭한 제도를 아직 갖지 못했습니다. 그러나, 아무리 훌륭한 제도라 하더라도 이를 지킬 수 있는 능력이 없을 때에는 이 민주체제처럼 취약한 체제도 또한 없는 것입니다⋯⋯ 나는 이번 비상조치의 불가피성을 다시금 강조하면서, 오늘의 성급한 시비나 비방보다는 오히려 민족의 유구한 장래를 염두에 두고 내일의 냉엄한 비판을 바라는 바입니다.

국민 91.5%가 찬성한 이유

10월 유신으로 권력을 강화한 박정희 대통령은 먼저 중화학공업 육성에 박차를 가했다. 중화학공업 육성 정책은 수출 경쟁력을 확보하고, 자주국방을 강화함으로써 부국강병을 향해 나아가는 엔진 역할을 했다. 1980년까지 '100억 달러 수출, 1인당 1000달러 소득' 달성의 비전을 제시했다. 그는 1973년 1월 12일 연두기자회견에서 중화학공업화 정책을 펼칠 것을 천명했다.

우리나라는 바야흐로 중화학공업 시대에 들어섰습니다. 정부는 이제부터 중화학 육성 시책에 중점을 두는 중화학공업화 정책을 선언하는 바입니다.

젊은 시절 박정희 비판론자였던 김형아 호주국립대 교수는 저서 『박정희의 양날의 선택』(일조각, 2005)에서 "한국의 중화학공업화 과정을 연구하면서 박정희와 화해했다"고 밝혔다. 김 교수는 "박정희의 중화학공업과 유신은 한쪽 없이는 나머지 한쪽도 존립할 수 없는 '양날의 칼'이었다"고 평가했다. 박정희 정부의 경제발전은 유신체제 없이는 이뤄질 수 없었다는 설명이다.

박정희 대통령의 핵심 참모로서 중화학공업화와 자주국방 정책을 주도했던 오원철 경제 제2수석도 같은 내용의 증언을 남겼다.

요사이 많은 사람이 박 대통령은 경제에는 성공했지만 민주주의에서는

숨결이 혁명 될 때

실패했다고들 말한다. 심지어는 박 대통령 아래서 장관을 지냈던 이들조차 공개적으로 중화학공업화와 유신 개혁을 별개의 문제처럼 이야기한다. 나는 이렇게 말한다. 중화학공업화가 유신이고 유신이 중화학공업화라는 것이 쓰라린 진실이라고, 하나 없이는 다른 하나도 존재할 수 없었다. 한국이 중화학공업화에 성공한 것은 박 대통령이 중화학공업화가 계획한 대로 정확하게 시행되도록 국가를 훈련했기 때문이다. 유신이 없었다면 대통령은 그런 식으로 국가를 훈련할 수가 없었을 것이다. 이런 사실을 무시하는 것은 비양심적이다.

유신 직전인 1971년의 수출액은 10억 달러였다. 1977년에 100억 달러를 돌파하며 6년 만에 10배로 증가했다. 당초 100억 달러 목표는 1980년으로 3년이나 목표를 앞당긴 성과였다.

박 대통령은 중화학공업 발전을 위해 '산업 전사'라 불리는 숙련 기능공을 대량 육성했다. 류석춘 전前 연세대 교수의 연구에 따르면, 1972년부터 1981년까지 배출된 기능공 숫자는 200만 명에 달한다. 류 전 교수는 "박정희는 중공업을 일으켜 잉여 인구가 될 가능성이 큰 농어촌과 도시 중·하층 젊은이들을 기능공이 되게 했고, 이들은 '숙련 노동자 중산층'으로 성장해 계층의 수직 상승을 이뤘다"고 설명했다.

박정희 정부의 중화학공업 육성 정책에 따른 중산층의 성장은 민주화의 토대를 형성했다. 미국의 정치학자 로버트 달Robert Alan Dahl은 "참다운 민주주의가 제대로 실행되려면 민주주의를 가능케 하는 경제적·산업적 기반과 민주주의를 운영할 수 있는 중산층의 형성, 그리고 국민들의 민주 시민 의식이 필수적"이라고 했다.

미래학자 앨빈 토플러Alvin Toffler는 "민주화란 산업화가 끝나야만 비로소 가능하다. 자유화란 그 나라의 수준에 맞게 제한된다"며 "박정희를 독재자로 매도하는 것은 말이 되지 않는다"고 말했다. 헨리 키신저 Henry Alfred Kissinger 전 미 국무장관 역시 "러시아가 민주주의와 경제발전을 동시에 추구하다 어떤 결과를 초래했는지 잘 알고 있지 않은가? 박정희의 판단이 옳았음이 뚜렷이 증명됐다"고 했다.

박정희 대통령을 독재자로만 매도하는 이들이 있지만, 세계는 그가 있었기에 대한민국의 민주화가 가능했다고 말하고 있다. 아울러 당시 우리 국민 대다수는 박 대통령의 결단에 찬성표를 던졌다. 1972년 11월 21일 국민 투표에 부쳐진 유신 헌법 개정안은 유권자의 91.9%가 참여해 찬성 91.5%라는 압도적인 지지를 받으며 통과됐다. 국민 10명 중 9명이 유신체제에 동의했던 것이다. 10월 유신은 당시 국민 의사에 역행하는 독재적 결단이 아니었음을 알 수 있는 대목이다. 1975년 2월 12일 유신체제의 재신임을 묻는 국민 투표에서도 유권자의 79.8%가 참여해 73.1%가 찬성하는 결과를 얻었다.

자주국방 강화로 한반도 평화 구축

박정희 대통령이 유신을 선포하고 중화학공업화를 추진했던 또 다른 이유는 자주국방의 실현에 있었다. 중화학공업화는 수출경쟁력

숨결이 혁명 될 때

강화뿐만 아니라 군사 기술과 방위산업의 성장을 염두에 두고 진행됐다.

박정희 정부에서 외무부 장관과 주미 대사를 지냈던 김동조 전 장관은 회고록 『회상 80년: 냉전시대의 우리 외교』에서 "(10월 유신을 선포한) 다른 이유도 있었겠지만 당시 급변하는 국제 정세에 따른 국가 안보 우려도 한몫했음이 틀림없다는 게 나의 확신"이라고 밝힌 바 있다.

1972년 5월 29일 박 대통령은 김동조 당시 주미 대사에게 친서를 보냈는데 편지에는 10월 유신을 앞둔 박 대통령의 심경이 잘 담겨 있다.

> 1972년 2월 닉슨의 중공 방문과 5월의 소련 방문, 그리고 11월의 미국 대통령 선거, 그 사이에 매듭을 지으려는 월남전쟁 해결 방안 등 大★ 미국도 정신을 차리기 힘들 정도로 국제 정세가 격동을 거듭하는 판국에 우리의 대외 정책도 어느 정도 적응해 가면서 활로를 개척해 나가지 않을 수 없는 형편에 처해 있습니다…… 내가 늘 주장해 왔듯이 외부의 거센 풍랑에 대처해 나가는 가장 기본적이고 우선해야 할 사안은 '우리 국내의 체제를 강화하는 것'입니다. 위기일수록 내치內治를 튼튼하게 해야 하는 것은 불변의 철칙이지요. 또 나의 정치적 신념으로 1971년에 선포한 비상사태 선언과 이에 따른 일련의 조치에 대해서 내외 국민들 사이에 필요하고 적절한 조치였다는 인식이 높아지고 있는 것도 당연하면서도 다행한 일이 아닐 수 없습니다.

앞서 박정희 대통령은 1971년 2월 8일 대국민 담화문에서도 자주국방 강화를 향한 결의를 내비쳤다. 그는 "앞으로의 국제 사회에서는 강력한 자주, 자립정신이 없는 민족은 그 누구의 동정이나 지원도 받을 수 없게 된다는 것을 우리는 깊이 명심해야 한다"며 "정부와 국민이 일치단결하여 자주국방의 정신을 더욱 굳건히 살려 나가는 결의와 각오를 새로이 해야겠다"고 강조했다.

박정희 정부의 자주국방 강화 정책은 1·21사태 이후 본격화해 10월 유신 이후 가속화한다. 박 대통령은 '국가총동원체제' 구축의 일환으로 1968년 2월 250만 명에 이르는 향토예비군 창설 계획을 발표했다. 1970년 8월에는 국산 무기 개발을 위해 '국방과학연구소'를 창설하고, 긴급 병기 개발 계획인 '번개 사업'으로 소총·탄약·박격포 등 재래식 무기를 국산화하기 시작했다. 1978년 9월에는 단거리 지대지地對地 미사일 '백곰'의 시험 발사에 성공하며 세계에서 7번째로 탄도미사일을 보유한 국가가 된다. 탄약 하나 스스로 만들지 못했던 나라가 탄도미사일을 개발하게 된 것이다.

박정희 대통령의 자주국방을 향한 의지는 핵 기술 개발로도 이어졌다. 박 대통령은 1971년 3월 고리 원자력발전소 기공식을 시작으로 1977년 6월에는 월성 원전 건설을 위한 첫 삽을 뜬다. 경수로輕水爐인 고리 원전과는 달리 월성 원전은 핵무기 개발에 용이한 중수로重水爐였다. 핵무기 개발을 위해 우라늄을 추출해 재처리·농축 과정을 거쳐야 하는 경수로와는 달리 중수로는 플루토늄을 추출해 핵무기 원료로 사용할 수 있다. 동맹국이지만 한국의 핵무장화를 원하지 않는 미국은 우리나라의 우라늄 재처리·농축 기술 개발을 당시뿐 아니라 현재까지도 제한하고 있다. 핵무기 개발을 위한 우

숨결이 혁명 될 때

리 정부의 선택지는 중수로밖에 없었다. 박 대통령은 미국의 숱한 반대에도 불구하고 캐나다의 중수로 기술을 도입해 월성 원전을 건설했다.

오원철 전 경제수석은 박정희 대통령이 1972년 초 김정렴 비서실장과 자신을 집무실로 부른 뒤 "평화를 지키기 위해 핵무기가 필요하다. 기술을 확보하라"는 주문을 했다고 증언한 바 있다. 핵 개발과 관련해 1972년 9월 8일 오 전 수석이 작성했던 비밀문서가 국가기록원의 정보 공개로 일반에 공개되기도 했다.

이 문건은 첫 쪽 제목 '원자 핵원료 개발 계획'과는 달리, 둘째 쪽부터는 '핵무기'라는 단어가 등장한다. 우리가 선택해야 할 핵무기의 종류로 '핵분열 에너지를 이용한 폭탄'(우라늄 235폭탄, 플루토늄 239폭탄)과 '핵융합 에너지를 이용한 폭탄'(수소 폭탄)을 들고 이중 어떤 것을 선택할 것인가 하는 문제를 도표로 설명했다. 보고서는 '과대한 투자를 요하지 않고 약간의 기술 도입과 국내 기술 개발로 생산이 가능한 플루토늄탄을 택함이 타당함'이라고 결론짓고 있다. 이 문건은 박정희 정부 당시 핵무기 개발이 추진됐던 결정적인 근거 자료 중 하나다.

미국에서도 박정희 대통령의 핵무기 개발을 인지하고 있었던 것으로 보인다. 헨리 키신저 미 국무장관이 1975년 5월 각국 주재 미 대사관에 하달한 외교 지침에는 "한국은 핵개발의 초기 단계를 거쳤으며 10년 안에 제한된 범위의 핵무기와 운반 수단을 개발할 것"이라는 내용이 담겨 있다. 기밀 해제된 1978년 9월 5일자 CIA 문건에도 박정희 대통령이 1978년까지도 핵무기 개발 의지를 갖고 있었다고 기록돼 있다.

이뿐만 아니다. 하순봉 전 경남일보 회장의 회고록『나는 지금 동트는 새벽에 서 있다』(연장통, 2010)에는 박정희 정부가 핵무기 개발 완성 단계에 있었음을 암시하는 기록이 나와 있다. 하 전 회장에 따르면 박 대통령은 1979년 1월 1일 당시 청와대 공보비서관이었던 선우연 전 의원을 부산으로 불러 핵무기 공개 계획을 다음과 같이 밝혔다고 한다.

나 혼자 결정한 비밀 사항인데, 2년 뒤 1981년 10월에 그만둘 생각이야. 10월 1일 국군의 날 기념식 때 핵무기를 내외에 공개한 뒤 그 자리에서 하야 성명을 낼 거야. 그러면 김일성도 남침을 못할 거야.

국내외 자료와 증언들을 종합해 볼 때 박정희 대통령의 핵무기 개발은 사실이었던 것으로 판단된다. 오늘날 한반도 안보를 불안하게 만들고, 이른바 '코리아 디스카운트Korea Discount'라고 해서 한국경제에 족쇄를 채우는 가장 큰 문제는 '북핵' 위협이다. 북핵 억지를 위해 우리나라는 미국의 핵우산 제공에 의존할 뿐 자체 핵무장은 사실상 불가능한 상황이다. 한미 동맹을 신뢰하며 가야겠지만 유사시 미국이 한국을 끝까지 지켜 줄 것인지는 미지수다.

2021년 미군 철수 후 탈레반에게 점령당한 아프가니스탄 사태, 최근 러시아의 침공을 받은 우크라이나 사태 등은 우리에게 여러 가지 경고와 교훈을 주고 있다. 미국의 대對한반도 정책 역시 언제든 바뀔 수 있고 최근 핵우산 약화를 우려하게 하는 조짐도 보이고 있

숨결이 혁명 될 때

다. 역사에 가정은 없지만 만약 박정희 대통령이 임기를 좀 더 이어가 핵무기를 완성했다면, 오늘날 한국의 안보 상황과 국제적 위상이 어떻게 달라졌을지 아쉬움이 남는다.

대동강 넘어 세계로

박정희 대통령은 경제발전으로 중산층을 키워 민주화의 토대를 마련했다. 인권의 시작은 생존권의 보장이란 측면에서, 5,000년 가난의 굴레를 끊고 국가와 국민의 생존과 번영을 가능케 했다는 점에서 그는 인권 대통령이라고도 할 수 있다. 또한 미국 정부와 싸워서라도 국익을 지키고 국가 안보를 강화하는 자주성을 보여 주었으며, 부국강병으로 전쟁을 억지하고 한반도 평화 유지를 가능케 했다.

박정희는 그의 트레이드마크인 산업화 대통령뿐만 아니라 민주와 인권, 자주와 평화의 시대를 연 대통령으로도 불리는 게 마땅하다. 민주, 인권, 자주, 평화는 소위 진보 세력의 전유물이 아니다. 문재인 정권은 도리어 촛불 독재, 북한 인권 말살, 중국에의 굴종, 북한의 핵무기·미사일 고도화라는 퇴보의 결과를 남겼다. 적폐 청산을 외치던 그들은 적폐가 되었다.

우리는 이제 당당히 말할 수 있어야 한다. 대한민국의 독립, 건국, 호국, 산업화와 민주화에 이르기까지 이 모든 것이 이승만-박정희로 시작된 자유 민주주의 세력의 업적이라고. 이 땅의 자유와 번영을 빼앗으려는 세력으로부터 민주, 인권, 자주, 평화의 키워드를 되찾고 통일 담론을 주도해 나아가야 한다.

　박 대통령은 1966년 연두교서에서 조국 근대화로 평화적 남북통일의 달성을 선언했다. 1990년 10월 서독이 이룬 자유 민주주의 체제로의 흡수통일을 이때부터 준비하고 꿈꿨던 것이다.

> 우리의 지상 명제는 바로 조국의 통일입니다. 우리는 지금 모든 지혜와 노력을 한데 모아 조국 근대화 작업을 서두르고, 자립 경제 건설에 박차를 가하고 있거니와 이는 곧 통일을 위한 진취적인 계획이며, 통일을 향한 전진적인 노력인 것입니다. 우리가 지향하는 조국 근대화야말로 한편 남북 통일을 위한 대전제요, 중간 목표인 것입니다. 통일의 길이 조국 근대화에 있고, 근대화의 길이 경제 자립에 있는 것이라면, 자립은 통일의 첫 단계가 되는 것입니다.

　이젠 경제 자립을 넘어 대한민국 주도의 흡수통일을 논할 수 있는 국력 신장을 이루게 됐다. 헌법적 명령에 따라 훗날 자유민주적 기본 질서 하에 평화적 남북통일을 이룬다면 이 또한 박정희 대통령의 업적이라고 할 수 있을 것이다. 역사는 그가 통일 시대를 예비한 지도자였다고 평가할 것이다.

　박정희, 그는 현 시대가 기다려 왔고 2030세대가 찾아왔던 지도자의 표상이다. 박정희시대의 정신과 해법을 계승 발전시킬 때 비로소 우리는 우리 시대의 문제를 해결하고 새로운 도약을 향해 나아갈 수 있을 것이다. 한강의 기적이 대동강을 넘어, 세계로 뻗어나가게 될 그 날을 기대한다.

숨결이 혁명 될 때

김 성 훈

『월간조선』, 『정경조선』 기자로 활동했으며, 현재는 박정희대통령기념재단 유튜브 채널 〈박정희TV〉 청년 토크를 진행하고 있다.

연세대 화학과 졸업. 동 대학원 의과학과(면역 및 감염생물학) 석사를 수료했으며, 건국대 안보재난관리학과(국가안보전략전공) 석박통합과정 재학 중이다. 공저로『아~ 잊으랴, 어찌 우리 이날을』(세상 바로보기, 2021)이 있다.

3부

숨결이 혁명 될 때

12

쓸모 있는 경제학 이야기

좌
승
희

유신시대 경제정책은 주류 시장중심 경제학의 '시장이
해결한다'는 성장 담론과의 한판 대결이었다. 시장이 만
병통치라는, 그래서 기업 역할을 경시함은 물론 정부는
악이기 때문에 그 역할을 최소화해야 한다는 주장에 맞
서 '기업과 정부가 어떻게 해야 경제가 발전하는지'를 실
사구시로 보여 준 과정이었다.

소 키우던 소년, 대통령이 되다

서울 상암동 박정희대통령기념관을 방문하는 관람객은 박정희 대통령의 어린 시절 구미 생가 옆, 소를 키우며 이순신 장군 위인전을 읽고 있는 소년 박정희를 만날 수 있다. 어려운 집안일을 돕기 위해 소년 박정희가 방과 후 자신보다 훨씬 큰 황소를 기르는 일을 했으며, 소가 풀 뜯는 동안마저 아껴가며 독서했다는 이야기를 재현해 놓은 것이다. 지금도 구미 공단 내에는 박정희 생가로부터 꽤나 먼 거리에 50m² 정도의 잔디밭 공원이 있는데 그 한켠에 '박정희 소나무'로 불리는 수령이 백 년은 족히 넘는 소나무 한 그루가 우뚝 서 있다. 가난한 집안에 태어나 집안일을 도우면서도 시간을 쪼개 책을 즐겨 읽던 소년 박정희의 모습을 그려보도록 기획한 것이다. 많은 관람객들이 좋아하고 즐겨 찾는 명소다.

기억할지 모르겠지만 박 대통령이 5·16혁명 이후 최초로 창당한 정당 민주공화당의 상징이 황소였다. 우직하고 부지런한 황소처럼 국민을 위해 열심히 일하겠다는 약속으로 박 대통령은 황소를 상징으로 삼았다. 물론 이 약속은 국민 누구도 그리고 세계 어느 누구도 예상치 못할 상상을 초월한 기적으로 실현되었다. 황소와 박정희와의 인연은 아주 오랜 셈이었다.

나는 지난 6년간 박정희대통령기념재단 이사장이라는, 천학비재淺學非才한 실체에 비해 너무나 큰 모자를 쓰고 박정희사상을 정립하는 데 참여하는 과분한 영광을 누렸다. 도대체 무슨 인연인가 골똘히 생각해 본다. 기억 저편에서 침잠해 있던 추억 하나를 소환해 낸다.

'아하, 그거였구나! 소, 소였어.'

차이는 황소를 몰던 소년 박정희는 유신으로 한강의 기적을 일으켜 5,000년 한민족사의 대 분기를 이룬 반면, 소를 몰던 나는 천신만고 끝에 겨우 여기에 이르렀다. 이것도 인연이라면 인연이 아닌가 싶다.

꼴을 베고 소를 몰던 제주 시골 소년이 소를 몰던 대통령 박정희와 조우를? 그랬다. 조우의 끈은 말도 많던 박정희의 유신이 성공한 때문이다. 유신이 가져온 기적 같은 경제적 성공이 없었다면 경제학도였던 나와 박 대통령과의 만남이 어떻게 가능했을까.

바람이 불면 뒤주장사가 돈을 버는 이유

박 대통령은 지금으로부터 50년도 훨씬 전에 경부고속도로 대구~부산 구간 시공식에서 1000년도 더 된 일본의 '방장기'라는 승려의 수필집을 인용해 '바람이 불면 뒤주장사가 돈을 번다'는 얘기를 했다. 옛적에는 바람이 불면 맹인들이 많이 생겼다고 한다. 이들이 먹고 살 길은 샤미센이라는 일본의 현악기를 연주하여 적선 받는 길밖에 없었다. 맹인의 수가 늘면 샤미센의 수요도 늘어나기 마련인데 샤미센의 공명상자는 고양이 가죽으로 만들었다.

당연히 샤미센의 수요가 늘어나면 고양이 가죽 수요도 늘어나면서 많은 고양이들이 죽을 수밖에 없지 않겠는가. 그러니 고양이 수가 줄어들면 천적인 쥐들에게는 살판나는 세상이 될 것이고, 쥐들은 곳간의 곡식을 더 많이 빼먹을 테니 손해를 보게 되는 것은 농부가 아니겠는가. 농부들로서는 쥐를 방지하기 위해 뒤주를 더 많이 마련해야 할 테니 결국 돈은 뒤주장사가 벌게 된다는 논리다.

당시 서울~대전 구간 기공식장에서는 고속도로 건설보다 차라리 농민들에게 보조금을 나눠주는 게 더 낫다며 고속도로 건설을 반대하는 정치 세력이 공사장에 드러누울 만큼 반대가 극심했다. 박 대통령은 그런 상황에서 고속도로 건설이 어떻게 시골 농부들에게 도움이 되고, 그 경제적 파급 효과가 어디까지 미치는지를 설명하고자 했다.

고속도로 건설로 전국이 일일 생활권이 되면 농산물이 서울과 부산을 비롯한 대도시로 팔려나갈 뿐만 아니라 해외 수출길이 열리기 때문에 도시 상공인은 물론 농촌과 농민들 모두에게 경제적 이득이 된다는 것을 에둘렀던 것이다. 경제학계 대부분 사람들조차 고속도로 건설을 반대하던 그 시절, 박 대통령은 이토록 길고 긴 복잡한 경제 효과의 파급 과정을 비유적으로 쉽게 설명했던 것이다. 통찰력에 새삼 감탄할 따름이다.

요즘 정치인들은 '바람이 불어 맹인이 많이 생기면 맹인 보조금이나 주자'는 말이나 할 것이다. 모르긴 몰라도 경제학자들 중에는 '바람이 불면 샤미센 장사가 돈을 버니 샤미센에 세금이나 더 매기자'는 주장을 하는 사람이 있을 것이다. 심지어 '고양이 살생 금지법'을 만들자는 동물애호 환경론자도 생길 것이다. 좀 더 통찰력 있는 사람이라면 쥐잡기 운동을 벌여야 한다고 할 수도 있으리라. 그러나 이렇게 바람, 맹인, 샤미센, 고양이, 쥐, 농부, 뒤주로 이어지는 인과 관계를 모두 통찰하는 사람은 많지 않으리라.

오늘날, 정치는 물론 경제학마저도 산적한 인류의 경제 문제를 해결하는데 실패하는 가장 큰 이유는 인과 관계의 긴 고리를 살피지 못하기 때문이다. 경제현상의 원인과 결과를 구분하지 못하는 사람들이 나라 일을 맡았으니 나라의 위기를 자초한 셈이다.

박 대통령의 18년 치세는 50~100년을 내다본 박정희 통찰력과 단 5년도 내다보지 못하는 반대 세력의 근시안적 통찰력과의 끝없는 싸움이었다. 5·16혁명, 경부고속도로 건설, 중화학공업화의 여정, 그리고 유신이 그랬다. 100년을 내다본 박정희 통찰력이 지금의 한국을 만들었음에도 불구하고 여전히 이를 제대로 헤아리는 사람은 많지 않다.

대학 시절, 나는 학우들과 함께 청와대를 방문해 박정희 대통령을

숨결이 혁명 될 때

먼발치에서 딱 한 번 뵌 것을 빼고는 공사 간에 박 대통령과의 의미 있
는 만남은 없었다. 스치듯 만난 적도 없다. 일개 백면서생에 불과한 내
가 감히 이런 글을 쓸 줄이야. 그러나 세상의 인연은 바람이 불면 뒤주
장사가 돈을 버는 것처럼 범인이 생각하지 못하는 복잡한 긴 세월 따라
인연의 끈이 있는 듯하다. 내 인생살이가 범인 중의 범인에 불과하지만
박정희 대통령이 일으킨 회오리바람의 긴 고리를 따라 오다 보니 여기
에 다다르지 않았겠나 싶다. 제주에서 꼴을 베고 소를 키우던 이름 없
는 시골 소년이 뒤주장사처럼 세상을 얻은 것이라고나 할까.

혁명을 마주하다

제주 4·3과 오오무라 수용소

나의 고향은 제주도 서쪽 끝자락 바닷가 농촌이다. 한라산에서 가장 먼
거리에 있는 시골 마을이다. 태어난 다음 해에 제주 4·3사건이 발생했
는데 산에 가까운 마을일수록 산에 진을 친, 소위 폭도들로 피해가 극
심했다. 그렇지만 해안 마을이라고 해서 피해갈 수는 없었다. 밤이면
산사람들이 해안 마을로 내려와 마을 간부들로부터 식량을 강탈해 가
는 일이 다반사였다. 낮이 되면 경찰들의 세상으로 바뀌었다. 해안 마
을 주민들은 동네 주위를 돌멩이로 성을 쌓고 죽창 들고 경비를 섰다.

　마을 청년 회장이었던 부친은 산山 사람들 등쌀과 좌우충돌 속, 신
변의 위협을 느끼고 일본으로 밀항(재 출국?)하셨다. 이후 남겨진 모친
과 생후 10개월이었던 나는 간신히 4·3 풍파를 견뎌냈다. 6·25 직

후 내가 일곱 살 되던 해, 모친은 나를 데리고 부친을 찾아 일본 밀항을 시도했다. 하지만 실패하여 오오무라 수용소를 거쳐 강제 송환되었다. 학령에 따라 나는 초등학교(당시, 국민학교)를 다닐 수 있었다. 열 살 되던 해, 모친은 부친과의 재결합을 위해 나를 남겨 둔 채 밀항에 성공하여 나와 부모와의 이별은 박정희시대의 한일 국교 정상화까지 계속되었다.

소년의 고민

초·중등학교 시절은 부모 대신 조부모·고모 등, 친가와 외가 친인척들의 배려 속에 소위 시골 모범 학생으로 성장했다. 하늘을 이고 산과 바다를 벗 삼아 간섭 없이 마음껏 자유를 만끽하며 어린 시절을 보냈다. 부모의 부재가 다소 아쉬웠지만 뼛속까지 자유인의 기질을 체화하며, 독립심과 자조하는 정신이 체질화되었다.

송아지와의 만남은 이때 시작되었다. 조부는 전형적인 부지런한 시골 농부셨다. 다소 영특했다던 막내아들이 4·3 통에 일본으로 피신하게 된 걸 안타깝게 여기셨는데 며느리마저 밀항하자 혼자 남은 손자를 늘 안쓰럽게 여기셨다. 조부는 그런 내가 비록 부모는 없지만 말썽 피우지 않고 공부를 잘한다며 언제나 칭찬해 주셨다. 작은 아들 몫으로 생각하셨던 몇 가지 부동산과 동산 중 소 한 마리를 내 몫으로 주신 이유였다. 상징적으로 '승희 소'라고 정하고는 내게 관리토록 하셨다. 나는 초중학교 시절부터 책을 끼고 살았다. 그런데 소를 키운다? 숙제하고 책 읽을 시간도 부족했다. 나로선 여간 부담되는 게 아니었다.

궁여지책으로 생각해 낸 것이 소 먹이 주는 일과 공부, 책 읽는 것을 병행했다. 말하자면 박정희식 소몰이법이다. 물론 풀이 좋은 곳을 찾아 다니며 소에게 먹여도 살찌우기 어려운데 온 정신을 책에 빼앗겼으니 성과가 좋을 리 없었다. 하얀 찔레꽃 피고 야생 딸기가 붉게 익어가는 봄에서 시작해 뙤약볕 아래 매미소리 자지러지는 아열대 여름으로 이어지던 소년의 소 키우던 추억은 먼 기억 어디쯤에 자리해 있었다.

구미 공단 내의 박정희 소나무를 보는 순간 소싯적少時的 추억이 섬광처럼 살아났음은 물론이다. 소년 박정희가 느꼈을 또래의 고민과 함께. 상암동 박정희대통령기념관 속 황소와 소년 박정희의 사연은 이렇게 추억에서 소환되어 연출되었다.

경제학을 만나다

경제학자의 길을 택하다

1950~1960년대는 대졸자가 직장이 없어 실업자가 양산되었는데 이들을 일컬어 룸펜이라 불렀다. 시골에서 공부깨나 하면 으레 법대를 가서 고등고시를 패스하고 판검사가 되어 부모님께 효도하는 것이 소망이었던 시대였다. 그렇지만 나는 소학교 시절부터 입력된 과학자의 길을 갈 것을 다짐하고 스스로 사회과학의 꽃이라 칭한 경제학과를 목표로 했다. 모두가 불가능할 거라고 했지만, 나는 마침내 서울대 경제학과에 입학했다.

당시 서울대 경제학과의 분위기는 박정희에게 친화적이지 않았다. 나는 경제과 동아리 중에 제법 명성이 높고 좌경화되어 시위를 주도

하던 '경우회'에 뽑혀 어설프게나마 카를 마르크스를 공부했다. 좌파 지식인의 상징적 인물인 고 신영복이 1회 선배였고, 카를 마르크스 경제학을 전공한 김수행 교수와 운동권 출신의 김근태 전 민주당 의원 등이 이 동아리에 속해 있었다.

정규 과정은 주류경제학을 배웠으나 한국경제에 대한 강의는 부실하기 그지없었다. 1960년대 후반에서 1970년대 초 한강의 기적이 한창이던 때에도 4년 내내 박정희의 평가는 부정적이었다. 한국경제 발전을 다룬 강의는 전무했다. 이런 환경 속에서 그나마 내가 좌파 운동권에 깊이 빠지지 않은 것은 박정희 정부가 시작한 ROTC 후보생 과정을 선택한 결과다. 어린 시절부터 자유로운 생각과 영혼으로 살아온 나에게 좌파 경제학은 지금도 그렇지만 전혀 설득력이 없었다.

엇갈리다

1968년부터 서울대는 성적이 우수한 지방 출신 학생들에게 무료로 기숙사를 제공했다. 나는 정운찬·한덕수 전 총리 등과 동숙했다. 그 외에도 많은 영재들과 동숙했고, 그들 틈에서 나는 서울대를 넘어 미국 유학의 꿈을 품었다.

기숙사는 박 대통령의 배려로 건축되었다. 명칭은 '정영사'. 일설에는 박정희 '정'자와 육영수 '영'자를 따서 영재들의 기숙사 이름을 지었다고 했다. '정영사'에 대한 육영수 여사의 정성과 배려는 남달랐다. 기숙사 방문과 청와대 초청, 애로사항 해결은 물론 라면을 비롯한 특식 제공 등을 아끼지 않으셨다.

한번은 육 여사의 초대로 동숙 학우들과 함께 청와대를 방문한 적이 있다. 국수를 먹고 지방 시찰에서 막 돌아오신 박 대통령을 먼발치에서 뵈었다. 이후 박 대통령을 뵐 기회는 두 번 다시없었다. 먼발치에서 뵌 것이 그때가 처음이자 마지막이었다.

당시 상과대학 동료들이나 동숙한 학우들 중 대부분은 고등고시나 행정고시, 외무고시 등 관료로서 애국의 길을 택했다. 반면에 나는 과학자가 되는 것이야말로 애국을 하는 것으로 철석같이 믿었다. 고학생 신세임에도 대학원 진학을 목표로 삼은 이유였다. 남들처럼 고시를 보고 합격했다면 공직자로서 박정희 대통령을 조우遭遇하지 않았을는지. 돌이켜보면 얼마든지 박정희 대통령을 실제로 만날 수 있는 기회가 있었지만 번번이 비켜가기 일쑤였다. 때가 아니었을까.

어설픈 엘리트 의식, 고마움을 모르는 지식인들

박 대통령과 육영수 여사의 배려와 혜택에도 불구하고 나를 포함한 기숙생들은 박 정부에 호의적이지 않았다. 감사할 줄도 모르는 엘리트 의식의 발로이거나 아니면 박정희에 대한 무지의 소치가 아니었나 싶다.

고교 3년간 5·16 장학금에 이어 대학 3년을 '정영사'에서 생활했던 나로서는 어느 누구보다 박정희 대통령의 은혜를 입었다. 그렇지만 당시의 나는 '박정희 정치는 권위주의 혹은 독재 정치'라는 대학이나 지식인 사회의 통념을 벗어나지 못했다. 한국경제 성장 방식에 비판적이었고 무지한 경제학도에 불과했다. 졸업 후 2년 반의 ROTC 장교 복무를 마치고 복귀한 한국은행 생활을 하며 다소 개선되기는 했으나 다시 제자리였다. 경제학과 대학원 과정(당시 병행이 허용되었다)에서 한국경제 발전의 연구보다는 경제학을 개선하겠다는 꿈에 젖어 영국 케

임브리지 대학의 좌파 경제학계 입장에서 주류 신고전파 분배 이론을 고찰·비판하는 일에 천착했던 것이다. 그러다 보니 당시 성장과 분배를 동시에 개선한 한강의 기적이 진행되는 한국의 밑바닥 현실을 전혀 감지하지 못했다.

흥미로운 것은 오늘날 전 세계가 부딪친 성장과 분배의 동시 악화 문제를 풀어낸 박정희시대를 살면서도 학계가 전혀 이를 인지하지 못했다는 사실이다. 그뿐만 아니라 지금도 여전히 제대로 이해하지 못하고 있는 지경이다. 그나마 나는 50년 전, 당시 주류경제학이 오늘날 경제 문제의 핵심이 되고 있는 분배 문제를 제대로 다룰 수 없다는 인식하에 국내 학계 최초로 어설프지만 분배 이론 비판에 나섰었다. 좌파 동아리에서 시작된 좌파 경제학과의 인연은 나로 하여금 주류경제학을 비판적으로 볼 수 있는 시야를 확보해 주었다. 당시 선학들이 박정희 동반성장의 경제학을 발견했었다면 그 이후 50년이라는 나의 박정희 경제학 발견의 긴 여정은 불필요했을 것이다. 세상일은 다 때가 있는 듯하다.

박정희 경제학을 만나다

경제학의 한계를 배운 UCLA와 기업 경제

한국은행 재직 중에 석사 과정을 마친 나는 유학을 준비했다. 당돌하고 발칙하게도 나는 석사 논문에서 제기한 미국 주류경제학 비판을 연구 목적이라 내걸고 유학길에 나섰다. 어느 대학이 이 당돌하고 발칙한 나를 환영했겠는가. 천신만고 끝에 UCLA의 대학원에 입학하게 되었다.

UCLA 경제학과 대학원은 실사구시적인 경제학의 요람이었다. 당시에는 추상화된 경제학보다는 제대로 작동하는 경제학Working Economics을 모토로 하는 학풍의 대학원이었다. 특히 경제학은 사실상 기업이 없는 학문이지만 당시 UCLA는 기업 이론에 강점이 있었다. 진화경제학 이론과 정보비용information cost하 기업 역할의 연구 등을 선도하고 있었다. 당시에는 주변적 사상으로서 시장 중심이었던 주류경제학의 수정을 필요로 하는 이러한 연구의 의의를 충분히 평가하지 못했다. 다행인 것은 학부 시절, 금과옥조처럼 배운 교과서가 전부는 아니었다는 것을 깨달았다. 지금에 이르러 박정희시대의 성공 원리를 발견하는 데 결정적인 계기가 되었던 것이다. 학위 후에는 1983년부터 2년 여간 미국 연방준비은행(Minneapolis 소재)에서 경제 전문가 Economist로 근무한 후 1985년 6월, 한국개발연구원으로 귀국했다.

한국개발연구원KDI: 박정희시대 없는 한국경제 정책 연구

한국개발연구원 생활은 본격적인 한국 경제정책 연구의 기간이었다. 하지만 1981년 제5공화국 출범과 함께 박정희시대의 경제 운영 방식은 탈피해야 한다며 산업정책을 배제하기 시작했다. 대기업 규제정책이 도입되어 박정희시대 연구는 없고 선진국 모델을 수입하는 데 치중했다. 사실상 박정희시대의 성공정책들은 새로운 연구와 배움의 대상이라기보다는 청산 대상으로 전락되었다. 이러한 전통은 지금껏 이어지고 있다.

경제정책 연구와 제안 활동 등은 한국경제의 뿌리를 모른 채 서구 선진국들 정책, 그것도 들여다보면 성공적인 정책이라 할 수도 없는 것까지 이식하는 수준에 이르렀다. 오늘날 성장과 분배의 동시 악화라는 이중고가 어디 선진국만의 일이던가. 우리 또한 예외가 아니다. 이는 이미 동반성장의 전형적 모델인 박정희시대 정책 패러다임을 버릴 때부터 예견되었어야 할 일이었다.

나 역시 십수 년간 정책을 연구했지만 사실상 박정희시대를 교훈 대상이라기보다는 벗어나야 할 반면교사 시대인 것처럼 치부했다. 불행하게도 한국개발연구원은 지금도, 오늘날 전 세계는 물론 한국마저도 동반 성장을 갈망하고 있는 상황임에도 불구하고 역사상 최고의 동반성장 시대를 이룬 박정희시대를 무시하거나 폄하하고 있다.

5공 정부는 박정희시대가 정부의 과도한 시장 개입으로 관치경제의 비효율성을 초래해 이를 교정한다면서 되레 기업 활동을 규제하는 폐단이 심했다. 돌이켜보면 박정희시대는 표면적으로는 전체경제 운영과 투자의 큰 방향을 정부가 설정했지만 실제로 계획의 집행은 기업에다 새로운 사업 기회를 제공하고 기업 경영의 자유를 허용했다. 결과적으로 기업이 개발 계획을 실행하는 기업주도 성장을 추구했음에도 불구하고 그 시대를 정부에 의한 관치경제라는 고식적인 틀에 가뒀다. 그러고는 입으로 박정희시대를 청산한다 했지만 실질적으로는 관료들의 기업 규제와 간섭권을 늘리는 결과를 초래했다.

사실상 박정희시대에 비해 그 이후가 관치는 더 심화했다. 박정희가 설립해 키운 한국개발연구원이 아직도 한강의 기적을 가져온 박정희 정책에 무지한 형국이니 다른 국책 연구기관들의 경우는 어

숨결이 혁명 될 때

떠하겠는가. 더구나 박정희의 동반성장 역사에 무지한 경제정책 연구가 오늘날 저성장·분배악화 문제에 어떤 답을 제대로 낼 수 있겠는가.

한국경제연구원: 본격적인 기업 연구와 박정희시대와의 만남

1997년 3월 전경련 요청으로 한국경제연구원장을 맡게 되었다. 한국개발연구원으로부터 2년의 안식년을 받았으나 퇴직하고 이후 8년간 한국경제연구원장직을 수행했다. 이때는 책상머리 경제학으로 정부 입장에서 정책을 구상하던 것을 거꾸로 정책 대상 기업, 그것도 대기업들의 입장에서 정책 문제를 바라보고 민간경제계를 알고 시장과 기업 행태를 관찰하고 이해하며 경제현장을 제대로 보고 배우는 기간이었다. 자연스럽게 대기업들이 형성되던 박정희시대에 관심이 갈 수밖에 없게 되었다.

반재벌 정서로 인해 재벌이라는 대기업과 그 경영인들을 경원시하는 한국 사회에서 이들의 입장과 정부의 입장을 살피면서 객관적인 연구로 합리적인 정책 대안을 제시하는 일은 쉬운 일이 아니었다. 그렇지만 나는 자유시장과 자유기업주의적 사상에 입각해 연구를 관리하고 또 직접 연구에 참여했다.

한경연의 후원기관인 전경련은 내가 주장하는 박정희의 기업주도 성장 모델의 실천단체로써 박정희 정책의 집행자 혹은 수혜자들의 집합소나 다름없었다. 8년 동안 전경련회장단의 주요 기업인들과 자문단의 송인상·남덕우·신현확·나웅배 등을 비롯한 과거 국정과 경제를 책임졌던 전임 총리, 부총리들, 그리고 전경련 원로들과의 빈번한 조우로 개발연대 정책 운영 경험의 청취와 배움은 박정희시대의 훌륭한 안내자가 되었다.

원장직을 맡은 지 채 1년도 안 돼 터진 1997년 외환 위기 속에서 그 원인 규명과 후속 대기업 구조조정 문제에 대한 민간, 즉 시장 입장에서 대안을 제시하는 데 많은 시간을 할애했다. 당시 외환 위기 원인을 규명한다면서 정부 등 관변에서는 정부의 정책 실패보다도 재벌과 이를 만들어 낸 박정희 정책 패러다임이 그 원인이라 하는 등 박정희시대에 대한 비판이 비등하여 박정희시대의 이해가 불가피하게 되었다.

외환 위기 이후 구조조정 과정은 박정희시대 이후 진행되어 온 정부의 관료 그룹과 재벌이라 불리는 대기업들 간의 세력 다툼에서 관료 그룹 완승으로 끝나는 과정이라 해도 과언이 아니었다. 대우 그룹의 부도 처리와 해체는 그 이전의 기업주도 성장전략 해체와 다름없는 사건으로 이후 관주도 경제 운영체제는 보다 확고해졌다.

원장직 수행 기간 중 반시장적 성격이 강한 좌파 정부인 김대중·노무현 두 정부와 외환 위기 극복과 후속 경제 운영 방향에 의견 충돌이 적지 않았다. 관주도 시대의 도래 속에 나는 우파, 친 기업 시장론자로 낙인찍혔다. 2005년 3월에 8년간의 원장직을 사임했다. 나에게 이 8년의 시간은 시장과 기업의 역할을 폭넓게 이해하고, 박정희시대는 정부가 아닌 기업주도 성장을 했다는 새로운 이론적 관점을 형성해 가는 값진 연구의 세월이었다.

실마리를 찾다

외환 위기 극복 와중에 나는 김정렴 전 비서실장의 『한국경제정책

30년사』를 시작으로 박정희시대 정책과 그 성과를 보다 체계적으로 연구하기 시작했다. 내 관심은 정치적 독재는 물론 이단적 경제정책이라며 비판받던 박정희시대가 도대체 어떻게 한강의 기적이라는 세계 최고의 동반성장을 실현할 수 있었는가에 있었다. 수출육성 정책, 기업육성 정책, 중화학공업 정책, 새마을운동 등 국가 시책의 집행 과정이 전방위적으로 철저한 성과주의에 바탕을 두었음을 확인했다. 자조하여 성공하는 기업과 새마을이 우선적으로 지원받는 '신상필벌'과 '하늘은 스스로 돕는 자를 돕는다'는 동서양의 오래된 국가 운영, 그리고 삶의 지혜가 국가 정책으로 구현되었음을 발견했다. 이는 오원철 수석의 방대한 중화학공업화 정책 소개서에서도 그대로 확인되었다.

경제학에서는 신제도 경제학이나 행동 경제학 등의 이름으로 이제 겨우 관심을 갖기 시작한 '인센티브 경제학'이 이미 박정희시대에 실현되고 있었음에 놀라움을 금치 못했다. 더 놀라운 사실은 그것이 바로 진화론적 관점에서의 시장이 하는 일이며 곧 기업이 하는 일이라는 것이었다. 박정희에게는 스스로 돕는 자만을 돕는 하늘이었고, 시장이었다. 결국 국민 모두가 자조하는 국민으로 탈바꿈되었다. "자조하지 않으면 버리는 것으로 모두 자조하는 국민을 만들어 내는" 박정희식 유인 정책의 성공 비결이었다.

특히 자조하는 중소기업을 우선 지원하여 대기업으로 키워내는 기업육성 전략은 많은 중소기업을 성장의 길로 이끌었다. 일자리 창출로 5,000년 한반도 역사에서 최초로 중산층이라는 계층을 만들어 내고 세계 최고의 동반성장을 실현했다. 자유 민주주의는 자연히 뒤따른 것이었다.

　박정희 경제학의 진수가 아닐 수 없다. 자조하여 성과를 내는 경제 주체를 시장처럼 차별하여 보상하는 '경제적 차별화'가 모든 경제 사회 발전의 기본 원리다. 환경 선택을 통해 적자생존의 길을 살아온 인류의 오랜 진화 과정이 바로 이 원리의 실천 과정이며, 자본주의 경제 발전 과정 또한 그러하다. 정치적인 이유로 피하고 싶어도 피할 수 없는 인류의 운명이다. 경제적 차별화를 거부한 공산·사회주의가 실패했고 유사한 경제평등주의체제가 모두 실패한 이유다.

　돌이켜보면 미국 유학 당시 UCLA의 실사구시적 진화경제적 기업 이론과 반주류적 학풍이 박정희 경제학을 발견하는 데 결정적 역할을 했다.

경제발전의 일반 이론:
자본주의 동반성장 이론과 박정희 경제학의 발견

새로운 분배 이론을 찾겠다고 유학 길에 나섰던 나였다. 서울대 석사 과정에서 천착했던 주류경제학의 분배 이론 비판은 분배 문제가 이슈도 되지 않던 당시 미국 주류학계의 분위기와 학위 과정의 바쁜 일정 속에서 한 걸음도 나아가지 못했다. 그러나 오늘날 전 세계가 성장과 분배의 악화라는 이중고의 해법조차 찾지 못하고 있는 것을 보면 선제적 연구의 기회를 더 추구하지 못한 것이 못내 아쉽다.

　다행스러운 것은 추상적인 책상머리 이론의 천착이 아니라, 늦었지만 실제 한국 역사에서 박정희시대의 귀중한 포용적 동반성장 경험 사례를 실사구시로 답을 찾았다는 점이다. 박정희시대의 성장과 분배의 동시 개선은 당시 일자리 창출 주역인 기업성장에 수반하여 일어났다는 사실을 깨달음으로써 박정희의 기업주도 성장전략이 바로 경제성장과 일자리 창출의 분배 개선을 가져왔으며, 동시에 중산층 육성으로 민주주의 바탕까지도 마련했다는 추론을 가능케 했다.

2017년 나는 영문서에다 박정희식 동반성장 경험이 전 세계 자본주의 경제발전의 보편 현상임을 논증했다(경제발전의 일반 이론: 자본주의 선언문(A General Theory of Economic Development: Towards a Capitalist Manifesto, Edward Elgar, 2017). 동시에 이를 기초로 성장과 분배의 동시 개선을 가능케 하는 보편적 경제발전 이론을 제시했다. 부제를 '자본주의 선언'이라 한 것은 카를 마르크스 이후 좌파 경제학이 반기업적 세계관에 기초하여 자본주의 경제의 어려움을 초래하고 있어 이를 바로잡기 위함이었다.

이제 드디어 박정희시대의 통찰을 계기로 40여 년 전, 좌파적 시각에서 어설프게 제기했던 분배 문제를 보다 체계적이고 보편적인 답으로 제시한 것이다. 또한 같은 해 나는 일반 이론 관점에서 한국경제 60년사를 새롭게 해석, 특히 박정희시대에 대한 오해를 불식하는 영문서를 발표했다(한국경제 발전의 흥망성쇠: 선후진에 대한 교훈(The Rise and Fall of Korea's Economic Development: Lessons for Developing and Developed Economies, Palgrave-Macmillan, 2017).

'일반 이론'에는 우선적으로 자본주의 경제발전이 기업과 정부도 시장 못지않게 중요한 역할을 한다는 주장을 담았다. 경제적 성과에 따라 차별적 보상을 하는 '경제적 차별화' 원리가 경제발전 제일의 전제조건이라 선언했다. 시장, 기업 그리고 정부 모두는 이 원리에 따라 자원을 활용·배분해야 경제발전이 가능함을 주장한다. 동시에 자본주의 경제는 시장경제를 넘어 기업이 이끄는 기업경제로 정부는 물론 시장도 경제 차별화 원리에 따라 성과 있는 기업을 지원·육성해야 경제발전이 가능하다는 주장을 전개했다.

자본주의가 기업경제라는 해석이야말로 성장과 분배 문제를 동시에 해결하는 실마리를 제공한다. 즉, 자본주의가 포용적 동반성장을 이루려면 기업이 성장해 경제성장과 일자리·분배 문제를 해결해야 가능하지, 전 세계가 지난 60여 년간 해 온 것처럼 정부의 반기업적 조세제도와 규제에 의한 재분배 정책은 저성장과 분배 악화를 초래한다는 것을 주장했다.

'일반 이론'은 '경제적 차별화' 원리가 경제발전의 전제조건이라 했다. 하지만 1인 1표의 민주정치는 현실적으로 성과에 따른 차별적 보상이 가져올 정치적 부담 때문에 항상 성과를 무시하거나 성과에 반하여 지원과 규제하는 제도를 만들어 내는 경향이 있다. 이것을 '경제의 정치화' 현상이라 규정했다. 이는 성과에 따른 보상의 차등을 원리로 하는 자본주의 시장경제를, 평등을 원리로 하는 정치가 압도하는 현상을 말한다. 이렇게 되면 시장이나 기업이 경제적 차별화 원리를 구현하기 어려워 경제발전은 저해될 수밖에 없다. '경제의 정치화'는 현대 자유 민주주의 국가의 아킬레스건이다.

돌이켜보면 박정희는 집권 내내 포퓰리즘적 경제의 정치화 세력인 야당과 치열한 싸움을 치렀다. 박정희가 사사건건 경제발전 정책에 반대한 야당 주장을 수용하여 타협했다면 한국경제의 기적은 물론 근대화마저 가능하기 어려웠을 것이다. 이런 측면에서 보면 유신은 박정희가 경제의 정치화 현상을 차단하여, 정치가 시장 논리대로 경제적 차별화, 즉 경제발전 원리를 수용하도록 함으로써 오히려 '정치를 경제화' 하기 위한 고육지책苦肉之策이었다고 해석할 수 있다.

흥미롭게도 이제 '일반 이론'은 박정희 유신시대維新時代가 정치를 경제화하여 '경제적 차별화' 정책의 실행 여건을 만들어냄으로써 중화학공업화 정책이라는 강력한 기업주도 성장정책을 결행할 수 있었기 때문에 오늘날 전 세계가 갈구하는 동반성장을 실현할 수 있었음을 사후적으로 입증하고 있는 것이다. 자본주의 경제의 동반성장 이론을 제시한 '일반 이론' 은 이렇게 해서 박정희시대의 경제 기적 역사를 살아 있는 경제학으로 살려냈다.

유신維新을 버리면 한국 현대사를 제대로 이해할 수 없다

유신시대는 박정희시대의 가장 논쟁적인 시대다. '유신만 없었으면 좋았을 텐데' 하는 생각이 통상적인 정서다. 박정희 대통령의 치적을 폄하하려는 사람들은 유신체제를 독재시대라 하여 경제 치적마저 혹평한다. 치적을 높이 평가하는 사람들조차도 경제개발은 잘했지만 유신 때문에 정치가 독재화하여 안타깝다고 한다. 유신시대가 없었으면 하는 아쉬움을 피력하는 사람들이 많다. 그러나 유신시대와 박정희 치적은 대한민국 한강의 기적과 분리할 수 없는 총체적 역사적 실체다. 그럼에도 불구하고 위와 같은 아쉬움 때문에 이를 분리하여 생각하려는 사고와 유신이라는 정치적 사건만 보고 그 시대의 치적을 무시하려는 사고는 그동안 한국 근대사를 이해하는 데 커다란 장애가 되어 왔다.

유신시대는 한마디로 기업육성으로 한강의 기적과 부국강병으로 대한민국 근대화를 성취하였다고 할 수 있다. 유신시대 경제정책은 주류 시장 중심 경제학의 '시장이 해결한다'는 성장 담론과의 한판 대결이었다. 시장이 만병통치라는, 그래서 기업 역할을 경시함은 물론 정부는 악이기 때문에 그 역할을 최소화해야 한다는 주장에 맞서 '기업과 정부가 어떻게 해야 경제가 발전하는지'를 실사구시로 보여 준 과정이었다.

유신시대 경제정책은 경제발전 이론과 정책을 새롭게 써 내려간 것이나 다름없다. 경제 도약을 위해서는 시장도 중요하지만 정부의 경제적 차별화 정책을 통한 기업육성 정책이 필수적이라는 '일반 이론' 명제를 실천해 입증한 셈이다.

따라서 박정희시대의 위대한 성장 신화는 유신시대에 완성되었다는 사실을 외면하고는 그 시대를 온전히 이해할 수 없게 되었다. 박정희시대의 치적이 역사적 쾌거였다면 이를 뒷받침한 유신에 대한 결단 또한 역사적 쾌거다. 그렇지 않고서는 박정희 치적은 없었다고 하는 것이 논리적으로 옳다.

사실에 기초하여 판단하면 박정희시대의 치적은 지울 수 없는 역사적 사실이다. 그렇다면 유신 또한 부정적으로만 볼 수 없다. 보다

본질적인 과학적 질문은 '유신의 무엇이 박정희 기적을 가능케 했는가' 하는 질문이어야만 한다. 한국은 지금까지 이 질문을 외면하거나 회피해 왔다. 그러나 이제 '일반 이론'은 유신이 '정치의 경제화'로 '경제적 차별화 정책'에 의한 기업육성 정책을 강력하게 추진할 수 있는 여건을 제공함으로써 기적을 가능케 했다고 질문에 답하고 있는 것이다.

위기에 처한 한국과 세계의 번영을 위한 박정희시대의 교훈

오늘날 대한민국은 박정희시대가 거름이 되어 성장한 자본주의 경제 번영과 자유 민주주의체제가 위기에 봉착해 있다. 유신체제의 교훈은 한마디로 기업이 번창해야 경제성장이 되고 일자리가 창출되어 중산층이 늘어나 분배가 개선되며, 더 나아가 두터워진 중산층이 자유 민주주의를 가능케 한다는 것이다. 이는 '일반 이론'과 자본주의 경제발전 사례가 입증한다. 박정희시대는 바로 이를 실천으로 보여준 것이다.

오늘날의 위기는 이 단순한 상식적 논리를 무시하고, 성장하는 기업을 잡아야 모두 평등한 경제가 된다는 사회주의적 평등주의 이념에 사로잡혀 기업을 천시한 결과다. 5공화국 시대에 들어온 대기업 성장규제가 그 후 경제민주화라는 좌파의 탈을 쓰고 철통같이 모든 정책의 전제가 되었다. 외환 위기 이후 기업 부문의 성장 추세가 급격하게 꺾이면서 성장·일자리·분배·중산층 증가 속도가 지체되었다. 이 추세가 가져 온 결과가 오늘날의 자유 민주주의 위기다. 자본주의경제와 자유 민주주의를 지키는 중산층이 무너지면서 좌파 사상이 기승을 부리고 있다. 해법은 기업주도 성장전략을 재가동하는 것이다. 그래서 제2 한강의 기적을 일으켜야 정치·경제의 복합적 문제를 해결할 수 있다.

구체적인 방법은 삼성과 같은 일류기업들이 보다 많이 생겨나도록 기업 투자 활동을 장려하고 기업 활동을 정치적으로 발목 잡는 정치권의 '경제의 정치화'와 '전 기업의 중소기업화', 노조의 '경제의 노조화'를 철저하게 경계해야 한다. 지금의 관주도 기업 규제 환경에 유신적維新的 대개혁을 단행해야 한다. 이렇게 하여 제2 한강의 기적을 일으켜야만 세계 일류국가로의 도약이 가능할 것이며, 내치의 안정 속에 대중, 대미, 대일, 대북 등 국제 및 남북 관계에서 독립성을 확보할 수 있다.

한편 제2차 세계대전 이후 성장과 분배의 두 마리 토끼를 잡기 위해 복지국가, 수정자본주의, 혼합경제 등 반기업적 평등주의 경제체제를 지향한다며 재분배 복지제도와 노조 활동 강화를 앞세우고 고율의 법인세로 기업 활동을 어렵게 해 온 선진국들도 하나같이 저성장과 양극화, 나아가 정도 차이는 있지만 민주주의 후퇴에 직면하고 있다. 따라서 박정희의 기업주도 성장전략이야말로 이들 나라들의 문제 해결을 위한 처방이 될 수 있다.

그러나 한국도 세계도 1인1표 민주주의의 치명적 약점인 경제의 정치화 현상을 차단하지 못하면 사회주의 평등 이념의 침투를 막아내기 어렵다. 아무리 훌륭한, 위와 같은 정책 제안도 무용지물이 될 수밖에 없다. 이 문제를 푸는 데 유신체제의 경험이 어떤 역할을 할 수 있는지에 대한 논의는 한국은 물론 세계 정치학계의 과제로 남겨두고자 한다.

끝으로, 이제 꼴 베고 소를 먹여 기르던 소년의 '경제발전 이론'은 황소 대통령이 이룬 '한강의 기적' 역사를 '박정희 경제학'으로 구현해 냈다. 이만하면 둘의 만남은 뜻 깊은 인연이라 할 수 있지 않겠는가. 더구나 이 인연은 어디로 이어질 지 그 끝을 알 수 없다. 오늘날 한국과 세계가 부딪친 '저성장과 양극화'라는 수수께끼 같은 난제를 풀어낼 인류 번영의 새로운 경제학으로 우뚝 서게 될지 누가 알겠는가. 두고 볼 일이다.

좌 승 희

UCLA 경제학 박사. 현 박정희학술원 원장. 전 박정희대통령기념재단 이사장. 전 서울대 초빙교수·전 한국경제연구원장·전 경기개발연구원장·전 KDI 선임연구원을 역임했으며, 대표 저서로『신 국부론』(굿인포메이션, 2006), 『박정희, 살아있는 경제학』(백년동안, 2015), 『새마을운동 왜 노벨상 감인가』(청미디어, 2020) 등 다수의 국영문 저서와 논문이 있다.

부산화력발전소 준공식에 참석한 박정희 대통령과 정래혁 사장

13

부재不在의 존재存在

고
성
국

박정희는 전략 목표가 분명했고 이를 이뤄내기 위한 현실적인 전술 수단을 많이 고민했다. 그리고 그걸 하나하나 이뤄간 인물이다. 그가 그냥 막연하게 잘살아 보자고 외친 게 결코 아니다. 그는 잘살기 위해서는 농촌을 어떻게 뜯어고쳐야 하는지, 중소기업을 어떻게 지원해야 하는지, 도시는 어떻게 개발해야 하는지에 대해 하나하나 전술을 세웠다. 그런 의미에서 박정희는 위대한 전략가라고 평가받아야 마땅하다.

오염된 '혀'를 가진 자들을 대신하여

긴 시간의 삶을 압축해 원고지 50~60장으로 표현하는 것이 쉬운 일은 아니었다. 글이란 게 쓸 것이 한 가득이었다가도 막상 컴퓨터 앞에 앉으면 머릿속이 하얘진다. 그러는 사이 물 흐르듯 시간은 흐르고 원고 마감일이 코앞에 닥쳤다. 새벽 댓바람에 아무 계획 없이 거리로 나섰다. 하루에도 몇 시간씩 방송을 하고, 글을 쓰던 내가 원고 마감에 쫓길 줄이야.

속을 그대로 드러내자면 나는 왠지 처음부터 그 일이 싫었다. 아니, 왜? 모른다. 딱히 싫다기보다는 내 마음이 그렇게 반응했다. 집을 나선 지 20여분. 아파트 단지를 벗어나 하염없이 걷다 보니 모퉁이를 돌아 골목길로 접어들었다. 새벽이고 인적이 뜸해서인지 세상의 온기마저 멀어진 듯했다. 그 느낌이 싫어 잽싸게 몸을 돌리는데 생각보다 멀리 왔다. 돌아서 걸어 나가는 골목길이 길었다. 내가 걸어가야 할 삶의 긴 골목 끝을 본 듯했다.

사실 처음부터 그 일이 싫었던 게 아니었다. 글을 써야 할 키워드 몇 개가 내 머릿속을 벌집 쑤셔놓듯 했기에 나도 모르게 퉁겨진 마음이었다.

논란
독재자
그리고 유신

'글감'의 주인공이 박정희였던 것이다. 한때 내가 그랬듯이 편견에 사로잡힌 자들이 오염된 '혀'로 박정희에 대한 논란을 만들어 낸 일이 어디 어제오늘 시작된 일이던가. 정치적인 이유로 이루어 놓은 일을 부정하는 것 또한 마찬가지. 그러고 보니 독재자라는 비난만큼 군중의 마음을 사로잡기 쉬운 말도 없었다. 그들로선 기어이 박정희 대통령에게 독재자라는 오염된 단어를 덮어씌울 이유가 충분했을 터였다. 거기에서 그치지 않았다. 심판하고 난도질까지 해댔다. 나로선 그런 무리들을 상대하는 게 귀찮았다. 정확히 말하자면 귀찮았다기보다는 기존의 그런 논란을 야기한 이들이 더는 논란을 만들어 내지 못하게 할 뭔가를 찾기가 쉽지 않았기 때문이다.

새벽 댓바람에 마주한, 내 삶의 긴 골목을 마주하고서야 정신이 번쩍 들었다. 뭔가를 놓치고 있었다는 처절한 각성이 날벼락같이 덮쳤던 것이다. 서재 어디쯤에서 35년도 훌쩍 넘긴 낡은 논문 하나를 찾아냈다. 나의 석사 논문이었다. '박정희'에 대한.

그러고는 컴퓨터 화면에 '박정희' 세 글자를 띄웠다. 정치평론가로서 그동안 유신체제와 1960~1970년대를 연구하면서 느낀 여러 가지 소회들을 펼쳐놓기 시작했다.

콜라보레이션 리더십

나는 그에 대한 글의 접근을 지금껏 학계나 정치권에서 시도한 적이 없는, 실험적·논쟁적으로 정리해 나갔다. 그에 앞서 역사화한 인물이라 호칭을 붙이지 않는다는 점을 미리 밝힌다.

박정희는 철들면서부터 아니 철들기 전부터 공적인 인물로 성장했고 그런 교육을 받았다. 또한 그렇게 행동하며 살다가 죽은 인물이다. 현재 대한민국에 공적 인물들은 100만 명이 조금 넘는다. 전체 인구를 5200만 명으로 보면 나머지 5100만 명은 사적 영역에서 살다가 죽는다. 직장에 다니거나 종교단체에서 활동하는 것은 죄다 민간 영역에 속한다. 말하자면 이것은 사적 영역에서 전개되는 일이다.

박정희 정부는 그 특징이 동원mobilization체제 정권이었다. 즉, 목표를 세우고 그 목표를 향해 국민을 한 방향으로 이끌어가기 위한 체제가 작동한 정부였다. 이것이 굉장히 효율적으로 작동한 박정희 정부는 덕분에 소위 근대화를 이뤘는데, 박정희는 이를 국민에게 '근대화'라고 설명하지 않고 '잘살아 보세'라는 한마디로 각인했다.

그 동원체제가 효율적으로 작동하도록 박정희는 국정을 융합 방식으로 운영했다. 이러한 동원체제는 역사상 크게 두 가지 형태로 나뉜다. 하나는 동원적·융합적 체제로 이를테면 인클루시브inclusive한 정치체제라고 할 수 있다. 다른 하나는 배제적, 즉 익스클루시브exclusive한 정치체제다.

동원체제 하의 국정 운영은 누군가는 배제하고 특정인만 동원하는 배제 방식과 어떻게든 전 국민을 이 체제 안에 집어넣는 융합 방식이 모두 가능하다. 이중에서 박정희 정부는 융합 방식을 선택했다. 그래서 3선 개헌, 예비군, 한일 협정, 유신체제 등 다양한 이유로 박정희 정권에 반대하는 학생·종교인·지식인을 최대한 설득하고 유인해 모두 껴안으려 끊임없이 노력했다.

당시 박정희 정부의 체제 운영 방식을 상징적으로 보여 주는 게 향토장학금이다. 그 무렵 민주화운동을 했던 사람들은 여기에 배타적이었지만, 정부는 이에 아랑곳하지 않고 돈을 지원해 학생들에게 공부할 기회를 제공했다. 설령 정부 정책에 반대할지라도 잘 가르치고 훈육해 나라의 동량으로 키워야 한다는 정부의 의지가 강해 학생들이 시위를 해도 실제로 교도소에 갇히는 일은 별로 없었다.

물론 인혁당이나 민청학련 사건의 몇몇 주동자는 시범 사례로 혹독하게 다뤘지만, 대개는 경찰서에서 29일 구류 처분을 받고 나오거나 집행 유예로 풀려났다. 박정희 정부는 대다수 학생, 지식인, 종교인과 관련된 문제를 어떻게든 융합 방식으로 풀어가려 노력했던 것이다.

흔히 박정희 정부를 독재라고 일컫는데 좀 더 정확히 표현하면 융합 방식의 동원체제적 성격을 띤 독재라고 해야 한다. 비교해서 문재인 정부는 특정 세력, 즉 자유 우파 세력을 완전히 배제하는 정책만을 폈다. 이 정책과 비교하여 비록 독재라고 하긴 했지만 융합 방식의 동원체제를 유지한 박정희 정부가 좌파 독재와 얼마나 다른지 실감할 수 있을 것이다.

박정희 정부에는 근대화라는 분명한 목표가 있었다. 어떤 정권이 목표를 분명히 세우는 것은 쉬운 일이 아니다.

반면 문재인 정부의 목적은 무엇이었을까? 자유 우파를 때려잡는 것 말고 목적이 있기나 했나? 누구나 공감하는 시대정신이나 국정과제·국정지표가 있었는가? 없었다. 나는 노무현·이명박·박근혜 정부도 박정희 정부 시절의 근대화처럼 국민적 합의에 따른 목표를 거의 설정하지 못했다고 생각한다.

바로 그 점에서 박정희 정부는 탁월했다. 목표가 있어야 그 목표를 위해 어떤 수단을 쓸 것인지 명확히 결정할 수 있기 때문이다. 박정희 정부는 근대화라는 목표를 달성하고자 국가 주도로 국민을 동원하는 수단을 썼는데, 이것이 바로 박정희식 국가 주도 산업화다. 국가 주도로 국민을 동원해 근대화한다는 것은 목적도, 수단도, 국가의 역할도 명징하다.

위로는 대통령에서부터 아래로는 동·면사무소 9급 공무원까지 선출직이든 임명직이든 그들은 모두 공적인 일을 한다. 앞에서도 언급했듯이 대한민국에는 100만 명 조금 넘는 공무원이 있다. 선출직 대통령, 국회의원 300명, 시·도의원 3,000여 명, 그밖에 단체장을 합쳐 100만 명 정도인데 이들은 모두 공적 영역에서 일한다. 즉, 이들 100만 명은 사적 영역에서 생활하는 5100만 국민을 위해 봉사하는 일을 한다.

언제 공무원이 되었든 이들은 공무원으로 임명되기 전에 사적 영역에서 무언가를 했을 것이다. 자기 사업을 했든 샐러리맨으로 일했든 모두 사적 영역에서 일하다가 어느 순간 결심하고 공적 영역으로 들어왔다는 것이다. 그런데 바로 그때부터 인생의 가치가 달라진다.

사적 영역은 자기 자신과 가족, 좀 더 넓히면 내 주변 혹은 이웃을 돌보며 사는 것이다. 이 영역에서는 자신을 위해 사는 것이 아무런 흠이 되지 않는다. 그래서 각자 자신과 가족의 행복을 위해 노력한다.

반면 공적 영역은 그 출발점부터 다르다. 공적 영역에서는 자기 자신이 아니라 자신을 고용한 국민, 자신을 선출한 국민을 위해서 살아야 한다. 이런 이유로 사적 영역과 공적 영역은 그 윤리가 완전히 다르다. 사적 영역의 윤리는 자신이 열심히 노력해서 자신만 행복해져도 아무도 시비를 걸지 않는다.

돈 많은 사람이 호화롭게 산다고 그걸로 시비를 거는 것은 촌스러운 일이다. 그러나 일단 공적 영역으로 들어가면 아무리 개인 재산이 많아도 국민을 위해 일하는 사람이므로 공적 윤리를 지켜야 한다. 돈이 많다고 사치를 부리면 국민의 눈 밖에 나기 십상이다.

그러다 보니 사적 영역에서 성공한 사람이 공적 영역에서 성공할 거라는 보장이 없다. 어찌 보면 사적 영역에서 성공한 사람은 민간 영역 윤리에 익숙해 오히려 공적 영역에서 훌륭한 일을 하기가 어려울 수 있다.

자유 우파가 배출한 이명박은 실패한 사례에 속한다. 그는 사적 영역에서 현대건설 샐러리맨으로 시작해 회장에까지 오른 그야말로 신화적 인물이다. 그렇게 그가 사적 영역에서 성공하자 공적 영역에서도 성공하리라 보고 국민은 그를 대통령으로 선출했다. 그렇지만 막상 대통

　　　　　　　　　　　　　　　　숨결이 혁명 될 때

령이 된 이명박은 사적 영역에서처럼 개인적인 이해관계에 따라 동네 형한테 한자리, 친형과 자기 보좌관에게 큰 자리를 주면서 권력을 사유화했다. 결국 이명박은 교도소 신세를 면치 못했다. 그렇다고 정권이 붕괴한 것은 아니지만 사실상 실패한 대통령으로 남은 것이다.

이처럼 사적 영역과 공적 영역은 애초에 차원이 다르다. 대통령이 아니라 구의원을 뽑아도 그 사람이 공적 영역에서 일할 자질을 갖추고 있는지, 그만한 윤리를 내면화하고 있는지 아는 것이 제일 중요하다. 한마디로 공적인 인물인가 아닌가가 중요하다는 얘기다.

알려진 바에 따르면 셋째 형 박상희의 영향을 가장 많이 받았다고 하는데 박상희는 지금의 이념 기준으로 보면 공산주의자다. 어쨌거나 그는 개인의 이익을 위해서가 아니라 사회, 나아가 국가의 공공 이익을 위해 움직인 인물이다.

박정희의 롤모델이자 그가 가장 존경하고 따랐던 박상희는 우리와 이념은 다르지만 공적 인물이었다는 얘기다. 이처럼 철들기 전 소년 박정희는 공적 인물의 공적인 행동을 보고 배우면서 자라나는 환경에 놓여 있었다. 그가 일제시대에 공적인 일에 투신해 독립운동을 했으면 딱 좋았을 테지만 독립운동을 하기에는 어렸던 터라 그는 교사와 군인의 길을 택했다. 광복 이후에도 그는 군인의 길을 갔는데 이것 역시 공적 영역의 일이다.

물론 군인도 월급을 받지만 그 역할은 국민과 국가의 안전을 위한 일이다. 100만 명의 공무원보다 더 공적인 교육을 받고 유사시에 국가와 국민을 위해 목숨을 던지도록 훈련받는 존재가 군인 아닌가. 나는 대한민국 군인이라면 누구나, 그러니까 개인적인 흠이 있는 사람조차 기본적으로 공적 인물이라고 생각한다.

박정희는 교사로서 사회에 첫발을 내디뎠고 평생 군인으로 살다가 5·16군사정변으로 대통령에 올라 대통령으로 서거했다. 그의 인생에 사적 영역은 전혀 없었다. 그는 처음부터 끝까지 공적 인물로 살다가 간 것이다.

박근혜도 사정은 비슷하다. 그녀는 소녀 시절부터 청와대에서 육영수 여사의 교육을 받으며 공적인 자세를 갖췄다. 스물세 살에 프랑스 파리에서 공부하고 있다가 어머니가 흉탄에 돌아가셨다는 소식을 듣고 돌아와 이후 5년 반 정도 퍼스트레이디 역할을 했다. 아직 세상 물정을 잘 모르던 스물세 살 때부터 공적 영역에서 공적인 인물로 활동할 수밖에 없었던 셈이다.

그 뒤 18년 동안 그녀는 이른바 유폐 생활을 한다. 그 시절에 그녀가 사적 영역에서 행동한 일이 있는가? 오로지 아버지의 명예 회복을 위해 노력하거나 어린이 재단과 무궁화회에서 일했을 뿐이다. 그리고 1998년 정계에 입문하면서부터 지금까지 오로지 공적 인물로 살아왔다. 철없던 어린 시절부터 공적 인물로 교육을 받고 성장해서 여기까지 온 것이다. 공적 인물과 사적 인물은 윤리의 강도가 확연하게 다르고 윤리의 내면화 수준도 다르다.

위대한 전략가

전략가란 막연히 목표만 있는 게 아니라 현실적으로 목표를 관철하기 위해 전술적 수단을 끊임없이 고민하고 모색하는 사람을 뜻한다. 그냥 좋은 일은 누구라도 할 수 있다. 착한 일도 마찬가지다.

반면 어떤 원대한 목표를 세워 그 목표를 달성하기 위해 치밀하게 전략을 짜고, 전술적 수단을 개발하고, 수단 하나하나를 채택해 현실에 구현하는 전략가는 시대에 한두 명 나올까 말까다. 막연하게 좋은 목표를 얘기하는 것은 아무 소용이 없다. 말로 세상이 바뀌는 게 아니니 말이다.

나는 도산 안창호 선생을 굉장히 존경하는데 그는 수많은 독립운동 조직을 만든 인물이다. 그런 그가 독립운동 조직을 만들 때 가장 먼저 고민했던 것은 '자금 문제'다. 독립운동 조직을 만들고 유지하면서 활동하게 하려면 돈이 얼마나 들까? 필요한 상근자들이 먹고 살게 하려면 돈이 얼마나 있어야 할까? 이것이 지속가능하게 하려면 매달 얼마씩 어떻게 후원금을 만들어야 할까?

돈에 관한 한 도산은 최고의 면모를 보여 주었고 실제로 도산이 만든 조직은 오래갔다. 도산이 만든 조직 중 대표적인 것이 바로 '흥사단'인데 역사가 100년이 넘고 지금도 존재한다. 세상에 어느 시민단체가 100년의 역사를 자랑하는가. 전 세계에 이런 단체가 없는데 바로 이걸 가능하게 만든 인물이 도산이다.

박정희도 그랬다. 박정희는 막연히 입으로만 근대화를 외친 것이 아니라 그 전술 지침을 세웠다.

근대화를 이루려면 종잣돈이 있어야 해. 그 종잣돈을 어디서 가져올까? 할 수 없다. 싫든 좋든 일본하고 협상해서 돈을 끌어와야겠다.

결국 박정희는 한일 정상 회담을 추진해 당시 돈으로 6억 달러를 끌어왔다. 이중 3억 달러는 차관이고 나머지는 배상금인데 그 돈을 포항제철 등 근대화를 위해 투자했고, 돈을 다 쓸 무렵 베트남 참전을 결정했다. 안타깝게도 우리의 젊은 군인들이 베트남에 갔던 초기에 많이 죽었다. 우리와 지형이 전혀 다른 곳에 가서 게릴라전을 펼치는 베트콩과 싸우느라 많이 죽은 것이다. 아무튼 한국은 그 피의 대가로 근대화 자금을 마련했다.

독일 쪽에는 광부와 간호사를 보냈고 그들이 벌어들인 돈도 공장을 세우는 데 썼다. 중동 근로자들도 마찬가지다. 이처럼 박정희는 근대화라는 전략 목표를 달성하고자 전술 수단을 채택해 무슨 욕을 먹더라도 그대로 밀어붙였다.

실제로 한일 국교 정상화 때 수많은 학생과 지식인이 무려 2년 동안이나 시위를 했는데 박정희는 그걸 고스란히 감수하면서 밀어붙였다. 그럼 베트남전에 참전하는 것을 반대하는 사람은 없었을까? 그렇지 않다. 지금까지도 그걸 욕하는 사람들이 있을 정도다. 어쨌거나 박정희는 모든 반대를 무릅쓰고 근대화 자금을 만들었다.

만약 그가 그 돈을 다른 일에 허투루 썼다면 욕을 먹어도 싸다. 하지만 박정희는 전략 목표가 분명했기에 국민의 피땀과 맞바꾼 그 돈을 허투루 쓰지 않았다. 그 돈은 고스란히 철강을 만들고, 공장을 세우고, 고속도로를 닦는 데 쓰였다.

1960년대와 1970년대에 전 세계적으로 수많은 신생 독립국가가 생겼고 그들도 잘살아 보겠다며 박정희처럼 근대화를 추진했다. 남미와 아프리카의 여러 나라가 다 같이 근대화를 추진했지만 그중 유일하게 한국만 성공했다. 다들 돈이 없어서 외국에서 차관을 들여온 것도 똑같다.

그런데 왜 한국만 성공했을까? 그들 나라에서는 100원을 들여오면 그중 90~95원이 이리저리 흘러나갔기 때문이다. 일단 대통령이 절반을 떼먹고, 그 밑의 총리가 20%를 빼먹고, 그 밑의 장관이 또 20%를 빼먹으면서 100원을 빌려왔는데 정작 현장에 들어간 돈은 5원에 불과했다.

흔히 '차관 전달률'이라고 부르는 현상이 있는데 이것은 정치·경제 학자가 경험을 바탕으로 연구해서 밝힌 것이다. 세계은행IBRD이나 국제통화기금IMF이 돈을 지원하거나 원조하고, 미국 정부는 싼 이자로 차관을 빌려주기도 한다. 바로 그 돈이 실제로 산업화를 위해 쓰였는지 아닌지 비교 연구한 것이 차관 전달률이다. 그 전달률이 가장 높은 나라가 바로 한국이다. 한국은 100원을 들여오면 80~90원을 현장에 투입했다. 나머지 10~20원은 정치 자금 등 어떤 형태로든 누수가 발생했다.

흥미롭게도 남미와 아프리카는 그 전달률이 10~15%로 나타났다. 85%인 우리나라는 빌려 온 돈을 산업화와 근대화를 위해 썼지만 다른 나라들은 그러지 못했다는 얘기다.

특히 박정희는 전략 목표가 분명했고 이를 이뤄내기 위한 현실적인 전술 수단을 많이 고민했다. 그리고 그걸 하나하나 이뤄간 인물이다. 그는 그냥 막연하게 잘살아 보자고 외친 게 결코 아니다. 그는 잘살기 위해서는 농촌을 어떻게 뜯어고쳐야 하는지, 중소기업을 어떻게 지원해야 하는지, 도시는 어떻게 개발해야 하는지에 대해 하나하나 전술을 세웠다. 그런 의미에서 박정희는 위대한 전략가라고 평가 받아야 마땅하다.

체제경쟁에서 이기다

박정희는 처음부터 끝까지 체제경쟁을 했고 거기에서 이긴 인물이다. 이것은 매우 중요한 일이다. 대한민국 건국 과정을 보면 1945년 남한 과 북한은 군사적으로 나뉘어 점령당하는데 소련은 점령하지 않고 김 일성을 내세워 공산당 정권을 세웠다.

반면 남한을 군사적으로 점령해 3년간 미군정을 시행한 미국은 자 유 정권을 세우지 않았다. 그저 자기들이 평소에 해 온 것처럼 민주적 으로 경쟁하라고만 했을 뿐이다. 북한은 소련의 꼭두각시 김일성이 정권을 딱 틀어잡고 모든 것에서 인민민주주의 혁명을 진행해 공산주 의를 위한 전초기지를 다지고 있는데, 미군정은 군사적으로 일본군을 무장 해제하기 위한 군사적 점령만 한 것이다.

'대한민국 안에서 정치는 당신들이 알아서 해라. 우리는 모르겠다. 개입하지 않겠다'는 것이 미군정의 정책이었다. 미국 군정청 사령관 존 리드 하지John Reed Hodge 중장은 군사 관련 일 외에는 아무것도 관 심이 없었고 또 알지도 못하는 인물이었다.

이런 상태에서 공산당이 뭔지도 잘 모르던 그때 대한민국의 세력 구도는 우파 쪽이 절대적으로 불리한 상황이었다. 사실 박헌영의 공 산당, 즉 남로당은 만들어진 게 1920년도로 이미 30년이나 이어온 상

숨결이 혁명 될 때

태였다. 여기에다 좌파 쪽에는 전국 조직인 여운형의 건국준비위원회(건준위)도 있었다. 우파라고 할 수 있는 사람들 중에 이승만과 김구가 개인 자격으로 귀국했는데 둘은 서로 결이 달라서 함께하지 못하고 있었다. 한마디로 우파는 절대적으로 불리했다.

결국 대한민국이라는 자유 민주주의 국가는 불리한 정치 이념 지형 속에서 좌파와 처절하게 투쟁하며 간신히 건국했다. 여기에는 약간의 운도 따랐다. 박헌영이 욕심이 지나친 나머지 위조지폐를 마구 찍어낸 이른바 '정판사 위조지폐 사건'이 터진 것이다. 이 사건을 계기로 공산당이 날강도 같은 놈들이라는 것을 알아챈 미군정은 남로당을 불법으로 규정하고 체포령을 내렸다.

이렇게 남로당의 발이 묶이면서 박헌영은 북한으로 도망갔다. 물론 이것은 우파가 잘해서가 아니라 좌파 박헌영이 너무 어깨에 힘이 들어가 조급하게 서두르다가 실수하는 바람에 걸린 행운이다. 그야말로 대한민국은 절대적으로 불리한 상황에서 김일성 일당과 체제경쟁을 하며 어렵게 건국한 셈이다. 그런데 건국하고 불과 2년도 지나지 않아 공산당은 전면적인 남침을 감행했고 우리는 낙동강까지 하릴없이 밀려버리고 말았다. 만약 구미에서 막아내지 못했다면 부산까지 밀려 항복할 수밖에 없는 상황이었다. 다행히 그때 우리는 잘 버텨냈다.

박정희가 정권을 잡은 1961년 무렵 북한과 대한민국의 국력을 보면 북한은 우리보다 적어도 2배 이상 잘살고 강한 나라였다. GNP 자체가 그렇게 차이 나는 상태에서 박정희가 정권을 잡은 것이다.

그는 어릴 때 자신이 존경한 셋째 형 박상희의 영향과 한때 남로당에 포섭되어 스스로 여수와 순천에서 군사 반란을 일으켰던 경험으로 좌파가 어떤 세력이고 그들의 전략·전술이 어느 정도로 치밀하고 교활한지 알고 있었다. 그는 민주주의의 포문을 연 4·19가 점점 용공화하는 것을 더는 참지 못하고 5·16 군사정변을 일으켰다.

당시 부정 선거에 항의하면서 시작된 4·19는 점차 북한과 어떻게 해보려는 통일운동으로 나아갔고 '오라 남으로, 가자 북으로, 만나자 판문점에서' 같은 구호가 난무했다. 그 과정에서 북한이 내려보낸 공작원이나 빨치산에 숨어 살아남은 구舊 혁신계 좌파들이 나타나 4·19의 성격을 조금씩 용공화하고 자기화自己化하면서 국가가 내란 위기에 빠지자 군이 나선 것이다.

박정희가 군사정변을 일으킨 동기도 북한과의 체제경쟁에 있었다. 박정희는 정권을 잡고 1979년에 서거하는데 그 18년간의 집권 과정은 처음부터 끝까지 북한과의 체제경쟁이었다.

북한에서 김일성 유일사상 체제로 이념을 강화하자 여기에 대항하기 위해 박정희는 한국학 연구소를 만들고 유신체제를 단행했다. 유신체제에는 비민주적 요소가 많았으나 북한이 김일성 유일사상 체제로 독재화하는 상황이라 이에 대처하려면 불가피한 일이라는 의식이 그 밑에 깔려 있었다.

실제로 이 체제경쟁에서 북한은 박정희를 물리적·생물학적으로 제거하기 위해 여러 차례 간첩을 내려보냈다. 대표적으로 김신조 일당과 문세광이 직접 박정희를 제거하겠다고 나섰다. 그러니까 박정희는 대한민국 건국 과정이 그랬듯 집권해서 서거할 때까지 북한과의 체제경쟁이라는 그 절박한 경쟁 구도에서 한시도 눈을 뗄 수 없었다.

박정희가 경남도청 위치와 기계공단 입지를 창원에 둔 이유는 간단

숨결이 혁명 될 때

하다. 당시 기계공단은 군수산업의 일환으로 시작한 것이었고 자주국 방을 위한 소총 공장을 세우기 위해 창원에 기계공단을 만든 것이다. 박정희의 관점에서 직접 무기를 만드는 산업은 그 어떤 산업보다 중 요한 일이었다. 입지를 정할 때 전국을 돌아다니며 북한이 폭격하지 못할 만한 곳을 찾았다. 지금도 창원에 가보면 알겠지만 그곳은 험준 한 산들로 둘러싸인 분지다. 당시의 비행 기술로는 비행기를 타고 그 분지에 내리거나 다시 비행기에 올라타는 것이 군사적으로 불가능한 각도였다.

이런 이유로 박정희는 만약 전쟁이 발발해도 마지막까지 전투기 폭 격을 피할 수 있는 창원에 기계공단을 설정했고 또 경남도청도 아주 크게 지었다. 내가 볼 때 유사시에 그곳에서 전쟁을 지휘하겠다는 의 도였던 듯하다. 이승만은 6·25전쟁 때 부산까지 밀려 내려가 지금의 보수동에 있는 임시 정부에서 전쟁을 지휘했는데, 군사적으로 단련된 박정희가 그것을 염두에 두고 창원을 활용한 것이라는 해석들이 있 다. 그만큼 박정희는 하나에서 열까지 북한과의 체제경쟁이라는 긴장 구도로부터 자유롭지 않았다.

국정 구도를 전환하다

박정희는 어느 순간 자신을 반대하거나 비판하는 야당 혹은 지식인 과의 대결 구도가 아닌, 역사 속에서 자신이 어떤 역할을 하고 어떻게 평가받을 것인가로 국정 구도를 전환했다. 그것은 "내 무덤에 침을 뱉어라"라는 말이나 유신체제를 강행하는 것에서 잘 나타난다.

자신이 보기에 해야 할 일이 엄청나게 많은데 4년에 한 번씩 선거를 치르느라 적어도 선거를 하는 1년간은 자신이 생각하는 정상적인 국정 운영이 어려워지자 욕을 먹더라도 해야 할 일은 하고 역사의 평가를 받자는 쪽으로 방향이 확 달라진 것이다. 나는 역사와 대화하고 역사에 승부를 거는 지도자의 모습에는 위험성과 순기능이 모두 있다고 생각한다.

순기능은 세세하고 소소한 현실 정치에 흔들리지 않고 '역사가 평가할 것'이라며 강하게 밀어붙이는 추진력과 돌파력을 발휘한다는 점이다. 위험성은 역사와 대화하는 존재가 자신밖에 없으니 자칫 잘못하면 '이것이 역사적인 내 역할이다'라는 생각으로 밀어붙여 독선, 독주, 독재가 될 수 있다는 것이다.

나는 박정희가 유신을 강행한 이후 더 이상 현실 정치의 역학 속에서 소소하게 고민하지 않고 역사와 대화하며 여러 상황을 돌파했다고 생각한다. 그 과정에서 상당한 독선과 독주가 있었고 그것을 틈탄 측근들의 발호도 있었다. 그러다 결국 박정희가 측근들 사이의 권력투쟁 때문에 서거했다고 본다.

이 부분의 평가는 양가적으로 나올 수 있는데 나는 위험성에도 불구하고 대한민국이 태평성대를 누리는 나라가 아닌 탓에 대통령이라면 모름지기 독선에 빠지지 않되 그 나름대로 역사에 승부를 거는 정치적·역사적 담론이 있어야 한다고 판단한다. 우리가 전 세계에서 존경받는 선진국으로 가기 위해서는 해야 할 일과 해결해야 할 숙제가 너무 많기 때문이다.

내가 2010년 11월, 그러니까 박근혜가 선거를 치르고 있던 그때 『박근혜 스타일』이라는 책을 쓰면서 1년 넘게 계속 강조한 것이 바로 역사관이다. 이는 역사의식, 즉 국가관과 철학이 중요하며 정책에 매몰되면 안 된다는 그런 얘기였다. 지금 돌아보면 박근혜는 투철한 역사관이나 국가 경영 철학 쪽보다 범생이 스타일로 너무 열심히 정책을 배우고 거기에 매몰된 측면이 없지 않았고 이것은 내가 좀 아쉽게 생각하는 대목이다.

부재不在의 존재存在

지금까지 살펴본 대로 박정희는 평생 공인으로 살았으며 철저한 실사구시 전략가였다. 또한 한 번도 북한과의 체제경쟁을 포기한 적도, 잊은 적도 없었고 늘 역사에 승부를 건 인물이다. 적어도 내가 보는 박정희의 리더십은 그렇다.

다른 한편으로 나는 구미의 박정희정신과 새마을운동 전개를 구미의 것이 아니라 대한민국 전체의 것으로 세워 전 세계에 알려야 한다고 생각한다. 이를 위해 구미 시민들은 단순히 '구미에 이런 인물이 있다'는 식의 소극적인 자세를 넘어서야 한다. 박정희정신을 좀 더 적극적으로 넓혀갈 필요가 있다고 보는데 여기에는 다양한 방법이 있다.

마지막으로 우리는 이 땅의 가난을 물리치고 민족을 중흥한 박정희를 기려 TK(대구, 경북)에 신설하는 신공항 이름을 '박정희 공항'으로 해야 한다. 경선 중에 '미국에 케네디 공항이 있듯 한국의 TK에 신설하는 공항의 이름을 박정희 공항으로 짓겠다'고 했던 정치인도 있었다. 그때 나는 짧은 논평에서 공항 이름보다 박정희정신을 제대로 이해하고 알리는 것이 먼저라고 했다.

박정희정신은 공항이나 기념관에 있는 게 아니다. 내가 전국을 다니며 자유 우파 국민을 만나보면 박정희는 여전히 그들의 가슴속에 생생하게 살아 있다. 물론 내가 지역 발전이나 상징성 등을 감안해 구미 공항을 박정희 공항으로 명명하는 것에 반대하는 건 아니다.

하지만 그 전에 분명히 첨삭해야 할 문제가 있다. 박정희를 역사 속 박물관에 케케묵은 존재로 방치하는 게 아니라 21세기에도 여전히 살아 있는 그의 리더십을 재조명하자는 것이다. 현실 속에서 제대로 재조명하지 않으면 박정희정신은 그냥 먼지를 뒤집어쓴 채 박물관에 앉아 있을 수밖에 없다.

박정희정신을 21세기 관점으로 재해석하는 것은 매우 중요한 일이다. 그리고 그것을 바탕으로 국민적 공감대를 형성하도록 열심히 토론하고 대화하고 전파하는 것은 훨씬 더 중요하고 근본적인 일이다.

고 성 국

정치학 박사·정치 평론가. 현재 유튜브 채널 〈고성국TV〉를 운영 중이다. 30년 넘는 방송 활동을 하며 KBS 〈추적 60분〉, TV조선 〈고성국 라이브쇼〉 등을 진행했다. 대표 저서로 『10대와 통하는 정치학』(철수와영희, 2007), 『2022 정권교체 플랜』(글통, 2021) 등이 있다.

14

조용히 세상을 움직이는 힘

배

진

영

"소변을 보고 있는데 누가 목을 빼서 내 물건을 보고 있더군. 누군가 하고 보니, 박 대통령이야. 박 대통령은 '물건도 시원찮은 자식이……. 떼기놈!' 그러더군. 난 박 대통령이 그렇게 재미있는 분인 줄 몰랐어. 앞으로는 박 대통령 비판 안 할 거야."

불통不通의 틈새를 파고 들다

나는 『월간조선』에서 22년간 일하면서 주로 우리 사회의 이념 문제
나 현대사 관련 취재들을 많이 해 왔다. 그러면서 박정희 정권 당시의
각료, 청와대 비서관, 군인, 야당 정치인 등을 통해 그의 인간적 면모
나 의사 결정 과정, 그리고 그에 대한 평가 등 다양한 이야기들을 들
을 수 있었다. 그 가운데는 일반에 잘 알려지지 않은 것들도 있었다.
인상적이었던 것은 박정희 대통령의 소통疏通 방식에 대한 증언들이
었다. 증언에 의하면 박정희 대통령은 '고집 센 독재자'가 아니라 남의
말에 귀를 기울일 줄 아는 '열린 지도자'였다는 생각이 든다.

　'소통'을 강조하는 시대다. 청와대 공보수석비서관 혹은 홍보수석비
서관으로 불리던 자리도 국민소통수석비서관으로 이름이 바뀌었다.
하지만 소통이 제대로 되고 있다고는 느껴지지 않는다. 오히려 권위

주의 정권보다 더한 불통不通, 소통을 가장한 '쇼통'에 대한 탄식만 들려온다. 그런 시대에 박정희 대통령을 통해 진정한 소통이란 무엇인가를 생각해 보고자 한다.(이 글은 그동안 『월간조선』에 게재됐던 기사들을 바탕으로 한 것임을 밝혀 둔다.)

자신이 먼저 나서서 발언하는 법이 없는

김정렴金正濂(1924~2020) 전 대통령 비서실장

수출 1억 달러 달성의 감격

1964년 11월 30일, 당시 상공부 차관이던 나는 사무실에서 수출액 집계를 기다리고 있었다. 박충훈 당시 상공부 장관은 11월 초부터 경제사절단을 이끌고 유럽 장기 출장 중이었다. 그 며칠 전부터 11월 말쯤이면 수출 1억 달러를 달성할 수 있을 것으로 예상되고 있었다.

오후 11시 30분경 "드디어 수출 1억 달러를 달성했다"는 보고가 들어왔다. 모두 "만세"를 부르며 환호했다. 나는 '이 소식을 당장 박정희 대통령에게 보고할까, 아니면 내일 아침에 보고할까'를 놓고 잠시 망설이다가 청와대로 전화를 걸었다. 부속실 직원이 전화를 받았다. "상공부 차관입니다. 수출 관계로 대통령께 급히 보고드릴 사항이 있습니다."

"잠시 기다리십시오."

얼마 후 박 대통령이 전화를 받았다.

"각하, 수출 1억 불(달러)을 돌파했습니다!"

"정말이오? 1억 불, 1억 불을 달성했단 말이지⋯⋯ 1억 불, 1억 불⋯⋯. 정말 수고했소. 상공부 직원들에게 수고했다고 전해 주시오."

박정희 대통령은 몇 번이고 '1억 불'이란 말을 되풀이했다. 박 대통령은 "1억 불을 달성했대"라는 말씀도 했다. 아마 곁에 있는 육영수 여사에게 하시는 말씀 같았다.

우리나라 수출이 처음으로 1억 달러를 돌파한 것을 기념해 11월 30일은 '수출의 날(현 무역의 날)'로 지정됐다. 그해 12월 30일에는 수출 목표액 1억 2000만 달러를 달성했다.

수출진흥확대회의

수출 1억 달러를 달성하자 박정희 대통령은 수출진흥확대회의를 매달 열고 1979년 돌아가실 때까지 한 달도 거르지 않고 수출진흥확대회의를 주재했다.

초기에 수출진흥확대회의는 청와대 본관에서 상공부 관계관들과 무역협회 관계자들이 참석한 가운데 열렸다. 얼마 후 수출진흥확대회의에는 부총리 겸 경제기획원 장관, 외무부·재무부·상공부·농림부·교통부 등 유관 부처 장관, 수산청·해무청海務廳 등 유관 청장, 수출조합장, 방직협회 등 업종별 단체장, 시중은행장 등이 참석하는 회의로 확대됐다. 공화당 정책위원회 의장과 국회 상공·농수산·교통위원장 등이 참석하고 평가 교수단이 배석했다. 회의가 확대되면서 회의 장소는 중앙청 대회의실로 옮겨졌다.

먼저 상공부에서 품목별·지역별·공관별 수출 실적을 보고하고 나면, 업계 관계자들이 애로 사항이나 건의 사항을 이야기했다. 물론 처음에는 대통령과 감독기관 장관들이 있는 자리에서 업계 관계자들이 입을 여는 것이 쉬운 일은 아니었다. 하지만 그중에서 누군가가 용기 있게 입을 열었다.

"은행 문턱이 너무 높습니다. 은행 융자가 너무 늦게 나옵니다." 그다음부터는 너도나도 손을 들고 발언을 신청했다. 봇물 터지듯 건의 사항이 쏟아져 나왔다. 초기에는 열차 수송·해운 등 물류物類와 관련된 애로 사항이 많이 나왔다.

업계 관계자들이 발언하는 동안 박정희 대통령은 꼼꼼하게 메모했다. 그들의 발언이 끝나면, 박 대통령은 관련 부처 장관에게 답변을 지시했다. 그 자리에서 답변하지 못할 경우, 장관들은 "다음번 회의 때 보고드리겠다"고 말미를 청했다. 그리고 한 달 후에는 해결 방안을 내놓았다. 장관이 답변을 내놓지 못할 때는 배석한 차관은 물론, 국장이나 과장이 답변하는 경우도 있었다.

수출진흥확대회의를 비롯한 각종 회의에서 박정희 대통령은 자신이 먼저 나서서 발언하는 법이 없었다. 자신이 먼저 발언하면 그것이 일종의 가이드라인이 되어 자유로운 의사소통을 가로막는다는 사실을 알았기 때문이었을 것이다. 박 대통령은 참석자들의 의견을 두루 경청한 후 회의 마지막에 가서 질문을 던지고 결론을 내렸다.

박정희 대통령은 가끔 경제 부처 공무원들을 청와대로 불러 저녁 식사를 같이하거나 막걸리 파티를 했다. 가장 많이 초대받은 부처는 상공부였다. 이 자리에는 상공부 내 상역商易 부문과 공업 부문 국·과장들이 각각 5~6명 정도 참석했다.

박 대통령은 수출진흥확대회의에서 발언했거나 청와대에 불러 식사했던 공무원들의 이름을 기억했다. 부처 초도순시 등에서 그들과 마주치면 박 대통령은 "○ 과장, 요즘 열심히 하고 있지?"라며 격려했다. 감격한 그들은 물불 안 가리고 뛰었다.

산업체 부설 학교

박 대통령은 매달 3~4차례 정도 산업체를 시찰했는데, 기간基幹산업체를 제외하면 비非수출기업은 한 번도 찾지 않았다. 산업체 시찰을 나가면 사장실보다는 종업원 기숙사부터 돌아보았다. 일일이 방문을 열어 상태를 살펴보았고, 화장실 상태까지 점검했다. 구내식당에서 식사를 할 때는 사장과 함께 근로자들을 같은 테이블에 앉도록 했다.

한 공장을 방문했을 때였다. 박 대통령은 어린 여공女工의 머리를 쓰다듬으며 물어보았다.

"소원이 뭐냐?"

"공부가 하고 싶어요."

"무슨 공부를 하고 싶은데?"

"영어 공부가 하고 싶어요."

"영어 공부?"

"일할 때 영어가 자주 나오는데, 무슨 뜻인지 몰라 답답해요."

개발연대開發年代에 어린 근로자들 배움의 터전이 됐던 산업체 부설 학교가 이렇게 해서 만들어지기 시작했다는 것은 꽤 알려진 일이다. 하지만 그 뒷이야기가 있다. 일하면서 배우는 산업체 부설 학교 학생들이다 보니, 아무래도 일반 중·고등학교 학생들보다는 수업 이수 시간이 부족할 수밖에 없었다. 문교부(현 교육부)에서는 "산업체 부설 학교 학생들에게 정식 졸업장을 수여할 수 없다"고 했다. 박정희 대통령은 문교부 장관을 불러 야단을 쳤다. 박 대통령이 그렇게 화를 내는 것은 처음 봤다.

"나이 어린 여공들이 집안 살림 보태고 동생들 공부시키려 밤낮없이 일하면서 그 시간을 쪼개 가면서 공부를 했어요. 그런데 그들에게 졸업장을 줄 수 없다는 거요?"

"관련 규정상 곤란합니다."

"규정이야 바꾸면 될 것 아니오!"

이후 부설 학교를 졸업한 학생들도 졸업장을 손에 쥘 수 있게 되었다. 어렵게 학업을 마친 여공들과 그 가족들이 감격의 눈물을 흘리는 모습은 그 시절 흔히 볼 수 있는 풍경이었다.

민생 대책 건의하자 "좋은 얘기를 해 줬어"라며 좋아해

박관용朴寬用(1938~) 전 국회의장

데모 주동 학생과 계엄사령관의 만남

1960년 이승만李承晚 정권의 3·15 부정 선거 이후 나는 부산 지역 학생들의 시위를 주도했다. 4월 19일, 학생 시위가 전국으로 확대되자 정부는 계엄령을 선포했다. 그때 나는 부산 시내에 있는 경남도청 앞에서 수백 명의 학생들과 시위를 하고 있었다. 마이크를 잡고 "국회 해산 하라!"는 등의 구호를 외치고 있는데, 계엄군이 왔다. 헌병 한 명이 다가오더니, "지금 계엄사령관이 왔는데 그 마이크를 사령관에게 넘겨 달라"고 했다. 마이크를 내주었다.

잠시 후 어깨에 별을 두 개 단 키가 작고 볼품없는 장군이 지프차 보닛 위로 펄쩍 뛰어올랐다. 그는 마이크를 잡더니 "여러분의 주장은 옳았다"고 말했다. 이어 그는 "지금은 계엄군이 사회 질서 유지를 맡고 있다. 여러분도 주장할 만큼 했으니 이제 그만 해산하라"고 했다. 그가 바로 당시 군수기지사령관으로 부산지구 계엄사령관을 맡은 박정희 소장少將이었다.

이승만 대통령이 4월 26일 하야下野하고 난 후 부산지구 계엄사령부에서 각 대학에 공문을 보내왔다. 4·19 주동학생들을 중심으로 학생대표를 계엄사로 보내 달라는 것이었다. 부산 지역 대학생 10여 명이 계엄사에 모였다. 박정희 장군을 중심으로 라운드테이블 형태로 학생들이 둘러앉았다. 나는 박정희 장군의 왼편에 앉았다. 박 장군이 말했다.

"오른편에 앉은 학생부터, 계엄사가 앞으로 무엇을 해 주었으면 좋겠는지를 말해 주시오."

모두 돌아가면서 당시 정치·사회 상황에 대한 의견을 피력했다. 내 차례가 돌아왔을 때 내가 하고 싶었던 얘기는 이미 앞의 사람들이 다 한 다음이었다. 나는 이렇게 말했다.

"지금 사회가 혼란하다 보니 물가가 요동치고 있습니다. 보리쌀값과 연탄값이 엄청나게 오르고 있습니다. 조금 고高지대에 사는 집에는 여기에 배달값이라고 해서 돈을 더 받으려 합니다. 서민들이 몹시 어려움을 겪고 있으니, 이를 단속해 주시면 좋겠습니다."

그것은 산동네 판잣집에 살고 있는 우리집 얘기이기도 했다. 민생民生

문제를 얘기한 것은 나뿐이었다. 박정희 장군은 지휘봉을 흔들면서 "자네, 지금 좋은 얘기해 줬어. 내 생각을 일깨워 주었어"라고 말했다. 회의를 마치고 나오는데 박 장군이 나를 불렀다.

"자네, 박 군이라고 했지? 여기 좀 앉아 봐."

나는 박정희 장군과 단둘이 회의실에 남았다. 몇 가지 이야기를 나눈 끝에 박 장군은 "내가 이 부대 사령관인데, 이 근처를 지나다가 위병소에 '사령관을 만나러 왔다'고 얘기하면 언제든지 만나줄 테니, 놀러 오라"고 했다. 그때는 별 생각 없이 "알겠습니다"라고 하고 나왔다.

"우리집에 놀러 와."

얼마 후 4·19 합동위령제를 지내게 됐다. 나는 부제주副祭主가 됐다. 행사를 준비하다 보니 책상, 나팔수, 트럭 등 필요한 게 한둘이 아니었다. 군의 협조가 있어야 했다. 친구들이 "지난번에 보니 군수기지사령관이 너를 좋아하는 것 같던데, 네가 가서 부탁 좀 해보라"고 했다.

나는 박정희 장군을 찾아가 위령제 지원을 부탁했다. 박 장군은 참모장 김용순(제2대 중앙정보부장 역임) 대령을 불러 "이 학생을 도와주라"고 했다. 고맙다고 인사를 하고 나오려는데, 박 장군이 말했다.

"우리집이 온천장 우장춘 박사 댁 옆에 있네. 우 박사 댁 알지?"

"네, 압니다."

"놀러 와."

'아, 이 양반이 내게 유별난 관심을 갖고 있구나' 하는 생각을 했다.

몇 달 후 어느 날, 온천장 앞을 지나가는데 사복 차림의 박정희 장군이 "박 군!" 하면서 나를 불러 세웠다. 그러더니 옆에 있던 육영수 여사에게 "이 친구가 내가 전에 말했던 박 군이야"라고 말하는 것이었다. 박 장군은 옆에 있던 소녀를 가리키면서 "박 군, 이 아이가 내 딸일세"라고 말했다. 그 딸이 바로 박근혜 전 대통령이었다.

박근혜 전 대통령이 국회의원이었을 때, 박 의원 후원회에서 이 이야기를 했더니, 다음 날 회의 석상에서 박 의원은 "왜 그 얘기를 여태까지 하지 않았느냐?"면서 반가워했다.

데모하다 퇴학당한 학생들을 풀어달라고 하자 희색만면

노재봉盧在鳳(1936~) 전 국무총리

'권력을 위한 권력' 위해 그 자리 있는 분 아니라는 느낌 들어

박정희 대통령이 돌아가시기 2~3년 전쯤이었던 것으로 기억한다. 박 대통령이 정치학 교수들을 청와대로 초청한 적이 있었다. 당시 서울대 정치학과 교수이던 나도 그 자리에 참석했다. 박정희 대통령을 보니 '권력을 위한 권력'을 위해 그 자리에 있는 분은 아니라는 느낌이 들었다. 그래서 부탁을 하나 했다.

"오늘 제가 이 자리에서 대통령 각하를 처음 뵈었는데, 교수로서 부탁을 하나 해야겠습니다."

"그게 뭡니까?"

"데모를 하다가 퇴학退學당한 학생들을 풀어(복학시켜) 주십시오. 각하, 20대 청년들이 한 번 반항해 보는 기백이 없으면 나라가 어떻게 됩니까. 그 나이 때는 그래 보는 것입니다. 퇴학당한 학생이 강의 들겠다고 교실에 들어온 것을 스승으로서 제가 쫓아내야 합니까? 각하도 사범학교 나와서 가르쳐봤으니 잘 알지 않습니까? 우리 전통 윤리에서는 군사부君師父 아닙니까? 아비보다 스승의 서열이 위인데, 제가 저보다 위에 있는 대통령께 부탁합니다. 애들 좀 풀어주십시오."

이렇게 말하면서 박정희 대통령의 얼굴을 봤더니 희색만면喜色滿面이었다. 박 대통령은 "아, 애들이 책이 없어서 공부를 못한다고 하면 내가 얼마든지 사 줄 텐데 쓸데없는 짓을 한다"고 말했다.

"다 쓸데없는 짓도 하는 겁니다. 그걸 통해 성장하고 세상도 알게 되는 것 아닙니까? 일본에서도 안보투쟁(1960년대 미일 안보조약을 계기로 터져 나온 대학생들의 반정부·반미운동) 때 어땠습니까? 그래도 나중에 보니 다 사회에 공헌을 하더군요."

"아, 일본도 그렇다고 하더구먼. 노 교수, 알았어요. 풀어주겠소."

박정희 대통령은 약속을 지켰다. 박정희 대통령은 학생들을 풀어달라는 내 건의에 왜 그렇게 좋아했을까? 아마 그 세계에는 인간적인 다이얼로그(대화)가 없어서 그랬던 것이 아닐까?

박정희 대통령을 두 번 만나보았는데, 그분이 '독재를 해야겠다'는 확신을 갖고 있었던 것은 아니라고 생각한다. 박정희 대통령이 추진했던 일들은 한두 해로 되는 일이 아니었다. 후속되는 정치 세력이 바통을 받아서 나와야 하는데, 후계라는 게 어떻게 될지 알 수 없었다. 자유 민주주의를 표방하는 정치체제 상 야당이라는 존재도 있었다.

게다가 위험한 일들이 얼마나 많았나? 닉슨 독트린, 월남 패망, 카터의 주한미군 철수 등. 월남이 패망했을 때는 김일성이 중국으로 뛰어가고 난리가 아니었다. 대한민국이 죽느냐 사느냐 하는 판인데 국민들은 그걸 잘 못 느꼈다. 통치를 하는 박정희 대통령으로서는 '이거 큰일 났다' 싶었을 것이고, 그래서 정치 형태가 그렇게 된 것이다(10월 유신을 지칭). 그래도 박정희 대통령이 말년에는 2선으로 물러날 작정을 완전히 굳히고 있었던 것으로 알고 있다.

"난 박 대통령이 그렇게 재미있는 분인 줄 몰랐어."

김종신金鍾信(1931~2018) 전 청와대 사회문화비서관

치마 두르고 월남춤 춘 박정희 장군

『부산일보』 기자로 있던 나는 1960년 1월 박정희 장군이 부산 군수기지사령관으로 부임하면서 그분과 인연을 맺게 되었다. 황용주 『부산일보』 주필이 박 장군의 대구사범 동기인 인연도 있어서 박 장군은 나를 무척 아껴주었다.

4·19 후 박정희 장군은 부정 선거에 간여했던 부패한 군 상층부의 숙정肅整을 주장하다가 7월 30일 한직閑職인 광주光州 1관구사령관으로 좌천되었다. 그날 박정희 장군은 모처럼 출입 기자들을 초청해 즐거운 시간을 보내고 있었다. 박 장군과 기자단은 해군 부산경비부 소속 선박을 타고 오륙도, 태종대 등을 둘러보았다. 박정희 장군은 군복을 벗어버리고 점퍼 차림에 등산모를 쓰고 있었다. 그 모습이 꼭 시골 농부 같았다. 바닷바람을 쐬고 난 후 우리 일행은 근처 음식점(주막에 가까운)에서 회식을 했다. 박 장군은 평소 과묵하던 모습을 벗어던졌다. 처량한 곡조의 가요 '낙화유수'를 주먹을 휘두르면서 씩

씩한 군가軍歌 투로 불러 배꼽을 잡게 만들었다. 옆의 참모들이 '하나, 둘, 셋' 하면서 장단을 맞추었다. 이어 박 장군은 죽순 껍질로 만든 둥근 방석을 삿갓 모양으로 말아 머리에 올린 후 수건으로 매고 치마를 두른 후 '월남춤'을 추었다.

박정희 대통령이라고 하면 흔히 근엄한 모습만을 연상한다. 또 기자들을 멀리하기만 했던 것으로 알고 있다. 하지만 이는 사실과 다르다. 보기와는 달리 박 대통령은 잘 놀 줄도 알았고, 기자들에게도 잘해 주었다. 박 장군이 한참 춤을 추고 있는데 부관 손영길 대위가 들어왔다. 손 대위는 박 장군에게 귀엣말로 뭐라고 보고했다. 손 대위의 표정은 굳어 있었다. 하지만 박정희 장군의 표정은 변함이 없었다. 손 대위의 표정으로 보아 무슨 일이 난 게 분명했다. 나중에 안 일이지만, 이때 손 대위는 박정희 소장에 대한 인사 명령을 전한 것이었다.

"내가 누굴 잡아먹나?"

1963년 박정희 국가재건최고회의 의장은 오랜 논란 끝에 민정民政 참여를 결심했다. 본격적인 대선大選이 시작되기 전인 그해 여름 박정희 의장은 부산 해운대로 여름휴가를 갔다. 박 의장의 휴식을 위해 기자들은 물론 이후락 공보실장, 박종규 경호실장도 박 의장 가족의 숙소와는 떨어진 곳에 묵었다.

기자들은 이후락 실장에게 박 의장을 만나게 해달라고 졸랐다. 이후락 실장은 못 이기는 척하며 내게 슬쩍 박 의장이 쉬고 있는 천막을 알려 주었다. 우리는 수영복 차림으로 박 의장이 있다는 천막으로 몰려갔다. 뜻밖에도 박 의장은 우리를 반갑게 맞아 주었다.

흰 수영복 팬티에 검은 선글라스를 쓴 박 의장은 진로 소주병을 앞에 두고 오징어를 찢고 있었다. 박종규 경호실장, 이후락 공보실장, 박경원 내무부 장관 등이 함께 있었다. 주위에는 해삼 함지, 빈 소주병이 어지러이 널려 있었다. 이후락 실장은 시침 뚝 떼고 내게 악수를 청하면서 "아니, 여기 있는 줄 어떻게 알고 찾아왔느냐?"고 너스레를 떨었다.

박정희 의장은 "모처럼 만났으니 술이나 한잔 하자"면서 기자들에게 자리를 권했다. 박 의장은 기자들에게 잔을 돌렸다. 손수 오징어 다리를 북북 찢어 기자들에게 나누어주기도 했다. 어느 기자가 말했다.

"각하께서는 무서운 분으로 소문이 나 있는데, 오늘은 전혀 그렇지 않습니다."

"아니, 무섭다니……. 내가 누굴 잡아먹나? 나도 똑같은 사람인데."

그렇게 말하는 박 의장의 표정이 너무 재미있어서 모두 웃음을 터뜨렸다. 분위기는 점점 화기애애해졌다. 박정희 의장은 슬쩍 언론에 대한 불만을 털어놓기도 했다.

"기자들을 가까이하고 싶어도 아무거나 막 써버리는 통에 만나기가 싫단 말이야. '이건 쓰지 마라'고 하면, 신문에는 '이건 쓰지 말라고 하더라'까지 나니, 원 참……."

분위기가 좋아지자 화제는 자연스럽게 시사時事와 관련된 쪽으로 흘렀다. 장준하張俊河 『사상계』 발행인의 막사이사이상 수상 얘기가 나왔다. 박 의장은 "우리나라에서 주는 상은 별로 달갑게 생각하지 않으면서 외국에서 주는 상이라면 왜 그렇게 야단들인지 모르겠다"며 못마땅해했다.

반골 기자도 녹인

1968년 봄, 나는 기자를 그만두고 청와대 사회문화 담당 비서관으로 자리를 옮겼다. 언론계·학계 등 사회 각계각층과 '소통疏通'하는 자리였다.

한번은 박정희 대통령이 송건호 『조선일보』 논설위원, 임홍빈(문학사 상사 회장) 씨 등 몇몇 언론인에게 저녁을 샀다. 후일 『한겨레』 회장을 지낸 송건호 논설위원은 소문난 반골反骨 기자였다. 그런데 식사 중에 보니 박 대통령과 송건호 씨가 보이지 않았다. 어디 갔나 싶었는데 박 대통령과 송건호 씨가 어깨동무를 하고 화장실에서 나오는 것이 아닌가? '이게 웬일인가?' 싶었다. 다음 날 만난 송건호 씨는 이렇게 말했다.

"소변을 보고 있는데 누가 목을 빼서 내 물건을 보고 있더군. 누군가 하고 보니, 박 대통령이야. 박 대통령은 '물건도 시원찮은 자식이…… 떼기놈!' 그러더군. 난 박 대통령이 그렇게 재미있는 분인 줄 몰랐어. 앞으로는 박 대통령 비판 안 할 거야."

실제로 송건호 씨는 이후 박정희 대통령에 대한 비판을 누그러뜨렸다. 박정희 대통령이 살아 있는 동안, 송건호 씨는 박 대통령의 정책에 대한 비판을 하기는 했어도 인간적으로 박 대통령을 공격하지는 않았다. 박 대통령도 후일 그를 남북 적십자 회담 대표단에 포함시키는 등 그에게 잘해 주었다.

배 진 영

『월간조선』 기자·부장대우. 저서로 『책으로 세상읽기』(북앤피플, 2012), 『박정희 바로보기』(공저, 기파랑, 2017), 『탄생 100주년으로 돌아보는 박정희 100장면』(공저, 조선뉴스프레스, 2017) 등이 있다.

숨결이 혁명 될 때

15

아주 오래 된 청년의 꿈

변
희
재

"나라의 힘이 강해져 온 세계를 얻는다 해도 민족이 제정신을 차리지 못하면 그 나라는 반드시 망하고 만다. 우리 조선이 하루빨리 주권을 찾으려면 인격을 닦고 실력을 쌓아나가야 한다."

신대륙 발견 방법

미국은 물론 스페인, 포르투갈, 이탈리아 등 유럽에서 영웅으로 각광받는 크리스토퍼 콜럼버스의 업적은 무엇일까. 한국인이라면 가볍게 '신대륙 발견자'라는 이 정도로만 답을 할 것이다.

원래 콜럼버스 삶의 목표는 신대륙 발견이 아니었다. 당시 지중해를 점거하고 있던 오스만 제국을 피해 서쪽으로 돌아가 중국과 인도에 도착해 새로운 무역로를 개척하고자 했다. 그 중간에 신대륙이 있었다는 것을 유럽인들은 몰랐던 터라 '신대륙 발견'이란 업적을 남기게 되었던 것이다.

그렇다고 당대에 콜럼버스의 신대륙 발견 업적이 인정받았던 것도 아니다. 콜럼버스 이후 신대륙을 보다 정확하게 조사하고 보고했던 인물은 아메리고 베스푸치Amerigo Vespucci였다. 현재 신대륙 이름이 아메리카가 된 이유이기도 하다. 어쨌든 콜럼버스는 무모한 탐험의 반복으로 많은 빚에 시달리다 매독으로 죽었다.

그나마 아메리카와 유럽 간 교류의 물꼬를 튼 인물로 사후에야 높이 평가받게 된 그의 위상은 1990년대 이후 신좌파 득세로 위기를 맞게 된다. 그가 실질적인 아메리카 원주민 탄압자로 몰리게 된 것이다. 미국에서는 콜럼버스가 아메리카에 도착한 10월 12일을 '콜럼버스의 날'로 기념해 오다가 최근 들어 바이든 대통령에 의해 '원주민의 날'로 재선포 되기에 이르렀다.

업적이 아닌 도전 정신에 초점을

크리스토퍼 콜럼버스의 사례를 언급한 것은 한 위인에 대한 교육을 업적 위주로 했을 때의 무용성을 강조하기 위해서다. 지난 15년간 보수 진영에서 진행한 박정희 대통령 관련 수많은 포럼과 학습 세미나에 참여하면서 나는 위와 같은 위험성을 뼈저리게 느꼈던 것이다.

콜럼버스의 업적이 아닌 그의 삶을 공부한 미국인들이나 유럽인들은 서쪽 항해를 이용해 중국과 인도로 가겠다는 결단을 내리고 함께할 동지들을 규합하며, 자금을 모아 목숨 걸고 항해하는 과정을 생생히 배울 수 있었을 것이다. 콜럼버스의 업적이 신좌파들에 의해 폄훼되거나 혹은 트럼프주의자들에 의해 위상이 다시 높아지는 것과 관계없이 콜럼버스 도전의 과정은 그 자체로 가치가 있다.

박정희 대통령은 산업화와 근대화의 아버지, 새마을운동, 경부고속도로, 포항제철, 중화학공업 육성 등 그 업적이 많아도 너무 많다. 어찌 보면 배를 타고 가다 우연히 신대륙을 발견한 콜럼버스와 비교할 수준이 아니다. 그러다 보니 너무나 많은 그의 업적들이 오히려 그가 도전했던 수많은 과정들을 누락시키는 게 아닐까 하는 우려가 들 정도다.

실제로 전혀 박정희답지 않은 정치 행태를 보여 주는 기회주의자들이 박정희 이름만 팔고 있고, 그 악영향은 고스란히 박정희를 배우려는 젊은층에 노출되는 실정이다. 따라서 나는 이번 글에서 박정희 대통령의 업적보다는 그의 도전 정신과 그 과정에 초점을 맞춰 희미해진 박정희정신을 되살려보는 작업을 하고자 한다.

일제시대를 살아 낸 20대 청년의 도전

무엇보다 20대 청년들이 눈여겨봐야 할 박정희의 결단은 20대 나이를 넘어 평생 꿈이었던 군인의 길을 위해 만주군관학교에 입학한 일이다.

1917년생 박정희 또래들이 놀 만한 것은 동네 뒷산에서나 하는 병정놀이밖에 없었다. 그 시절 일본 해군을 무찌른 '이순신 장군' 이야기는 모든 아이들에게 선망의 대상일 뿐, 나라를 빼앗긴 마당에 군인이 된다는 것은 꿈조차 꿀 수 없는 일이었다.

박정희는 만 15세에 대구사범학교에 입학하여 교사가 된다. 박정희는 "나라의 힘이 강해져 온 세계를 얻는다 해도 민족이 제정신을 차리지 못하면 그 나라는 반드시 망하고 만다. 우리 조선이 하루빨리 주권을 찾으려면 인격을 닦고 실력을 쌓아나가야 한다"며 학생들에게 수 없이 강조했다. 그러면서도 여전히 군인의 꿈을 포기하지 않은 채 학생들과 병정놀이를 함께하며 이순신 장군 무용담을 들려주곤 했다.

그러다 5년간 의무교사직을 마친 후 만주군관학교 시험에 응시하고자 했지만 연령대를 초과하고 말았다. 결국 '진충보국 멸사봉공'이란 혈서를 쓰게 되고 이 사실이 『만주신문』에 보도 되는 바람에 친일의 증거로 이용되고 있는 실정이다.

사실 박정희 대통령의 만주군관학교 입학 도전은 처음부터 친일이란 프레임에 갇혀 제대로 평가조차 받지 못했다. 그렇지만 만주군관학교 출신들 중에서 정일권·백선엽·김백일·원용덕 장군 등 6·25전쟁 영웅들 다수가 나왔다는 건 우연이 아니다. 당시 조선인 입장에서 선진 군대 기술과 시스템을 배울 수 있는 곳은 오직 만주군관학교밖에 없었다.

박정희처럼 1930년대에 20대 청춘인 청년이 있다 치자. 당시에는 농사 짓는 일 이외에 별다른 직업조차 없던 시절이다. 그 청년은 어렸을 때부터 늘 이순신 장군처럼 국가를 살리는 용감한 군인이 되고 싶었지만 현실적으로 조선군은 존재하지 않았다. 더구나 1917년생인 박정희에겐 이승만과 같이 일제에 나라를 빼앗겼던 기억도 없다. 태어나는 순간부터 일본과 같은 국가의 국민이지만 2류 시민으로 살아갈 운명만 주어졌던 것이다. 그 높은 벽을 돌파하는 길은 만주군관학교였다.

1924년생인 김대중의 경우 꿈이 정치인이었다. 당시 정치인이라고 하면 당연히 일본의 정치인이다. 정치인이 되기 위해 김대중도 만주건국학교 진학을 준비했다. 태평양전쟁이 발발하는 바람에 김대중은 그 꿈을 접었을 뿐이다.

숨결이 혁명 될 때

공교롭게도 박정희와 김대중 모두 학창 시절 일본인 교사로부터 근대화 교육을 받았다. 훗날 박정희 정권이 한일 국교 정상화를 추진할 때 야당인이었던 김대중은 사쿠라로 몰리면서까지 이를 지지했다.

박정희와 김대중은 처음부터 거대한 국가 통치 계획을 품고 만주행을 계획하지는 않았을 것이다. 그냥 요즘 학생들처럼 당시의 청년들도 나름 개인의 꿈이 있었을 것이고, 열악한 조건에서도 그 꿈을 잃지 않고 도전의 승부수를 던졌을 것이다. 박정희는 결국 만주군관학교에 입학을 했고, 최우등 성적으로 일본 육사에까지 진학하게 된다. 군인이 되고 싶은 개인이 성취할 수 있는 모든 기반을 다 갖춘 셈이다.

그렇지만 박정희가 군인으로 부임할 즈음에는 태평양전쟁의 대세가 기울었다. 일본 패망이 눈앞에 닥쳐왔던 것이다. 박정희는 한참이나 후배인 조선인 동료들에게 "이런 시대에 우리가 배울 것은 군사학뿐이다. 우리는 독립을 해야 한다. 독립은 혼자 산다는 것이다. 그러려면 간섭받지 않고 자유롭게 살 수 있어야 한다"며 독립된 국가 군인으로서의 정신무장을 시키곤 했다.

군인으로 성공하고 싶었던 한 청년의 꿈은 결국 국가적인 과제와 연결된다. 일제시대 조선인으로서 근대화 교육과 선진 군사 교육을 받았던 박정희 세대들은 북한의 6·25 침략을 막아내고, 국가의 근대화와 산업화를 이루게 된 것이다.

만약 박정희가 당시 최고의 직업이었다던 교사직에 안주하고, 당시의 청년들이 만주행 도전을 주저했다면 그 개인들은 물론 국가의 운명까지 바뀌었을 것이다. 지금의 청년들에게도 현실에 안주하지 않고 끊임없이 도전을 독려하는 것이 박정희 제1순위 정신이다.

넘어지고 또 넘어져도

좌익들이 수시로 박정희 관련 음해를 할 때 빼놓지 않는 것이 남로당 빨갱이 노릇하다 변절했다는 점이다. 이 또한 박정희의 만주군관학교 입학 관련 친일 논쟁과 비슷한 맥락에서 그 시대의 상황을 따져 봐야 한다.

박정희의 형 박상희는 조선일보 기자 출신으로 이른바 엘리트 좌익이었다. 우리 스스로 체제를 결정할 힘이 없었던 일제시대, 지식인들은 지리적으로 가까운 소련의 공산혁명에 영향을 받을 수밖에 없었다. 물론 소련 역시 아시아 지식인들을 공산주의자로 교화시키는 데 적극적이었다. 해방 이후 귀국한 박정희는 친형 박상희와 이념 문제로 자주 부딪쳤다. 박정희는 "이승만 박사도 스물세 살 청년으로 만민공동회에 참여해 봉건체제를 무너뜨리고 해외에서 평생 독립운동을 해오신 분입니다"라며 여운형을 지지한 박상희에게 직언하기도 했다. 그러다 박정희는 육사의 전신인 조선경비사관학교에 입학한다.

이후 1946년 10월 1일 대구의 남로당 당원들은 박헌영 체포 반대 대규모 시위를 벌인다. 대구 의대생들은 해부학실에 있는 시체를 들고 나와 대구 시민들을 선동하기에 이르렀다. 대구 전 지역에서 폭동이 벌어졌다. 당시 박상희 역시 구미 지역에서 봉기를 주도하긴 했지만, 무장 폭력을 쓰진 않았다. 그렇지만 구미 지역에 몰려든 경찰은 현장에서 박상희를 사살한다. 당시 박정희는 조선경비사관학교에 입학한 지 채 열흘도 안 되었다. 당연히 장례식에 참석하지 못했다.

이후 박정희는 집에 들러 박상희 죽음에 대해 알아보고 다녔다. 그

러다 보니 어쩔 수 없이 박상희와 어울려 다녔던 좌익 지식인들과 남
로당 당원들을 만나게 되었고, 자연스레 그들의 포섭 대상이 되었다.
훗날 국군 내 좌익 청산 작업 때 체포된 박정희 혐의는 이 정도 수준이
었다.

특별하게 좌익 이념에 사로잡힌 적도 없었고, 군대 내에서 남로당
활동을 한 바도 없었다. 결국 백선엽의 선처로 인해 징역 10년에 형
집행 정지를 받고, 군 정보국에서 계속 일할 수 있었다. 박정희가 '남
로당 조직을 거의 밝혀내 감형받았다'는 것도 좌익들의 과장과 왜곡이
다. 애초에 별다른 활동을 하지 않았던 박정희가 공개할 만한 정보가
별로 없었기 때문이다.

다만, 박정희는 군 정보국 비공식 문관 일을 해야 했고 이에 대한
울분에 차 있었다. 그렇지만 박정희는 이런 처지에서도 탁월한 능력
을 발휘해 이용문 정보국장의 전폭적인 신임을 얻는다. 이때 박정희
는 꾸준히 '김일성의 남침설' 정보 보고를 올린다. 번번이 상부로부터
무시를 당했지만.

좌절을 능력으로 돌파하다

박정희는 1947년 12월 17일 연말 「종합 적정 판단서」 총론에서 "1950
년 봄을 계기로 하여 적정의 급진적인 변화가 예기된다. 북괴는 전 기
능을 동원하여 전쟁 준비를 갖추고 나면 38도선 일대에 걸쳐 전면 공
격을 취할 기도를 갖고 있다고 판단된다"는 결론을 내렸다. 완벽에 가

까운 예측이었다. 문제는 박정희가 이런 정확한 보고를 해도 아무도 이를 전혀 받아들이지 않았다는 사실이다. 이승만 정부에 대한 불만이 쌓여갈 수밖에 없었다.

6·25전쟁이 벌어진 이후에도 박정희는 모든 수단을 동원해 정보를 입수하여 '중공군이 개입할 것'이란 보고서를 계속해서 올린다. 안타깝게도 이 또한 상부로부터 계속해 무시당했고, 박정희는 이용문과 함께 쿠데타 모의를 할 정도로 분노했다. 박정희는 6·25전쟁 시기부터 근대화되지 못한 정부, 비효율적인 정부에 대한 비판의식을 키웠으며, 5·16혁명으로 본인이 직접 집권하기에 이르렀다.

이렇듯 박정희는 군 생활을 시작하자마자 남로당 분자로 체포되어 크나큰 시련을 겪었다. 그러나 박정희는 자신의 능력을 알아봐 주는 선배들 도움으로 선처를 받았으며, 열악한 조건 속에서도 정보 전문가로서 자신의 역할을 100% 해냈다. 그러면서 능력 있는 젊은 전문가 목소리가 반영될 수 있는 근대화 된 정부 수립을 꿈꾸게 된다. 개인적인 좌절을 능력으로 돌파하며, 자신과 같은 청년들에게 기회를 줄 수 있는 국가를 만들게 된 것이다.

군 내부 부정부패에 저항하다

이승만 정권 내내 군대는 전체 예산 30% 이상을 쓰는 국가 중추 역할을 했다. 자연스레 군내 부패 문제가 골칫거리였다. 당시 제1군사령관 송요찬은 청렴하기로 유명한 박정희를 참모장으로 임명해 군내 부패

개혁에 나섰다. 당시 군은 군대 차량을 민간에 대여하는 등 비공식 불법 사업으로 장교들에게 수익을 보태주었다. 결국 송요찬과 박정희는 군내 불법 후생사업을 폐지시키며, 부정부패 개혁에 나섰다.

박정희 집안은 늘 빈곤한 생활을 이어갈 수밖에 없었다. 보다 못한 부하들이 쌀을 가져다 놓으면 육영수 여사는 "군인들이 먹을 식량을 이렇게 가져 오면 누군가 굶게 되는 것 아닌가요? 어서 다시 제자리에 갖다 놓아요"라며 호통치곤 했다. 박정희는 군내에서 누구보다 청렴성을 인정받으며, 5·16혁명 명분을 쥘 수 있었다.

3·15 선거 당시 박정희와 함께 군내 후생사업을 중단시키며, 부정부패를 개혁했던 송요찬은 육군참모총장이 되어 있었다. 송요찬은 술자리에서 박정희에게 "이번 선거에 협조해 달라"며 요청을 하게 되는데 박정희는 단호히 "그럴 수 없다"며 거절한다.

4·19 당시 박정희는 부산 지역 계엄사무소 소장직에 있었다. 4월 24일 부산 범어사에서 4·19 시위 희생자 13명에 대한 합동위령제가 열렸을 때, 박정희는 계엄사무소 소장으로서 조사를 하기도 했다.

이 나라에 진정한 민주주의 초석을 놓기 위하여 꽃다운 생명을 버린 젊은 학도들이여! 여러분의 애통한 희생은 바로 무능하고 무기력한 선배들의 책임인 바, 나도 여러분 선배의 한 사람으로서 오늘 같은 비통한 순간을 맞아 뼈아픈 회한을 느끼는 바입니다.

로마는 하루아침에 이루어지지 않았습니다. 여러분이 흘린 고귀한 피는 결코 헛되지 않을 것입니다. 그러한 연유로 오늘 여러분들의 영결은 자유를 위한 우리들과의 자랑스런 결연임을 저는 확신합니다. 여러분들이 못다 이룬 소원은 기필코 우리들이 성취하겠습니다. 부디 타계에서나마 영일의 명복을 충심으로 빕니다.

결국 이승만 대통령은 하야하게 되었고, 부산은 또다시 축제 시위로 혼란을 겪게 된다. 이때 박정희는 직접 시위대 앞에 나가 확성기를 잡았다.

친애하는 시민 여러분! 우리 군은 여러분을 해치러 온 것이 아닙니다. 이 앞에 보이는 군인들과 장갑차는 여러분의 피땀이 스며든 세금으로 지어진 이 도청과 귀중한 국가 재산을 지키려고 온 것입니다. 여러분 냉정해 주십시오. 우리가 싫어하던 이승만 부패정권은 물러갔습니다. 우리 다 같이 만세를 부릅시다.

박정희는 이렇듯 시위대 울분을 대신 토로해 주었고 그들의 분노를 가라앉히며 질서를 바로잡을 수 있었다. 4·19 이후 박정희는 더욱 과감하게 군내 부정부패 개혁을 추진한다. 자신의 직속상관이자 자신을 중용한 송요찬 육군참모총장 앞으로 '부정 선거 책임을 지고 물러나라'는 편지를 보낸 것이다.

참모총장 각하.

다난多難한 계엄 업무와 군내의 제諸업무 처리에 골몰하심을 위로 드리는 바입니다. 각하로부터 많은 은고恩顧를 입으며 각하를 존경함에 누구 못지않을 본인이 지금 그 높으신 은공에 보답하는 길은 오직 각하의 처신을 그르치지 않게 충고 드리옴이 유일한 방도일까 짐작되옵니다.

지금 3·15 부정 선거에 관련된 많은 사람들이 선거 부정 관리 책임으로 규탄되고 있으며 군 역시나 내부적·외부적 양면에서 이와 같은 비난과 정화淨化에서 예외 될 수는 없을 것이오니 미구未久에 닥쳐올 격동의 냉각기에는 이것이 문제화 될 것은 명약관화明若觀火한 일이며 현재 일부 국회 국방위원들이 대군對軍 추궁을 위한 증거 자료를 수집 중임도 이것을 뒷받침하는 것이옵니다.

비견卑見이오나 군은 상명하복上命下服의 엄숙한 통수 계통에 있는 것이므로 군의 최고 명령자인 각하께서 부정 선거에 대한 전 책임을 지시어 정화의 태풍이 군내에 파급되기 전에 자진 용퇴하신다면 얼마나 떳떳한 것이겠습니까. 각하께서는 4·19 이후 민주적인 제반처사에 의하여 절찬絶讚을 받으시오니 부정의 책임감은 희박해지며 국민이 보내는 갈채만을 기억하시겠습니다마는 사실은 불일내不日內에 밝혀질 것입니다. 차라리 국민이 아쉬워할 이 시기를 놓치지 마시고 처신을 배려하심이 각하의 장래를 보장하며 과거를 장식케 하는 유일한 방도일까 아뢰옵니다.

4·19 사태를 민주적으로 원만히 수습하신 각하의 공적이 절찬에 값하는 바임은 물론이오나 3·15 부정 선거에 대한 책임도 또한 결코 면할 수 없는 것이며, 따라서 그 공과功過는 상쇄相殺가 불가능한 사실에 비추어 가급 조속히 진퇴進退를 영단英斷하심이 국민과 군의 진의眞意에 영합迎合되는 것이라 사료되옵니다.

현명한 상관은 부하의 성심誠心을 수락함에 인색하지 않을 것입니다. 각별한 은혜를 입은 부하로서 각하를 길이 받들려는 미충微忠에서 감히 진언 드리는 충고를 경청하시어 성심에 답하는 재량裁量 있으시기를 복망伏望하옵니다.

외람되오나 각하와의 두터운 신의에 의지하여 이 글을 올리오니 두루 해량解諒하시와 본인으로서의 심사숙고된 성심을 참작하여 주시기 아뢰옵나이다.

청년 혁명가

위계질서가 명확한 군내에서 하관이 상관의 용퇴를 촉구하는 것 자체가 이미 쿠데타나 마찬가지였다. 박정희뿐 아니라 육사 8기생인 김종필·최준명·김형욱·석창희·신윤창·옥창호 등 8명도 "4·19 의거 정신으로 정군해야 한다. 정군 대상자에서는 우선 개인적인 권고로 사퇴 형식을 취한다"는 내용의 연판장을 돌려 작성하고 상부에 제출했다. 그러나 그 결과 김종필은 구속수감 된다. 박정희 역시 광주의 제1관구 사령관으로 보복성 인사를 당한다. 박정희는 이 시기 자신의 잡기장에 격정을 토로한 글을 남겨 놓았다.

혼란과 무질서만을 노정하고 국민들의 실망만 커가고 있다. 난亂하면 악한 놈이 득세한다는 옛말대로 이 정권 하에서 국민들의 원성의 대상이 되었던 자가 또다시 고개를 들고 거리를 활보하며 세태를 비웃는다. 가도 가

숨결이 혁명 될 때

도 시관時觀이 보이지 않는 정국의 불안정, 국민생활의 궁핍, 도의의 타락, 윤리의 문란, 이러한 도정을 줄달음질친다면 그다음에 올 것은 무엇일까. 공산당의 독소가 침투되고 잠식하기 쉬운 병약적인 사회, 즉 공산당의 밥이 되는 길밖에 더 있겠는가. 동포여! 겨레여! 과거 우리 조상들이 저지른 과오를 우리 다시 범할 것인가. 진실로 조국을 사랑하고 우리 후손을 사랑하거든 우리 이제라도 늦지 않으니 사월혁명 정신을 다시 상기하고 젊은 학도들의 조국애의 대정신으로 돌아가자.

박정희는 결국 김종필 등이 주도한 하극상 사건의 배후자로 몰렸다. 한국군은 물론 미군조차도 박정희·김종필 등의 정군 운동이 군의 안정을 해한다고 판단해 박정희의 강제 예편을 추진하고 있었다. 박정희로서도 더 이상 물러날 곳이 없는 상황으로 몰렸다. 5·16혁명이 일어날 수밖에 없었던 것이다.

남로당 분자로 몰렸다가 6·25전쟁으로 천신만고 끝에 군대에 복귀한 박정희였지만, 단 하루도 안주한 날이 없었다. 그는 군대 내에 만연한 부정부패를 일소했고, 먼저 본인 가족부터 청렴한 생활을 이어나갔다. 4·19 이후에는 군의 젊은 지도자로 각광을 받았지만 상관이었던 송요찬 장군의 퇴진을 요구하다 오히려 강제 예편 벼랑 끝으로 몰리기도 했다.

이런 청년 혁명가 박정희가 오늘날에는 어떤 모습으로 비춰지고 있는가.

창조인가 파괴인가

2016년 10월 24일 JTBC의 태블릿 보도로 시작된 탄핵 광풍은 2022년 여전히 정리되지 못하고 있다. 그 대표적인 현상이 바로 박근혜 대통령에 대한 조작·날조 수사를 감행한 문재인 정권 검찰총장을 보수 세력들이 대통령으로 만든 것이다. 일본의 친한파 지식인 니시오카 쓰토무西岡力 교수는 이와 관련해 "한국이란 나라를 믿을 수 없을 지경이다"라며 보수 세력의 행태를 비판했다.

탄핵을 주도한 상당수의 변절·배신 보수 세력들은 무슨 유행병이라도 걸린 듯이 한 번씩 박정희 대통령의 생가 구미를 찾아, "박정희 정신"을 외치곤 한다. 마치 박정희 대통령의 무수한 업적들은 하늘에서 뚝 떨어진 것처럼, 누구라도 할 수 있는 그렇고 그런 일인 것처럼 들리곤 한다.

경부고속도로는 박정희와 함께 일본식 근대화 교육을 받은 김대중조차 반대한 일이다. 애초에 정부나 국회 내에 고속도로라는 존재를 아는 인물조차 없었다. 이를 태국에서 고속도로 건설 경험이 있던 정주영과 함께 해치운 것이다. "자동차 보급도 안 된 나라에 무슨 고속도로냐"는 국내외의 무수한 비판에도 박정희는 체계적인 사고와 실천으로 성공시켰다. 산업의 쌀, 철강을 만드는 포항제철을 만들고 현대자동차를 발전시켰으며, 조선 사업을 키워 자연스레 고속도로 교통량을 늘려버린 것이다.

단순히 박정희와 정주영 개인의 의지뿐만 아니라 미래 산업을 볼 수 있는 과학적·체계적인 사고력을 키웠기에 가능한 일이다. 이런 일은 앞뒤 가리지 않고 밑장 빼서 위의 장을 채우는 현재의 보수 세력은 절대 해낼 수 있는 일이 아니다.

박정희는 군 생활 때부터 남들의 의견과는 관계없이 자신의 사고력에 따라서 맞는 건 맞다고 하고 아닌 건 아니라고 답하는 데 익숙했다. 어떤 상황에서도 제자리에 안주하려 하지 않고 옳다고, 꼭 해야 한다고 믿으면 어떤 어려움이 있어도 물러서지 않았다. 물론 이는 함부로 튀지 말라는 이른바 한국식은 아니다. 말하자면 조선시대의 봉건식이 아닌 것이다. 박정희를 '개인이 중심이 되는 근대화의 아버지'라고 부르는 이유이기도 하다. 안타깝게도 현재 보수 세력 내에서는 바로 그 개인이 지켜 나가야 하는 진실과 양심, 그리고 전문성이 파괴되는 현상들이 줄을 잇고 있다.

기꺼이 처음부터 다시

최근 청와대 집무실을 국방부 건물로 이전시키겠다는 이슈로 세상이 떠들썩하다. 원래 청와대란 이름은 박정희 대통령이 지은 것으로 박정희 대통령 이후 여러 대통령이 청와대를 거쳐 가며 대한민국 수도 서울의 통치 지역으로써 조금씩 발전해 왔다. 청와대를 이전하는 일은 이를 한꺼번에 되돌려버리는 것이다.

이 일은 박정희정신을 제대로 배운 인물이라면 절대로 벌일 수 없는 일이다. 박정희는 모든 일을 순서에 맞게 체계적으로 해 왔다. 그랬기 때문에 초단기간에 근대화와 산업화를 성공시킬 수 있었다. 고속도로를 깔고 철강을 만든 다음에 자동차·조선 등 중화학 공업 단계로 넘어갔다. 그게 아니라 대충 지르는 식으로 했다면 여타의 동남아 국가나 남미 국가들처럼 참담하게 실패했을 것이다. 놀라운 것은 박정희 업적을 부정해 온 좌익 세력들이 현재의 청와대 이전을 비판하고 있다. 박정희를 그렇게 팔던 보수 세력은 오히려 청와대 이전을 무차별적으로 지지하고 있고. 역사의 아이러니가 아닐 수 없다.

작금의 보수의 몰락은 박정희라면 절대로 가지 않을 비논리적·비과학적으로 오직 탐욕만이 있는 길로 들어섰기 때문이다. 수도 없이 박정희 이름을 팔아댔던 보수에서 반박정희 길로 들어서는 이유? 박정희를 잘못 가르치고 잘못 배웠기 때문이다.

새로운 보수를 위한 청년들부터는 박정희시대의 업적 위주가 아닌, 개인 박정희 꿈, 양심, 진실, 도전에 보다 집중된 연구와 학습을 해 나가야 할 것이다. 어찌 보면 이제껏 좌익 진영에서 박정희 존재 그 자체를 지워버리고 싶었던 그 가치와도 같은 맥락이 아닐까 싶다.

변 희 재

서울대 미학과를 졸업했다. 인터넷 미디어비평지 『미디어워치』의 대주주·대표 고문. 유튜브 채널 〈미디어워치TV〉 시사 논평 '변희재의 시사 폭격'을 진행하고 있다. 박근혜 대통령 명예 회복위원회 간사를 맡고 있으며, 대표 저서로 『태블릿 사용 설명서』(미디어워치, 2021), 『태블릿, 반격의 서막』(미디어워치, 2022)이 있다.

숨결이 혁명 될 때

16

숨결이 혁명 될 때

최
대
집

박정희 정부 18년, 그 후반기 유신체제의 실상을 정확히 알고 정당하게 평가하는 작업이 중요한 이유는 거듭 말한 바처럼 우리 당대 국가적 과업들을 이루는 데에 매우 큰 시사점이 있기 때문이다. 한반도를 둘러싼 미국, 중국, 일본, 러시아 등 강대국들과 북한 정치체제의 특성을 감안했을 때 최우선적으로 북핵 위협을 극복하기 위한 안보 장치를 마련하기 위해서는 우리 정치체제에 강력한 대통령제가 필수적임을 다시 한번 강조한다.

우리에게 지금 필요한 것은

2021년 7월 하순 어느 날, 나는 뜻을 함께하는 동료 일곱 명과 자리를 함께했다. 2021년 7월 8일 20대 대선 출마를 선언하고 기자회견 개최 후 7월 15일 중앙선관위에 20대 대통령 선거 예비후보로 등록을 마친 뒤였다. 대선 출마 이유와 제도권 정치 활동의 궁극적 목표에 대한 생각을 나누기 위해서였다. 대선 출마 선언이라는, 어찌 보면 조금은 무모한 행동처럼 보일지 모르지만 뜻한 바가 있었던 터였다.

건국된 지 74년. 대한민국은 그간 많은 발전을 거듭하여 경제 분야와 안보 분야 등 국가의 생존을 위한 필수적 영역들에서 상당한 기초를 닦아놓았다. 그렇지만 아직 너무나 부족하다. 경제 영역에서 세계 15위 내지 10위권의 국내총생산 규모를 갖고 있지만 내수 시장이 주요 국가들에 비해 규모가 그리 크지 않다. 원자재 부족, 원천 기술 부족, 수출 중심의 경제 등 우리 경제는 거시적인 차원에서 짧은 기간 안에 큰 위기로 몰고 갈 요소도 많다.

우리는 인구를 더욱 늘리고 국토도 효율적으로 활용해야 하며, 국내 서비스 산업 규모도 키워야 한다. 과학과 기술을 육성해 각 산업의 원천 기술을 더욱 많이 확보해야 하며, 원자재를 구할 수 있는 수입선도 다양하게 확보하여 각종 경제 위기에 대비도 해야 한다.

경제 영역 한 가지만 보더라도 우리나라는 여전히 위기 국가가 아닐 수 없다. 탄탄한 경제적 기초를 확보하는 문제와 이것을 바탕으로 빈곤에서의 탈출, 안정된 중산층의 삶, 안정된 사회 복지망 구축의 수준으로만 머물 것이 아니라 풍요와 번영의 시대를 활짝 열어젖히는 수준까지 가야 한다. 적어도 내가 생각하는 진정한 경제적 안정은 그런 것이다.

안보 위기로 넘어가면 더더욱 할 말을 잃을 정도다. 우리 국군의 국방력은 세계적으로 강한 편에 들지만 우리를 둘러싸고 있는 강대국들과 초강대국이라 부를 수 있는 미국, 그리고 북한이라는 비정상적 체제를 보면 우리의 국가 존립은 말할 것도 없고 국민의 생존과 아이들의 안정된 성장 자체조차도 지켜낼 수 있을지 모골이 송연할 지경이다.

북한은 사실상 핵폭탄과 핵미사일을 갖추고 운용 기술까지 모두 확보한 핵보유국이다. 북한체제는 표면적으로는 공산주의 왕조체제라는 세계 역사상 유래 없는 체제를 구축하여 사실상 종신 집권제를 유지하고 있다. 김 씨 왕조 종신 집권 군사체제가 대한민국을 공산화시키겠다는 목표를 여전히 지니고 핵보유국화 되어 있는 것이 우리가 처한 오늘의 안보 현실이다. 이 비정상적인 북한체제 리더십의 성격은 신정적神政的 왕조체제, 1인 종신 집권제다.

숨결이 혁명 될 때

북한의 뒤를 봐주며 세계 패권국가의 길을 거침없이 가고 있는 중국은 공산당 일당 독재체제의 통치 구조를 지니고 있으며, 시진핑 국가주석은 실제 종신 집권을 하게 될 것으로 예상된다. 중국 공산당의 통치 구조를 보았을 때 시진핑 이후 국가주석도 강력한 정치 리더십을 유지할 것이다.

일본은 자민당이 거의 현대 일본 전 역사에서 정치적 주도권을 유지하고 있다. 일본 역시 자민당이라는, 일본 국민 다수의 안정적 지지를 받고 정권의 계속성을 유지할 수 있는 강력한 정치 리더십을 구축하고 있다.

러시아는 또 어떠한가. 우리 역사, 한반도에 지닌 영향력을 여전히 포기할 생각이 없다. 러시아 푸틴 대통령 또한 종신 대통령이 가능한 통치 구조를 준비해 두고 사실상 영구 집권의 길을 가며 강한 정치 리더십을 갖고 있다.

미국은 자유 민주주의 국가로서 간혹 정치적 혼란을 겪고 있지만 여전히 세계 유일의 '슈퍼 파워'다. 미국 대통령이 4년 임기 내에 할 수 있는 일들은 어지간한 국가의 임기제 대통령은 100년이 걸려도 할 수 없는 일이다. 1980년대 중임제로 8년 대통령을 역임했던 레이건 대통령이 철의 장막 소비에트체제의 붕괴라는 전략적 의지를 관철시킬 수 있었던 것도 바로 미국이란 슈퍼 파워의 실체다. 한반도를 둘러싸고 있는 국가들과 그들의 정치 리더십을 한번 일별해 보았다. 미국, 일본, 중국, 러시아, 북한, 그리고 우리 대한민국.

나는 이번 20대 대선에서 '누구를 대통령으로 뽑느냐'의 문제가 아닌, 5년 단임제 대통령으로 우리는 무엇을 할 수 있을 것인가를 고민해야 했다. 안보 대위기의 대한민국을 구출하고 이를 넘어 한반도 자유통일을 실현하기 위해 지금 우리에게 필요한 것은 강력하고 안정적인 정치 리더십이다. 국민이 카리스마적 지도자를 육성해 안정적이고 강력한 권한을 부여한, 강력한 대통령제를 수립해야만 한다.

1987년 개헌 이후, 제6공화국 헌법체제 하에서 5년 단임제 대통령을 두고 소위 제왕적 대통령제라는 비판을 가하는 것은 나로선 이해할 수 없는 일이다. 대한민국 국가 목표에 대한 생각 자체가 다르기 때문이다. 이 용어를 즐겨 쓰는 사람들은 내각제를 선호하는 정치인들과 학자들인데, 이는 내각제 관철을 위한 그들의 전술 용어에 지나지 않는다.

우리는 북한의 핵을 반드시 해체해야 한다. 전술핵을 재배치하든 자체 핵무장을 하든 핵 균형을 바탕으로 전쟁을 억제하고 전력 열세를 우세로 전환시킨 조건 하에서 다자간 협상으로 북핵 해체를 도모해야만 한다. 북핵 해체가 안 된다면 우리도 핵을 운용하여 핵 균형을 갖추어야 한다. 이것이 북핵 위협에 대한 우리 대응의 마지노선이다. 북핵 해체 이후에는 중장기적 전략 아래서 한반도 자유통일 정책을 추진해야 한다. 물론 5~10년 이내에 할 수 있는 일은 아니다. 이러한 일을 위해서는 장기적으로 탁월한 정치 지도자와 집권 세력이 국가 대전략 하에서 일을 추진할 수 있는 20년 정도의 집권 기간이 필요하다. 1987년 헌법은 반드시 개정되어야 하고 그 핵심은 대통령제에 있다. 5년 임기에 4회 연임제 또는 연임 제한 폐지 등을 도입하여 역량 있고 책임 있는 정치 세력이 적어도 20년 집권으로 이 나라에 새로운 혁명 시대를 여는 것을 가능케 해야 한다.

　　　　　　　　　　　　　　　　　　숨결이 혁명 될 때

영혼이 있는 20년 집권

20년 집권, 강력한 대통령제의 통치체제를 만들어 놓더라도 이것이 국민의 자유로운 정치적 의사 형성과 선택으로 가능해야 한다. 즉, 자유 민주주의 원칙과 제도 하에 통치 기구가 작동되어야 한다는 것이다. 이것은 매우 어려운 과제다.

지난 2016~2017년 대통령 탄핵 사태에서 보았듯이 우리의 자유 민주주의체제가 얼마나 허약하고 실질적 내용을 결여한 형식만 갖추고 있는지, 또 자유 민주주의 원칙과 제도를 지켜낼 방어력이 얼마나 부족한지 고통스러울 정도로 명백히 보았다.

국민의 기본권 보장과 보호, 보통선거, 다수결의 원칙, 법치주의 등 자유 민주주의 원칙은 매우 소중하다. 반드시 이러한 가치를 지켜 내기 위해서라도 20년 집권의 통치 기구 역시 자유 민주주의 원칙과 제도에 의해 창출되어야 한다. 그래야만 안정적이고 강력한 통치 기구가 자유 민주주의를 방어하고 실질적으로 기능할 수 있도록 만들 수 있다. 그래서 이 문제는 생각할수록 어려운 문제다. 하지만 반드시 해내야 한다.

그렇다면 이런 20년 집권, 강력한 대통령제 통치체제의 역사적 사례는 어디에서 찾을 수 있을까? 멀리 눈을 돌릴 것도 없다. 바로 우리 대한민국 역사, 박정희의 집권 18년간 중 집권 후반기에 해당되는 유신체제에서 찾을 수 있다. 1960년대 후반, 1970년대 대한민국 존립 자체를 위협했던 안보 위기, 경제발전의 절대적 필요성과 발전 전략의 대전환, 안보와 경제 위기를 돌파하는 데에 훼방을 일삼고 있었던 정치적 불안과 혼란들, 자유 민주주의 구현을 위한 기초를 다지는 일들, 이런 절박한 국가적 과제 앞에 박정희 대통령은 유신체제라는 새로운 통치체제를 선택했다. 그 선택은 나중의 역사적 성과물들에 의해 옳았다는 것이 증명되었다.

지금 우리가 처한 안보·경제·사회 위기는 1970년대 박정희 정부보다 더 하면 더 했지 절대로 못하지 않다. 이런 국가적 대위기 상황하에서 우리가 어떤 통치체제와 리더십을 선택해 결단하고 결행해야할지 생각해 보는 데에 박정희 정부의 유신체제는 핵심적 시사점을 준다고 할 수 있다.

그런 점에서 나는 21세기 박정희가 되어 부국강병 대한민국, 자유민주주의 대한민국, 자유통일 대한민국을 국민들과 함께 반드시 만들고 싶다. 간절히!

7인과의 대화

나의 이런 생각에 제일 먼저 말을 꺼낸 분은 평소 나와 많은 대화와 토론을 하던 최 선생이었다.

최 선생 우리 한국의 현재와 미래를 바라보는 시각에 깊은 인상을 받았소. 늘 느끼는 거지만 최 대표의 애국심과 뜨거운 마음은 실로 부럽소. 놀랍기도 하고, 또 어찌 보면 안쓰럽기도 하오. 5년 임기 대통령과 4연임제, 20년 통치체제, 박정희 대통령의 유신체제를 전범典範으로 삼을 수 있다는 점 등 잘 들었지만 과연 오늘날 대한민국에서 그런 통치체제가 가능할 것인가에 대한 의문과 회의는 별개인 것 같소. 단, 나는 생각만 하는 사람이지 행동하는 사람이 아니라는 걸 감안하고 들어주길 바라오.

현재 우리는 현실적으로 자유 민주주의가 형식화되어 있다 하더라도 말이오. 건국 이래 거듭 연성軟性 독재와 무리한 장기 집권을 경험했던, 그런 우리 사회가 아무리 민주적 선출 과정에 의해 연임 정권을 만든다고 하더라도 과연 이런 통치체제의 가능성을 열어둘 수 있을까 하는 생각이 드오. 그런 체제를 만든다는 것은 결국 아무리 부정적으로 생각한다고 해도 기성의 정치 제도와 정당들, 정치인들이 동의해야 국회 개헌안을 통과하지 않겠소. 그다음에 국민 투표 통과라는 과정도 거쳐야 하고. 그러니 그것이 과연 현실성이 있을까? 국민들과 정치인들을 설복하고 동의를 얻어낼 수 있겠느냐는 말이오. 20년 통치체제와 자유 민주주의의 충돌 가능성 논의는 일단 접어 두고라도 말이오.

또 좌익 세력들의 집요한 역사 서술과 정치적 공격에서 잘 드러나 있듯이 박정희 정부 18년간이 소위 민주 세력에 대한 폭력적 탄압과 한국적 민주주의가 민주주의라는 이념적 본질에 부합한 제도인가 하는 점들 역시 비판을 제기할 측의 입장들을 상세히 검토해 반론을 준비해 두어야 할 것으로 믿소.

60대 중반으로 단체 고문을 맡고 있는 박 고문의 신중한 말이 이어졌다.

박 고문 아무튼 이번에 20대 대선에 나서기로 한 것은 실현 가능성을 떠나 큰 결단을 한 것이고, 저로서는 대환영입니다. 최 대표께서는 제가 오래전에도 그런 말씀을 드렸지만 나라를 위해 큰일을 해야 할 사람입니다. 현실 정치에 이제 막 나서면서 자신의 포부가 어디에 있는지 사회 전체에 고했으니 남은 것은 이제 대선 예비후보로서 열심히 활동하고, 이후 국회에 진출을 도모하고 차근차근 하면 되지 않겠습니까? 최 대표님 나이가 이제 만 49세입니다. 많은 기회가 있어요.

그리고 유신체제는 종북 좌익들이 주장하는 것처럼 그렇게 억압적인 체제가 아니었습니다. 저는 체험적으로 그 시대를 살아본 사람입니다. 유신체제 성립과 박정희 대통령의 유신체제 국가 통치는 전반적으로 국민 동의와 긍정 속에서 이루어졌다고 봐야 합니다. 그 성과야 말할 필요도 없는 것이고요.

최 선생 말을 들으며 약간 이맛살을 찌푸리고 있던 장 실장이 상기된 음성으로 말을 보탰다. 장 실장은 내 비서 역을 맡고 있었다.

장 실장 우리는 형님을 우리 대표로 모시기로 이미 오래전 약속했던 사람들입니다. 저는 형님이, 아니 대표님이 무슨 생각을 하든 무슨 행동을 하든 그대로 따르겠습니다. 자유 민주주의가 어쩌고저쩌고 국민들이 어떻고 간에 우리는 형님을 대표자로 앞세우고 우리가 만들어 나가면 되는 거 아니겠습니까?

박정희 대통령은 위대한 우리 대한민국 영웅입니다. 그거면 됐지 뭔 말이 필요합니까. 유신체제에서 민주화 운동 하느라 고생했다는 놈들, 그것 다 북한이랑 연계되어 있거나 아니면 그냥 무슨 체제에서던 반항적인 그런 놈들입니다. 당연히 응징했어야 할 자들이라는 거죠. 그런 놈들의 얼빠진 소리에는 대꾸할 필요가 없습니다. 언젠가 응징해 버려야 할 자들이라는 겁니다.

단체의 살림을 실무적으로 맡고 있는 50대 후반의 박 국장도 한마디 했다.

박 국장 예, 대표 자문역을 맡고 계신 최 선생님이나 존경하는 박 고문님이나 패기 넘치는 장 실장님이나 모두 좋은 의견들입니다. 아무튼 우리 최 대표님이 깃발을 들어 올리셨고 이것은 역사의 어마어마한 깃발입니다. 웅대한 포부를 들었을 때 저는 가슴이 너무나 벅찼습니다. 일을 이루는 것은 하늘이 하는 일입니다. 우리 모두 이 일을 함께하고 있고 함께할 수 있다는 것에 감사하며 모두 분골쇄신하십시다. 저는 박정희 대통령을 존경하지만 유신체제에 대한 정치적 사실 관계나 평가에 대해서는 잘 알지 못합니다. 최 대표님의 판단을 믿고 함께하고자 합니다.

고개를 끄덕이며 듣던 최 선생이 다시 말했다.

최 선생 아, 제가 말씀 중간에 말했듯이 제 말은 늘 걱정과 우환을 앞세우는 서생書生의 조심스러운 경구나 시구 정도로 생각해 주십시오. 저는 인간의 어떤 행동으로 이 세상에, 이 세계에, 이 지구에 큰 변화를 가져올 수 있다는 건 별로 믿지 않는 사람이니까요. 설사 그런 변화를 가져 온다고 해도 그것이 얼마나 의미 있는 변화일지에 대해 깊은 회의를 가지고 있는 사람이니까요, 허허허.

나는 함께한 사람들의 이야기를 들으며 갈무리했다.

최대집 좋은 의견 감사합니다. 저는 오늘 남은 인생에 펼쳐갈 제도권 정치의 목표와 그 목표를 실현할 도구로써 통치 기구 성격을 말씀드렸습니다. 박정희 정부 유신체제 언급은 그 시대와 시대 도전에 대한 응전으로 유신체제가 제가 구상하고 있는 새로운 통치체제와 분명한 유사점을 지니고 있기 때문에 말씀드린 것입니다.

2021년 무더운 7월 어느 날, 광화문 인근 한 회의장에서 있었던 나와 함께했던 동지들의 대화를 다소간 도식적으로 정리해 보았다. 박정희 정부 유신체제의 이해는 적어도 우리 시대에 새로운 혁명 시대를 개척하고자 하는 사람들에게는 매우 큰 의미일 수밖에 없다.

상기 대화에서 대선 예비후보로 7개월간 활동했던 나는 20대 대선 본 선거에는 몇 가지 사유로 출마하지 않았음을 밝혀 둔다.

성공적인 통치권적 결단

1972년 12월 공포된 유신 헌법維新憲法은 대통령 간선제와 대통령 장기 집권 가능, 국회 권한 축소와 대통령의 일부 국회의원 추천권, 대통령의 사법부 통제, 국가 안전 보장을 이유로 국민 기본권 제한, 노동3권 약화 등의 내용으로 요약할 수 있다.

　시대적 배경을 고려하지 않고 개정된 헌법 내용으로만 보자면 국민 기본권 보장과 민주주의 구현, 삼권분립 정신 등에 비추어 보면 대통령에 과도한 권력을 집중시킨 자유 민주주의 정신에 반하는 무단적 독재를 합법화한 헌법 개정이라 평가할 수도 있을 것이다. 그러나 유신 헌법이 제안되고 헌법 개정을 위한 국민 투표에서 국민의 압도적 지지로 개정안이 통과된 데에는 당시 시대적 상황을 고려해야 한다. 당시는 정치적 안정과 집중화된 강력한 국가 지도력을 요구하고 있었다고 볼 수 있을 것이다.

　1972년 유신체제 성립을 가져 온 1960년대 말, 1970년대 초반의 한국을 둘러싼 동아시아와 세계의 국제 정치 질서는 우리 대한민국의 존립, 즉 생존 자체를 근본에서부터 위협하는 것이었다. 미국은 1960년대 말 베트남 전쟁 전략을 완전히 변경시키고 있었고 닉슨 정부는 동아시아에서 데탕트 시대를 주장하며 미중 관계 개선 전략을 펼치고 있었다. 1969년에는 아시아 지역 분쟁에 군사적 불개입 원칙을 천명한 닉슨 독트린이 발표되었다. 미국이 주도하는 국제 정치 질서가 근본적으로 바뀌어 가고 있었던 것이다.

　한국으로서는 북한의 남침 위협이 엄존하는 가운데 미국이 주도하는 미중 관계 개선과 베트남에서의 미군 철수, 그리고 무기와 자금 지원으로 전략 변화, 아시아 분쟁에 군사적 불개입 원칙 천명, 심지어 1970년 현실화된 주한미군 1개 사단 철수 등 국가의 안전 보장을 위한 핵심 장치들이 제거되는 상황을 맞이하게 된 셈이었다. 1950년 6·25남침전쟁 이후 20년이 채 되지 않은 시점에서 북한 특수군의 청와대 기습 시도인 1968년 1·21사태 등 북한의 남침 의도가 명백한 상황에서 박정희 대통령과 집권 세력이 이 중대한 안보 위협 상황에서 갖게 된 위기감은 실로 엄청난 것이었다.

미국은 자신들의 세계 전략에 맞추어 박정희 정부에도 사실상 북한과의 대화 등 유화적 대북정책을 강요했다. 북한은 미중 관계 개선이라는 상황을 이용하여 한편으로는 한국의 무력 점령과 공산화를 위한 전쟁 준비를 지속하면서 위장 평화 공세를 선제적으로 펼쳤다. 박정희 정부는 이런 미국의 압력과 국제적 안보 정세 변화에 능동적으로 대처하기 위해 남북대화 노선을 잠정적으로 채택하지 않을 수 없었다.

물론 박정희 대통령은 김일성 수령독재체제와 대화로 통일을 이룰 수 없다는 것을 누구보다 잘 알고 있었으며 결국은 실력대결이고 장기적 관점에서 통일을 준비해야 한다는 사실을 인식하고 있었다. 남북대화가 박정희 정부에 의해 제안되었고 이는 1972년 7·4 남북공동성명이란 결과물을 가져왔다. 박정희 정부는 전술적으로 남북대화 정책을 전개했지만 미국의 세계안보전략 변화에 따른 한국의 안보 공백과 위기를 전술적 남북대화가 한시적으로는 얼마간 완화시키는 효과가 있을 수 있다는 사실 역시 염두에 두고 있었다. 하지만 박정희 정부와 김일성 수령독재체제 모두 남북대화에 사실상 큰 의미를 두지 않았다는 것이 역사적 사실史實이라고 해야 할 것이다.

북한의 위장 평화 공세는 당시에도 주한미군 철수와 유엔사 해체, 한미상호방위조약의 사실상 무력화 등을 목표로 1972년 1월, 북한 북남평화조약 체결을 제안하였고 박정희 정부에 의해 제안된 구체적 남북대화 결과로 7·4 남북공동성명이 발표되었다. 그러나 북한은 박정희 정부의 1973년 6·23 선언을 트집 잡아 8·28 성명을 발표하며 일방적으로 남북대화 중단을 선언했다. 1974년 3월에 북한은 미국과 직접 교섭하겠다며 북미평화협정 체결을 제안했다. 이는 당연히 앞에서도 말했듯이 북한의 주한미군 철수 전략의 일환이었고 미국도 이에 적극적으로 응할 수 없었으므로 남북대화는 이후 흐지부지되기에 이른다.

박정희 대통령과 집권 세력이 이와 같은 국제 정세의 변화와 남북 관계의 표면적 변화에 막대한 위기감을 느꼈을 것임은 자명하다. 국가 존립 자체를 위협하는 이 극한적 국가 위기 상황을 어떻게 타개해 나갈 것인가 하는 국가 전략에 대해 박정희 대통령과 집권 세력은 고심하고 또 고심했을 것이다. 그리고 그 위기에 대한 대응책으로 등장한 것이 유신체제였다.

미국이 자국의 이익과 자국의 여론 등 국내 정치 상황에 따라 누구와도 외교적 관계를 급격하게 변화시킬 수 있다는 사실, 그리고 미국의 국제 정치 질서 전략에 따라 버려진 월남과 대만, 닉슨 독트린과 주한미군 1개 사단의 철수를 보면서 박정희 대통령은 자주국방 노선, 전략 무기 개발, 특히 핵무기 개발 추진, 중화학공업과 방위산업 병행 추진 등 국가 전략을 수립하고 이를 적극 추진했다.

국가의 생존 방안을 어떻게든 마련해 놓고 동시에 경제성장을 빠르게 추진하여 북한과의 체제경쟁에서 승리하고 민생을 향상시키는 한편, 더 높은 수준의 자유 민주주의를 위한 토대를 구축해야만 했을 것이다. 이를 위해 통치체제의 일대 전환과 대혁신이 필요하다고 박정희 대통령과 집권 세력은 판단했다.

1961년 5·16군사혁명으로 집권 이후 10년간 경제·안보상 탁월한 성과에도 불구하고 1971년 대통령 선거에서 박정희 대통령은 신승辛勝했다. 야당 후보였던 김대중 후보와 불과 94만 표 차이로 겨우 선거에 이긴 것이었다. 또 같은 해 치른 총선에서는 야당인 신민당이 크게 선전하여 개헌 저지선을 충분히 확보했다. 1970년을 넘어서며 격화되는 노동쟁의들, 야당과 재야 세력의 정치 공세, 특히 학생들의 정치사회적 운동은 사회 안정과 정치 안정에 막대한 불안요소였다. 이런 국내적 정치사회적 상황 아래서 기존 헌법적 통치 구조로는 국제 정치 질서 변화와 그에 따른 국가 생존을 위협하는 안보 위기를 타개할 국가 정책들을 강력하게 집행하기란 불가능했을 것이다. 박정희 대통령은 이에 강력한 대통령제라는 새로운 통치체제가 반드시 필요하다고 판단했고 그 결과 탄생한 것이 바로 유신체제였던 것이다.

유신체제의 핵심 이념들은 평화통일, 국력 배양과 총력안보, 한국적 민주주의, 성장주의, 주체적 민족사관 정립과 민족문화 창달, 사회 혁신, 복지국가 건설 등으로 되어 있다.

유신체제는 박정희 대통령과 집권 세력이 대한민국의 존립 자체가 심각하게 위협받는 안보 위기 상황에서 이를 타개하기 위해 통치권적 결단으로 채택된 비상 통치제체였다. 그리고 그것은 박정희 대통령이 안보 위기를 극복하고자 추진했던 자주국방 노선, 전략 무기, 특히 핵무기 개발과 중화학공업과 방위산업 병행 발전 등을 신속하고 효율적으로 집행될 수 있게 했다.

1979년에 이르러 카터 정부의 주한미군 철수 시도에도 불구하고 주한미군의 계속 주둔이 결정 되었다. 핵무기 개발은 미국의 강한 압력으

숨결이 혁명 될 때

로 좌절되었지만 우회적 방법으로 계속 추진되고 있었다. 한미상호방위조약과 주한미군 존재, 그리고 한미연합작전체계는 여전히 유효한 가운데 자체적인 무기 개발과 병력 유지, 예비군 창설 등도 성공적으로 진행되었다. 자주국방을 위한 핵심 정책이었던 중화학공업과 방위산업 병행 발전 정책도 빠른 시간 안에 많은 성과를 냈다. 강력한 대통령제로 대표되는 유신체제라는 통치권적 결단은 대한민국 존립 자체의 위협이라는 절박한 안보 위기를 극복하고 국가 생존과 안정적 번영을 확보함으로써 결과적으로 매우 성공적이었다고 평가할 수 있을 것이다.

우리 앞의 혁명적 과제들

5·16이 정권 탈취의 형식은 군사 쿠데타였지만 종국에는 '군사혁명'이 되었다. 정치 현상으로 혁명을 정의하는 방식은 여러 가지가 있지만 우선 한 정치 공동체, 즉 국가 집권 세력의 변화를 가져와야 한다는 것은 필수적인 조건이 될 것이다. 국가 집권 세력 변동만 일으킨 사태는 혁명으로 부를 수는 없고 정변政變 정도가 적합한 용어일 것이다. 혁명은 정치적 변동뿐 아니라 경제적 변혁과 사회적 변혁까지 일으켰을 때 진정한 혁명으로 규정할 수 있다. 거기에 혁명이라고 부르는 정치사회적 현상은 사회 구성원들 세계관과 인생관에 변화를 일으키고 그 결과 행동 양태의 변화까지 일으킨다면 그것은 보다 더 근본적인 혁명이라 할 수 있을 것이다.

박정희 정권의 5·16군사혁명과 집권 후반기 유신체제에 이르기까지 18년의 통치 기간은 길지 않은 기간이었지만 우리 대한민국 역사에 근본적이고 심대한 변화를 일으켰다. 1948년 대한민국 건국으로 우리 한민족은 공식적으로 신분제를 부정하는 민주공화국을 수립했다. 자유민주헌정체제로 건국된 대한민국은 국민의 기본권을 보장하고, 민주적 보통선거에 의해 대통령과 국회라는 통치 기구 구성원들을 선출하고 사유재산을 인정하며, 자본주의 시장경제를 기본 질서로 하는 국가로 건국되었다. 또한 헌법상 건국 이념은 짧은 기간 내에 제도로 실현되어 가기 시작했다. 그러나 이승만 정부 12년은 건국, 6·25남침전쟁, 전후 복구, 최소한의 국가 생존을 보장하는 장치 마련 등 극심한 난제들을 해결하기도 바빴다. 건국 이념을 승계한 박정희 대통령과 집권 세력에 의해 대한민국은 비로소 사회 전반에 걸쳐 시장경제체제 수립과 기업인·근로자 계층의 대량 출현, 경공업에서부터 시작하여 중화학공업에 이르기까지 제조업 중심의 신속한 산업화의 진전, 그에 따른 빈민층 감소와 도시 서민층과 중산층의 대규모 형성, 사회 전반에 부의 축적, 전 국민이 체감할 정도의 일상적 삶의 질의 향상, 교육제도의 확립과 전 국민에게 기초 교육과 고등교육 실시, 공정한 시험제도와 선발제도 등이 단기간 내에 확립되었다. 이는 대한민국이 건국될 때부터 건국 이념이었지만 이를 현실로 실현시키는 과제는 건국 당시 대한민국의 상황, 4·19로 붕괴된 이승만 정부의 말기 상황을 보았을 때 매우 어려운 일이었다.

박정희 정부 18년 전체를 혁명의 시대라고 규정하는 것은 바로 이와 같은 이유 때문이다. 1961년 당시 한국 사회에서 최고 엘리트 그룹은 군부와 대학생이었다. 군부는 1960년 4·19 민주 의거를 딛고 다음 해에 5·16군사혁명으로 국가 최고 지도 세력으로 부상했다. 박정희 대통령과 군부를 중심으로 하는 집권 세력은 각 정책 영역 엘리트들을 중용함으로써 18년이란 시간 안에 불가능할 것만 같았던 안보·경제·사회 정책들에서 탁월한 업적을 성취했다. 이와 같은 국가 주도 집권 세력의 급격한 교체, 안보 장치의 확립, 경제·사회 변혁, 다수 국민들의 세계관과 인생관에 영향을 끼쳐 계층별 국민들의 새로운 행동 양식과 습관이 확립되었다는 점에서 박정희 정부 18년은 말 그대로 '혁명적'이었다고 평가할 수 있을 것이다.

숨결이 혁명 될 때

앞에서 우리 시대에 대한민국의 국민들에게, 국가 지도 세력에게 주어진 과제들은 매우 어려운 일들이라고 언급한 바 있다. 북한의 핵 위협으로부터 우리 안보를 확실하게 보장하는 일, 현재의 경제적 성과를 유지하면서 더 큰 성장으로 나아가 사회 전체의 부를 더욱 높은 수준으로 축적하는 일, 그리고 북한 공산왕조 폭압체제를 해체하고 자유통일을 이루는 일, 어느 것 하나 쉬운 과제가 없고 이러한 일들을 수십 년 내에 우리나라가 이룬다면 그것은 박정희 정부 18년을 넘어서는 혁명적인 성취가 될 것이다. 그 혁명적 과업의 성취는 우리를 세계 5대 강국으로 이끌 것이다.

박정희 정부 18년, 그 후반기 유신체제의 실상을 정확히 알고 정당하게 평가하는 작업이 중요한 이유는 거듭 말한 바처럼 우리 당대 국가적 과업들을 이루는 데에 매우 큰 시사점이 있기 때문이다. 한반도를 둘러싼 미국, 중국, 일본, 러시아 등 강대국들과 북한 정치체제의 특성을 감안했을 때 최우선적으로 북핵 위협을 극복하기 위한 안보 장치를 마련하기 위해서는 우리 정치체제에 강력한 대통령제가 필수적임을 다시 한번 강조한다.

현행 헌법 5년 단임제 대통령으로는 국내 정치적 혼란에조차 제대로 대처할 수 없다. 북핵 위협의 극복이라는 국가 존립과 국민 생존을 근본에서 지켜 내는 과업을 반드시 성취하기 위해서는 임기를 충분히 연장할 수 있는 연임제와 국가 통치 기구를 통괄할 수 있는 강한 권한이 부여된 강력한 대통령제가 반드시 필요하다.

국민의 기본권을 더욱 크게 보장하고 자유롭고 공정한 선거제도로 구현되는 다수결의 원칙 그리고 법치주의가 실질적으로 기능하는 자유 민주주의체제와 동시에 강력한 대통령제를 제도적으로 형성하는 일을 하는 데에 박정희 정부의 유신체제는 많은 성찰과 착안의 기회, 그리고 그 숨결이 혁명 될 때를 제공해 줄 것이다.

최 대 집

현 민생민주국민전선 대표. 제40대 대한의사협회 회장을 역임했다. 20대 대통령 선거 예비 후보로 7개월간 활동했으며, 유튜브 채널 〈최대집의 책임정치TV〉를 운영 중이다. 서울대학교 의과대학을 졸업했고, 한양대학교 인문대학원 철학과 석사 과정을 수료했다. 대표 저서 『나는 최대집』(지우, 2021)이 있다.

숨결이 혁명 될 때

17

고독한 혁명가

홍
문
종

이제 박정희 대통령을 역사의 고단했던 노정으로부터 그만 해방시켜 드려야 한다. 민족적 자긍심을 위해서라도 저주의 굿판을 거두고 상식선에서 그의 업적을 보다 더 진중하게 논해야 할 시점이다.

기억 속으로

일찍이 김수영 시인은 '푸른 하늘을'이란 시에서 다음과 같이 노래했다.

자유를 위해서

비상하여 본 일이 있는

사람이면 알지

......

어째서 자유에는

피의 냄새가 섞여 있는가를

......

혁명은

왜 고독해야 하는 것인가를

시인은 박정희 대통령과 같은 시대를 살았던 인물이다. 물론 박정희 대통령을 염두에 두고 쓴 시는 아닐 것이다. 그렇지만 '박정희' 이름 석 자만으로도 가슴 뭉클해지는 나는 이 시구詩句를 마주할 때마다 고독한 혁명가의 쓸쓸한 뒷모습을 떠올리게 된다. 그가 안쓰럽다.

개인적으로 박정희 대통령을 영웅시하는 분위기에 익숙해져 있었다. 국가재건조직운동본부 일원으로 평생을 사셨던 선친(홍우준 경민학원 설립자) 덕분이다. 당시만 해도 박정희 국가재건최고회의 의장에 대해 비판적 지지 입장을 견지하셨던 선친께서는 공화당 창당 이후 당원으로 활동을 이어가는 동안 인간 박정희에게 매료되셨던 것 같다. 생전엔 현재까지 그 명맥을 유지하고 있는 공화당 창당 요로 당직자 모임 '은행나무 동우회' 일원임을 늘 자랑스러워하셨다.

틈만 나면 자식들을 모아 놓고는 '누구든지 땀 흘려 일하고 개척하면 개인의 인생은 물론 국가의 미래도 열리게 돼 있다'라며 박정희 대통령의 가르침을 전하셨다. 박근혜 전 대통령이 대구 달성 보궐선거로 정계에 입문했을 때는 당부도 잊지 않으셨다.

"외모는 육영수 여사인데 콘텐츠는 박정희 대통령을 꼭 닮았다. 열과 성을 다해 선거를 지원하라."

선친께서는 박정희 정권에 대한 부정적 편린이 없는 분이셨다.

어린 시절 나는 한미연합사를 방문한 박정희 의장을 직접 본 적이 있다. 한미연합사 인근의 경민학원 건물을 바라보면서 "홍우준 동지가 지은 경민학교"라는 비서진의 브리핑을 듣고는 양복바지 주머니에다 한 쪽 손을 깊이 넣고 걸어가는 모습이었는데 까무잡잡한 피부에 작은 키, 그리고 예리한 눈빛이 퍽이나 인상적이었다.

고인이 되신 장인어른 이용남 교수님 역시 박정희의 가치를 설파하셨다. 사석에서 학생운동 당시의 무용담을 얘기하실 때마다 당신이 YS(김영삼 전 대통령)를 키워냈다고 주장하셨는데 그런 장인어른조차 박정희 대통령의 목숨 건 구국의 결단이나 실행 의지를 격찬하셨다. 정치인 YS와 DJ(김대중 전 대통령)의 민주화 이력에 점수를 주시면서도 박정희와는 상대가 안 된다고 입버릇처럼 말씀하셨다.

심지어 평소 가까이 지냈던 JP(김종필)에 대해서도 '혁명사상가 대열에 끼일 수 있을지는 몰라도 박 대통령의 국가에 대한 혁명 공약 실천 의지와 국가의 미래를 내다보는 혜안, 그리고 카리스마를 겸비한 용병술과 추진력에서는 감히 비교할 상대가 못된다'고 평가하셨다.

부정하고 싶은, 없애고 싶은

대한민국 5,000년 가난을 물리친 불굴의 지도자.

이제는 공인되다시피한 대통령 박정희에 대한 수식어가 무색할 정도로 그가 겪은 시대와의 불화는 불공정하다. 마타도어matador(흑색선전)의 내상이 깊은데 그를 겨눈 총구는 여전히 선혈이 낭자하다. 역사적 평가에 박한 사람들조차 부인할 수 없는 명백한 업적에도 불구하고 그를 바라보는 시선은 늘 싸늘하다.

과연 누구 탓일까?

편향된 시선은 언제쯤 제자리를 찾을 수 있을까?

묻지만 알 수 있는 건 아무것도 없다. 서거 40년이 지나도록 그가 여전히 대한민국을 대표하는 대통령으로 인정하는 사람들이 헤아릴 수 없을 만큼 많은데 말이다. 그럼에도 불구하고 대통령 박정희 치적 지우기에 나선 저들의 노력은 집요하다. 저주에 가까운 이 적대감의 본질을 설명할 도리가 없다.

중화학공업 육성 및 경부고속도로 개통과 함께 박정희 정권의 주요 치적으로 꼽히는 새마을운동 사업만 해도 그렇다. 과히 독보적 업적으로 정평을 받은 지 오래인데도 박정희 평가 절하에 혈안이 돼 있는 이들에게는 여전히 공략 대상일 뿐이다.

새마을운동은 1970년 초 박정희 대통령이 수해 대책을 숙의하기 위한 장관회의에서 농촌 자조 노력의 진작 방안 사업을 제창한, 대통령이 직접 발의한 국가사업이다. 마을 간의 경쟁으로 농촌 사회의 협동 노력을 진척시키며 농촌 인프라를 획기적으로 바꾸는 등 민관이 자발적으로 참여한 범국민 운동이었다. 대한민국 절대 빈곤을 퇴치한 혁혁한 업적을 남긴 것은 주지의 사실이다. 2009년 공적 개발 원조 사업을 시작해 개발도상국 농촌에 경제발전 경험을 전수하고, 2013년에는 그 기록물들이 유네스코 세계 기록 유산으로 등재되는 등 세계 각국으로부터 위대한 성공 사례로 갈채 받고 있는 것도 결코 우연은 아닐 것이다.

이런 상황에서도 적폐니 뭐니 새마을운동 폄훼에 여념이 없는, 조악한 단견에 혀를 내두르게 된다. 실제 문재인 정부는 집권 초기부터 '새마을운동'을 적폐로 낙인찍어 몰아세웠다. 정부기관 KOICA(한국국제협력단)가 개발도상국 지원 업무로 실시하는 새마을운동 관련 ODA(공적개발원조) 사업을 대폭 축소하고, 신규 사업 추진도 전면 중단했다.

박정희 대통령 시절 새마을운동 정신과 농업·원예·축산 관련 기술을 개도국에 전파하던 '새마을청년봉사단' 프로젝트도 폐지했고, 새마을운동 명칭 자체를 변경하려는 일각의 움직임도 있었다. 교육부도 초등학교 6학년 1학기 국정 사회 교과서 수정 과정에 불법 개입해 '1970년대 들어 박정희 정부는 도시에 비해 낙후된 농촌을 발전시키려고 새마을운동을 전개했다'는 기존 내용을 삭제했다. 심지어 일부 시민단체들은 "유신 독재가 떠오른다"며 각 관공서의 새마을 깃발 철거를 요구하는 작태까지 보였다.

새마을운동에 대한 문재인 정부의 어이없는 폭주에 제동을 걸고 나선 건 박근혜 정부 당시 해외 새마을 지원 사업으로 도움을 받았던 각국 정상들이었다. 아웅산 수치 미얀마 국가 고문 등은 2017년 11월 아세안 정상회의에 참석한 문재인 대통령에게 "새마을운동에 대한 한국의 지원에 감사한다"고 전했다. 이후부터 문 대통령은 "새마을운동 등 이전 정부 추진 사업도 성과가 있으면 지속 추진할 여건을 조성하라"고 지시하는 등 태도를 바꿨다.

새마을운동의 가치를 인정한 건 해외 정상들만이 아니었다. 김영삼·김대중·노무현 대통령 등 박정희 대통령의 정적이라고 할 수 있는 역대 대통령들도 "가난을 몰아내고 근대화를 이룩한 원동력", "모범적인 지역 사회 개발 모델", "대한민국 발전을 이끈 원동력" 등으로 호평을 아끼지 않았다.

특히 노무현 전 대통령은 특유의 솔직한 화법으로 새마을운동을 극찬했다. 재임 당시 참석한 전국 새마을 지도자 대회에서 "민주주의를 갈구하면서 정부가 추진하던 새마을운동이 곱지 않아 보이던 시대가 있었다. 저 역시 민주화운동에 참여하면서부터 새마을운동을 어떻게 평가할까 혼란스러웠다"면서도 "이러한 아픈 역사에도 불구하고 앞으로 새마을운동은 훌륭하게 계속돼 나갈 것으로 확신한다"고 힘을 실었다.

그렇지만 부적절한 노력들은 최근까지도 근절될 기미가 보이지 않아 안타깝다. 급기야 새마을운동 이미지 조작을 위해 그 기원을 재조명한 책까지 출간하는 모양새다.

허은 고려대 사회학과 교수가 최근 발간한 『냉전과 새마을』(창비, 2022)이라는 책에서는 '1930년대 일제 괴뢰국인 만주국의 간도 집단 부락을 새마을운동의 기원'으로 주장한다. 그러면서 만주사변 직후 항일 유격대를 고립시키기 위한 조선총독부의 '비민분리공작'에 활용된 집단 부락이 1950년대 재건된 제주 노형리 마을이고 비슷한 방식으로 불순분자 색출이 이뤄졌는데 새마을운동이 이를 전국으로 확대시키는 통로 역할을 했다는, 참으로 발칙한 논거를 들이대고 있다.

그뿐만 아니다. 1931년 만주사변을 일으킨 일본 관동군이 세운 만주국을 당시 조선 청년들에게 '제국의 첨병이 되어서라도 달성하고 싶은 꿈의 신세계였다'고 언급한다. 만주국의 중앙육군훈련처와 육군군 관학교, 간도 특설대 출신 장교들 중에는 조선 청년들이 넘쳐났다는 부연 설명과 함께 말이다.

1970년대 '새마을운동'을 거론하면서 저자가 만주국을 주요 키워드로 등장시킨 건 '새마을운동'이 일제의 지역 사회 지배정책에서 비롯됐다는 자신의 주장을 충족시키기 위한 장치가 아닐까 싶다.

더구나 '새마을운동은 만주국의 전시체제'가 냉전 속에서 박정희 정권에 의해 부활한 '새로운 버전'이라며 자의적 잣대를 들이대고 있다.

당시 정부가 '잘살기 운동' 명분하에 '대공요원-대공조장-대공조원'을 주축으로 하는 안보·감시 체제를 가동시켰고 이장과 새마을 지도자 등을 정부 정책 하달자로 전락시켰다는, 지극히 주관적이고 악의적인 주장을 펴고 있다. 자신의 주장을 공고히 하기 위한 방편에 지나지 않는다. 존재만으로도 신뢰를 더하는 그 이름, 박정희에 대한 공연한 생트집이자 생고집에 불과하다.

지긋지긋한 논란

일본의 식민정책에 대해 박사 학위 논문을 쓰면서 나는 비교적 일제 시대 상황을 많이 들여다본 편이다. 당시 미당 서정주, 파인 김동환, 육당 최남선, 춘원 이광수, 동랑 유치진, 모윤숙, 노천명 등 나약함이 한계였던 다수 문인들의 친일 행적도 한 잔의 커피, 치즈 한 조각, 분향기에 영혼을 드러내는 감성의 소유자라는 측면에서 측은함으로 수

긍할 수 있다.

그렇다고 당위성을 주장하며 친일을 부인하는 사람들을 대변하려는 의도는 아니다. 차라리 서정주나 김동환처럼 대한민국 독립이 요원해 보여 친일을 했는데 잘못했다고 고백하는 편이 그나마 인간적이지 않을까 생각한다. 그런 관점에서도 박정희 폄훼의 단골 메뉴인 친일파 공세는 지나치다.

만주군 혈서 사건만 해도 그렇다. 일제시대였던 1917년에 태어난 23세 청년 박정희의 발목을 잡은 친일 논란의 근거는 그가 만주군에 재지원하면서 첨부한 혈서의 존재였다. 민족문제연구소가 이를 보도한 1936년 3월 31일자 『만주신문』 기사를 근거로 친일파 박정희 프레임을 씌웠다.

당시 교사 생활을 함께했던 유증선 씨가 '1938년 5월쯤 박정희가 핏방울로 시험지에다 진충보국盡忠報國 멸사봉공滅私奉公이라고 써서 만주로 보냈고, 보름 정도 지나 만주에서 발행되는 신문에 박(정희) 선생 이야기가 실렸다'고 증언하면서 반전을 맞았다. 유 씨의 진술이 신문 기사와 상당 부분 엇갈린 내용을 담고 있었기 때문이다.

이에 따라 1939년 3월 31일자 『만주신문』 기사 전문을 통해 박정희의 편지가 29일 공관학교로 도착했다고 주장해 온 민족문제연구소의 신뢰 문제가 도마에 올랐다. 『만주신문』이 박정희의 군관 지원 편지와 함께 동봉됐다고 보도한 '한 번 죽음으로써 충성함 박정희一死以テ御奉公 朴正熙' 혈서 내용도 유 씨의 증언과 많이 달랐다. 특히 광복 이후 한국군 군대 지원서에 혈서를 포함시켰던 문화가 존재했고, 무조건 일본식으로 평가되지 않았다는 증언도 나왔다. 말하자면 만주군 지원 당시 혈서가 친일파 입증의 객관적 자료가 될 수 없다는 요지였다.

『박정희 평전』을 썼던 이정식 경희대 석좌교수는 "1939년과 1940년 당시 일본군에 입대하기 위한 혈서 제출은 일종의 유행이었다"며 그 근거로 "1939년 첫 해엔 45명, 박정희가 입교했던 1940년에는 168명의 한국 학생이 혈서를 제출했다"고 밝혔다.

1909년 2월 독립운동가 안중근 의사는 항일 의병들과 태극기에 쓴 '대한독립大韓獨立' 혈서로 항일 결의를 다졌고, 독립운동가 남자현 지사도 1932년 '조선의 독립을 원한다'는 혈서를 썼다.

대체 무엇이 문제인가.

실향민이셨던 생전의 선친은 일제시대 당시 창씨개명을 하지 않아 정상적인 교육을 받지 못했다. 이후 대한민국 사회에 정착하고 학업에 정진할 기회를 갖긴 했지만 홍경래 후손으로서 자부심을 지킨 당신의 선택을 후회하지 않는다고 말씀하시곤 했다.

마찬가지로 주어진 여건에 나름의 최선을 다한 개인의 선택을 누구도 매도할 수 없다는 생각이다. 국가적으로 불운한 시기에 창씨개명을 하고 일왕에 충성맹세하며 머리를 숙였다고 함부로 친일파 낙인을 찍을 순 없다. 그들은 조국이 사라진 시대를 살았던 사람들이었다.

대구사범을 졸업한 박정희가 일어로 학생들을 가르치는 선생이 됐다고, 일본 지배하의 육사를 우수한 성적으로 졸업했다고 해서 친일파일 순 없다. 그 역시 대한민국 독립을 위한 꿈을 간직하고 어떡하든 일본을 극복해 보려 노력했다고, 당시 그를 거쳤던 수많은 제자들과 동료들이 이구동성 친일파가 아님을 증언하고 있지 않은가.

이제 그만 저주의 굿판을 거둬야

전 세계가 박정희 대통령 재임 당시 업적과 성과물을 극찬하고 있는
데 친일파니 매국노니 정쟁의 도구로 끌어내리려는 시도가 여전한 건
정치적 후진성으로밖에 설명이 안 된다. 박정희 정권의 경제발전 공
로를 인정하면서도 국민 희생이나 미일의 원조 덕분이라고 견강부회
를 일삼는 세력들도 마찬가지다. 대한민국의 경제성장을 부산물 정도
로 취급하는 근시안은 근절돼야 마땅하다. 시대를 한 발 앞서 나가며
상황마다 적절하게 대응한 박정희 대통령의 혜안이 아니었다면 단언
컨대 오늘날의 대한민국은 존속할 수 없었다.

　당초 한국을 중국과 러시아를 견제하고 동북아 방면에 영향력을 유
지하기 위한 전초기지 용도로 생각했던 미국은 한국이 노동집약적 경
공업 수준 정도로 발전할 만큼의 필요한 원조를 계획했다. 그런 미국
이 중화학공업 이상의 도약을 꿈꾸는 박정희 정권의 경제계획을 외면
하는 건 지극히 당연한 결과였다.

　그런데도 박정희 대통령은 포기하지 않았다. 독일로 간호사와 광부
를 파견하고 베트남 참전까지 하면서 외화벌이로 중공업 기반의 선진
국 도약의 꿈을 실현하겠다고 나섰다. 당시 박정희 대통령이 맨주먹
으로 중공업 인프라 구축을 밀어붙인, 포항제철이나 현대중공업 건설
도 같은 맥락이었다. 국가의 명운을 건 엄청난 결단이었고 지금까지
도 대한민국 경제의 중추적 역할을 하고 있는 성공 사례로 지도자의
리더십 가치를 각인시키는 계기가 됐다.

　그러니 이제 그만 박정희 대통령을 역사의 고단한 노정으로부터 해

방시켜 드려야 한다. 민족적 자긍심을 위해서라도 저주의 굿판을 거두고 상식선에서 그의 업적을 보다 더 진중히 논해야 할 시점이다.

역사의 수레바퀴가 다른 쪽으로 향했다면

1979년 10월 26일 그날, 역사의 수레바퀴가 다른 쪽으로 향했다면 어땠을까?

많은 사람들이 박정희 정권 당시 이뤄놓은 산업화 성공에 찬사를 보내는 걸 보고 있노라면 아무래도 미련이 남는다. 아무것도 없는 나라에서 전국에 고속도로를 뚫고 포항제철을 만들고 삼성과 금성에 힘을 실어 주는 등 치밀한 주도로 대한민국 경제의 근간을 이뤄낸 솜씨 때문이다. 아이러니하게도 박정희 대통령 뒤를 이어 권좌에 오른 이들에 대한 평가는 그다지 후하지 않다.

10·26 이후 얼결에 대통령이 된 전두환은 박정희 대통령과 차별을 시도하면서 박정희시대를 마무리하고 7년 단임을 실현해 박정희가 하지 못한 민주화를 이뤄냈다며 그 치적을 인정받기 원하지만 대부분 동의하지 않는 분위기다. 단지 그가 자신의 한계를 인정하고 인재 기용을 잘해서 박정희 대통령이 구축한 국가 기반을 훼손하지 않은 정도에만 점수를 주는 것 같다. 뒤를 이은 노태우 대통령도 북방정책을 대표적인 치적으로 내세우지만 한반도 비핵화 선언이 국민들로 하여금 북한의 핵 위협에 시달리게 한 측면에 대해선 그다지 흔쾌해하지 않는다.

그래서일까? 그 시간들을 박정희 대통령이 대신했다면 많은 것이 달라졌을 거라는 생각이 든다. 박정희 대통령의 당시 나이로 보나 뭐로 보나 대통령 임기가 10년 더 연장됐다면 적어도 대한민국은 세계 경제 5대 강국 위치에 서 있게 되지 않았을까 아쉬움이 남는다. 중화학공업 완성으로 세계로 뻗어나가는 대한민국 경제에 가속도가 붙었을 것이고, 핵개발이 완성돼 핵무장 국가 위치에서 툭하면 협박을 해대는 북한에 끌려다니는 일도 없었을 것이다. 박정희 대통령의 강단을 생각하면 지금의 한·미·일 공조나 북한·중국과의 관계도 훨씬 더 비교우위에 서 있지 않을까 싶다.

그런 의미에서 10·26은 박정희 대통령 개인은 물론 나라 전체에 엄청난 손실을 끼친 명백히 잘못된 사건이었다. 적어도 역사의 무대에서 함부로 재단할 수 있는 대상이 아니다.

미국의 대표적 동북아 전문가였으며, 「박정희시대The Park Chung Hee Era」 공저자로 박정희 대통령에 대해 "엄청난 애국심과 강한 비전의 리더"라며 "한국의 다른 지도자였다면 경제발전을 이뤄냈을까 의문"이라고 평가한 에즈라 보겔Ezra Vogel 하버드대 명예교수의 발언이 반갑다.

「박정희시대」는 2011년 하버드 대학 출판부에서 출간된 이후 현재까지 많은 학계에서 1960~1970년대 한국의 도박적 선택에 따른 경제 기적과 그에 따른 성공을 설명하는 대표적인 자료로 인용되고 있는 논문집이다.

『박정희시대』 출간을 앞두고 국내 언론『중앙선데이』와 이메일로 나눈 보겔 교수 인터뷰 일부분을 인용하고자 한다.

질문 '박정희시대'의 출판 동기는 뭔가.

답변 박정희는 의심할 바 없이 한국 근대화의 길을 돌파해 낸 핵심 지도자다. 그럼에도 박정희시대는 한국 사회에 많은 상처를 남겼다. 공과에 대한 논쟁은 여전하다. 그런 탓에 박정희시대를 균형 있게 이해하기란 어려운 일이다. 객관적이고 균형 있는 이해에 도움을 주고 싶었다.

질문 '박정희시대'가 하버드대에서 출판된 의미는.

답변 박정희시대의 공과는 국내에서 여전히 논란거리다. 하지만 역사는 무 자르듯 공과 과로 나누어지지 않는다. 약탈국가 대 주권국가, 주권 대 종속, 보수 대 진보의 이분법으로 보면 놓치는 게 많다. 이번 책에서는 박정희시대를 정확하게 읽을 수 있는 객관적이고 균형 잡힌 잣대를 제시하고자 했다.

질문 박정희시대는 어떤 시대였나.

답변 거시 지표로 보면 평균 성장률 8.5%의 고도성장시대였다. 하지만 경제성장만 놓고 보더라도 폭과 깊이가 널뛰기를 했던 불확실하고 아슬아슬한 시기였다. 13%를 성장한 시기가 있지만 저성장에 이어 마이너스 성장으로 추락한 시기도 있었다. 외환보유액이 언제든지 바닥날 수 있는 불안한 나라였다. 8.5% 성장률 속엔 수많은 고민과 긴장과 갈등이 있었다.

질문 박정희는 그런 시대를 어떻게 이끌었나.

답변 엄청난 리스크 테이크를 하는 모험가였다. 그는 보통 사람이라면 택하지 않을, 또 택하지 못할 리스크를 계속 선택해 나갔다. 박정희의 전략은 3H로 설명할 수 있다. 고위험High risk, 고성장High payoff, 고비용High cost이다. 대박 가능성이 높지 않았는데 대박 나게 만들었고, 그러기 위해 많은 비용과 희생이 따랐다. 박정희는 그런 길을 갔다.

질문 왜 그런 길을 가게 됐나.

답변 당시 한국은 무척 힘든 상황이었다. 커다란 무역 적자를 메우려면 수출이 신장돼야 했는데 수출을 늘리기 위한 기술과 자원이 부족했다. 고학력자의 높은 실업률은 정치·사회 불안의 중요한 요인이었다. 그런 어려운 길을 가던 한국이 어느 날 갑자기 길을 바꿨다. 그것은 기존 이론처럼 개발국가론의 관료제로 설명되지 않는다. 박정희의 리더십을 연구해야 문제가 풀린다.

질문 다른 나라에선 채택하기 어려운 특수한 성장 모델이란 얘기인가.

답변 규모가 중간 정도의 국가라면 1960년대가 스스로의 힘으로 선진국 대열에 올라설 수 있는 마지막 기회였다. 케네디 라운드로 선진국의 관세 철폐가 대대적으로 이뤄져 수출 진흥을 통한 산업화의 창이 열렸다. 선진국이 된 일본은 해외에서 투자처를 찾기 시작했다. 한국의 산업화는 수요가 확대되면서 생산 쪽에선 기술 이전이 가능한 시기에 일어났다. 절묘한 타이밍이다. 향후 세계 무역은 그런 방식의 산업화가 어렵도록 체제가 바뀌었다. 한국은 당시 경제협력개발기구OECD로 갈 수 있는 막차를 탔다.

질문 박정희 리더십이 성공적이었단 뜻인가.

답변 막차인지 여부는 박정희도 몰랐을 것이다. 다만 잘살아 보자는 것이었다. 그런데 1990년대 이후 두 자릿수 고속 성장으로 달려 나간 중국을 생각해 보자. 그때 기회를 놓쳤다면 한국의 산업화는 정말 어려웠을 것이다(『중앙선데이』, 2011년 3월 20일).

박정희 대통령에 대한 객관적 관점을 들여다볼 수 있는 대목이다. 박정희 대통령의 삶은 어떤 것이었고, 또 우리들의 삶은 무엇이었는지를 다시 한번 깊이 생각하는 속 깊은 2022년을 기대한다.

홍 문 종

하버드 대학교 교육학 박사. 전 국회의원. 경민대학교 설립자. 현재 유튜브 채널 〈홍문종의 나 폴레홍TV〉를 운영 중이다. 대표 저서로『하버드로 간 악동』(밀레니엄, 1998),『조선에서 본 일본 식민지 교육 정책』(학지사, 2003),『꼴통보수』(무한, 2020)가 있다.

1978년 9월, 군수 공장에서 탄약 생산 과정을 살펴보는 박정희 대통령

18

10월 유신의 새로운 이해

- 경제사 관점에서

이

영

훈

10월 유신은 역사로부터 물려받은 물적 유산이 빈약한 가운데 국제 시장의 환경 변화를 맞아 노동집약적 경공업 제품의 수출로 도약을 시작한 한국경제가 어느 단계에서 추가적인 도약을 위해 선택하지 않을 수 없었던, 그것이 없었더라면 오늘날과 상이한 형태와 수준의 국가경제가 불가피했던, 그런 점에서 그 현명함이나 어리석음에서, 그 용감함이나 비겁함에서, 그에 대한 협력과 저항에서, 그 시대의 인간들이 그 역사적 공과를 함께 나누어야 할 정치적 변혁이었다.

문제 제기

1972년 10월 박정희 대통령이 결행한 '유신'을 두고 사람들은 흔히 그의 종신 집권을 위한 또 한 차례의 쿠데타라고 비판한다. 과연 그렇기만 했을까. 나는 그에 대해 의문을 갖는다. 민족사를 위한 충정이라 할 만한 다른 의도는 없었는가. 유신으로 인한 민주제 정치의 훼손이라는 비용보다 그로 인한 국가 경제의 건설이라는 편익이 훨씬 컸다면 재평가의 여지는 있지 않은가. 이 글은 그러한 문제의식에서 10월 유신의 역사적 의의를 재평가하기 위한 것이다.

1963~1997년에 걸쳐 한국경제는 연평균 9.1%의 고도성장을 거듭하였다. 기업이나 국가가 장기간 고도성장을 거듭하기 위해서는 무언가 특별한 행동원리가 필요하다. 잘 알려진 길을 열심히 좇아가기만 해서는 곤란하다. 국내외 시장 환경은 변하게 마련이다. 시장은 언

제나 창의적이고 모험적인 행위에 대해서는 보상한다.

국가의 장기간에 걸친 고도성장은 개별 기업의 경우보다 더욱 힘든 일이다. 정책의 결정과 집행이 경제만이 아니라 정치, 사회, 문화에 걸친 복합 요인의 작용으로 이루어지기 때문이다. 보통선거, 의회, 정당과 같은 요건으로 짜인 민주제 정치가 성립해 있는 나라에서는 더욱 그렇다. 고도성장은 기존의 경제 관계에 급격한 변화를 초래하며, 이는 심각한 정치적 저항을 야기하게 마련이다. 고도성장의 어려움은 국내적인 것만이 아니다. 고도성장은 자본, 기술, 노동 등 생산 요소의 수급에 불균형을 일으키며, 모자라는 요소는 해외에서 순조롭게 공급될 필요가 있다. 해외의 선발자는 후발자의 추격을 경계하여 요소의 공급을 제한하거나 까다로운 조건을 붙인다.

한국경제의 고도성장과 그에 따른 어려움은 박정희 대통령이 구축한 수출주도형 개발 전략에 의해 해결되었다. 그것은 당대의 후진국으로서는 창의적이고 모험적인 선택이었다. 다음의 「고도성장의 개발체제」가 그에 관한 설명이다. 그런데 그것은 정치 세력 간의 민주적 토론으로 도출된 것이 아니었다. 박정희 대통령의 개발 전략은 처음부터 야당의 심각한 반대에 직면하였다. 그것을 억누르고 고도성장의 여러 조건을 확보한 것은 박정희 대통령의 권위주의 정치였다. 박정희시대의 고도성장과 그의 권위주의 정치는 동전의 앞뒤와 같은 관계였다.

제2차 세계대전 이후 생겨난 신생국의 민주제 정치는 거의 예외 없이 권위주의 정치에 빠져들었다. 권위주의 정치는 신생국의 정치 엘리트 사이에서 '국가 세우기' 또는 '국민 만들기'의 과제와 전략을 둘러싸고 근본주의적이라고 해도 좋을 만큼 심각한 대립이 발생하거나,

이를 조정하고 해소할 능력을 갖춘 시민 사회가 부재하거나, 부족적이거나 소농적인 대중에 대해 카리스마를 발휘하는 정치가가 출현하는 조건에서 성립하였다.

1950년대의 한국 정치를 권위주의로 이끈 근본주의적 대립은 정부 형태를 둘러싼 것이었다. 이승만 대통령과 자유당은 국민직선제에 기반을 둔 대통령중심제 정부 형태를 추구한 반면, 야당 민주당은 대통령의 국회 간선에 이어 내각책임제 정부 형태를 주장하였다. 격렬한 정쟁을 치른 나머지 두 정치 세력은 1960년의 4·19와 1961년의 5·16이라는 두 정변을 맞아 차례로 쓰러졌다. 그렇지만 그 사이 한국의 민주제 정치는 보통선거제의 확산을 통해 성숙하였다. 이 점이 다른 후진국에서 보기 힘든 한국 권위주의 정치의 볼만한 특질이다.

한국에서 권위주의 정치가 재현된 것은 1965년부터다. 국가 경제의 건설 방안을 둘러싸고서였다. 박정희 대통령은 수출 공업과 대기업을 우선하는 개발 전략을 채택한 반면, 야당은 농업과 중소기업 우선의 전략을 대안으로 제시하였다. 세 번째 단락에서 소개할 「대중경제론」이 바로 그것이다. 두 개발 전략의 근본주의적 대립은 쉽게 해소되지 않았으며, 결국 1972년 10월 또 하나의 정변을 초래하였다. 10월 유신은 이 같은 시각에서 고쳐 이해될 필요가 있다. 네 번째 단락 「고독한 선택」이 그에 대한 내 나름의 주장이다. 어쨌든 박정희 대통령의 개발 전략과 고도성장이 남긴 유산은 1990년대에 이르러 한국경제를 중진국 상위권으로 진입시킴에 성공하였다. 그 점에서 이전 이승만시대와 마찬가지로 박정희시대의 권위주의 정치가 담당한 건설적 역할을 확인할 수 있다고 생각한다.

고도성장의 개발체제

형성

박정희 정부의 개발 전략을 수출주도형으로 이끈 것은 1963년부터 부쩍 증대하기 시작한 노동집약적 공산품의 수출이었다. 전혀 예상하지 않았던 곳에서 달러 박스가 터진 것은 세계 자본주의의 구조 변동에 따라 한국경제가 보유한 잠재적 비교우위가 현시화하였기 때문이다. 1950년대 이래 미국을 위시한 선진국은 노동집약적 경공업 제품을 후진국에서 수입하기 시작하였다. 광활한 미국 시장에 그것을 먼저 공급한 것은 일본이었다. 그 일본이 1950년대 후반 중화학공업화의 개시와 더불어 고도성장의 경주를 시작하였다. 일본의 노동집약적 경공업은 다른 지역으로 옮겨가야 할 참이었다. 1963년부터 한국의 경공업 제품 수출이 부쩍 증가한 것은 이 같은 국제 시장의 구조 변동 덕분이었다.

1965년 1월 박정희 대통령은 국회에서 밝힌 연두교서에서 '증산, 수출, 건설'이라는 새로운 개발 전략의 행동원리를 발표하였다. 우선 가용한 자원, 노동력, 내·외자를 총동원하여 증산을 이루고, 이로써 수출을 늘리고, 자립적 국가 경제를 위한 공장을 건설하며, 이는 다시 증산, 수출, 건설의 순환으로 이어진다는 논리였다. 이러한 개발 전략에서 핵심 고리는 수출이었다. 박정희는 수출을 '경제의 생명'으로 삼아 1967년까지 3억 달러의 수출을 달성하겠다고 선언하였다. 1967년의 수출 실적은 3억 2000만 달러에 달하였다.

수출의 증대는 외자 도입의 능력을 확충하였다. 곳곳에서 차관 도

숨결이 혁명 될 때

입에 따른 공장이 활발하게 건설되었다. 외국인의 직접 투자도 적지 않았다. 그에 따라 수출이 기하급수적으로 증가하였다. '수출만이 살 길이다'라는 수출입국의 깃발이 도처에 높이 걸렸다. 수출 공업은 주요 원자재, 부품, 기계, 장치를 주로 일본에서 수입하는 조립가공형 공업이었다. 그에 따라 무역수지는 적자 기조를 면치 못하였다. 그럼에도 불구하고 증산→수출→건설의 호순환은 점점 크고 빠르게 한국 경제를 고도성장으로 이끌었다.

행동원리

고도성장을 이끈 박정희 정부의 행동원리는 이후 오원철에 의해 '엔지니어링 어프로치', 곧 공학적 접근이란 말로 명료하게 요약되었다. 오원철은 상공부 관료 출신으로서 1968~1972년의 석유화학공업단지 건설과 1973~1979년의 중화학공업화 정책에 깊숙이 관여하였다. 오원철은 박정희 정부가 구현한 '엔지니어링 어프로치'의 주요 특질을 다음과 같은 몇 가지로 요약하였다.

첫째, 정부와 기업의 더없이 강력한 개발 의욕이다. 예컨대 제2차 경제개발5개년계획(1967~1971)은 수출이 1981년에 13억 달러에 달할 것으로 예측했지만, 실제 그것이 달성되는 것은 1972년이었다. 당초 계획보다 근 10년이나 앞당겨진 것은 해마다 급증하는 수출의 추세에 자극을 받은 정부가 매년의 수출 목표를 누적적으로 상향 조정하였기 때문이다. 1973년 4월의 수출진흥확대회의에서 박정희 대통령은 이 사실을 환기하면서 1981년의 수출 100억 달러 목표에 대해 "우리가 책정한 계획이 어느 정도 합리적이고 타당성 있는 계획이고, 그 계획을 집행해 나가는 데 있어서 우리의 꾸준한 노력이 지속이 된다면 그건 기어코 달성될 수 있다는 이러한 신념을 가지고 밀고 나갔으면 좋겠다"는 소신을 밝혔다. 수출 100억 달러의 목표는 4년을 앞당겨 1977년에 달성되었다. 대통령의 강력한 개발 의욕과 자신감은 고도성장기의 관료와 기업가를 비롯한 모든 경제 주체가 공유한 행동원리로 확산되었다.

둘째, 특정의 정책 목표는 전략적으로 중요한 것일 뿐 아니라 실현 가능한 것이어야 했다. 이를 위해 모든 목표는 막연한 슬로건이 아니라 특정 기간에 달성되어야 할 특정의 수치로 구체화되었다. 예컨대 연간 수출 목표는 전해 5월부터 주무 부처 상공부의 주도하에 전경련과 수출 공업의 대표가 참가하는 수출진흥실무자회의에서 부문별, 상품별, 기업별, 국내·외 지역별로 세밀하게 조사, 할당, 결정되었다. 제반 건설 프로젝트도 마찬가지 원리에서 입안되었다. 또한 목표를 달성하기 위한 정부의 자금을 비롯한 제반 유인과 수단은 강력하고 충분해야 했다.

셋째, 산업 구조의 장기적 개발도 공학적 원리에 규정되어 낮은 수준에서 높은 수준으로 추구해 올라가는 단계성과 과학성을 구현하였다. 박정희 정부의 개발정책은 가장 낮은 단계의 정유, 비료, 시멘트 등 기초 공업의 건설에서부터 시작하여 그것을 소재로 하는 수출 경공업과 석유화학공업을 일으키고, 그러한 건설 경험을 바탕으로 중화

숨결이 혁명 될 때

학공업화에 도전하여 기계·기기류의 국산화를 추구하고, 장차 기술의 자립을 달성하려는 단계적 과정을 순차적으로 밟았다.

넷째, 전략적으로 건설되는 주요 공장은 국제 경쟁력을 지닐 만큼 충분히 큰 규모여야 했다. 이를 위해 주요 투자의 선택과 결정은 다른 누구도 아닌 한국 정부에 의해 주도적으로 이루어졌다. 한국 정부에 자문한 외국의 전문가들은 한국경제의 후진적 현실에 구애되어 투자 계획의 수립에서 소극적인 경우가 많았다. 예컨대 울산 석유화학공업단지의 건설을 자문한 어느 미국회사는 에틸렌 연산 3만 톤MT의 시설을 권하였다. 당시 세계 일류 회사의 그것은 통상 30만 톤이었다. 이를 의식한 박정희 정부는 연산 10만 톤의 모험을 선택하였다. 다시 말해 박정희 정부의 '엔지니어링 어프로치'는 처음부터 수출을 통한 세계 경영을 지향하였다. 전술한 대로 성장의 주요 동력은 수출에서 구해졌다. 수출의 지속가능성을 위해서 모든 건설과 경영은 세계적이어야 했다.

바로 이 점이 다른 개발도상국에서 찾을 수 없는 한국적 개발 전략의 두드러진 특질이다. 후발국이 공업화에 성공하기 위해서는 선발국의 뒤를 따라만 가서는 곤란하고, 정부가 은행자본을 동원하여 대기업을 육성하여 선발국과의 격차가 크지 않은 중화학공업에 뛰어들 필요가 있었다. 그런데 박정희 정부의 개발 전략은 그 이상의 창의성과 모험성을 과시하였다. 다름 아니라 국제적 수준의 '규모의 경제' 확보와 세계 경영의 추구 그것이었다.

다섯째, 정부, 기업, 종업원, 학계 등 제반 경제 주체 상호 간에 더없이 기민한 조정과 협력의 체제가 작동하였다. 예컨대 1961~1985년 전경련은 정부에 대해 총 780건의 건의를 행하였다. 정부는 전경련의 건의 약 70%를 3년 이내에 수용하였다. 이 같은 관민협동은 수출진흥확대회의와 월간경제동향보고라는 두 회의체를 통해 훌륭하게 실현되었다. 수출입국의 개발 노선이 선포된 1965년부터 박정희 대통령은 매월 상공부가 개최하는 수출진흥확대회의에 참석하여 회의를 주재하였다. 동 회의는 1965년 2月부터 1979년 9月까지 총 176개월 기간에 도합 153회나 개최되었다. 동 회의는 매월의 수출 실적을 점검하고 수출의 애로를 타개하며, 세계 경제의 동향을 탐지하였다.

수출진흥확대회의와 별도로 박정희 대통령은 매월 경제기획원이 주관하는 월간경제동향보고라는 회의에 참석하였다. 동 회의 역시 1965년부터 시작하여 1979년까지 도합 146회나 열렸다. 월간경제동향보고는 물가와 국제수지 등 국가 경제의 거시적 지표를 점검하는 것으로부터 시작하여 개별 산업정책과 공기업의 구조 조정에 이르기까지 국가 경제의 현안을 포괄적으로 다루었다.

15년간 매월 두 회의를 주재한 대통령의 개발에 대한 집념은 매우 강렬하였다. 동시대 세계의 어디서고 그러한 회의체를 운영한 나라는 없었다. 대통령은 반복되는 회의에서 어느덧 최고 수준의 경제학자와 행정가로 훈련되어 갔다. 그것보다 이 두 회의체가 이룩한 진정한 공헌은 관계·업계·학계가 축적한 고급 정보를 광범하게 수집·분석·전파함으로써 개발 정책을 모색·입안·결정·집행·조정함에 있어서 극히 효율적인 국가 혁신 체제를 꾸렸다는 점이다.

이념과 교육

여러 선발국의 역사적 경험에서 보듯이 후발국의 산업혁명은 국가에 의한 자본과 노동의 동원을 정당화하는 민족주의 이념의 뒷받침을 요구하였다. 그 점은 한국의 산업혁명에서도 마찬가지였다. 박정희 대통령은 "우리도 한번 잘살아 보세" 또는 "조국 근대화"라는 슬로건으로 그가 꾸린 고도성장의 개발체제에 대한 국민적 참여를 독려하였다.

1968년 국민교육헌장이 선포되었다. 당대의 대표적 지식인 70여 명이 작성한 동 헌장의 기본 이념은 1949년에 제정된 교육법에 기초하였다. 교육법은 홍익인간의 큰 지향을 제시한 다음, 신체건전, 애국애족, 민족문화, 과학정신, 자유시민, 예술정서, 근검노작의 7가지를 신생 대한민국의 국민이 추구할 덕목으로 제시하였다. 1968년의 국민교육헌장은 그 같은 덕목을 국민적 행동원리로 헌장화한 것이다.

국민교육헌장이 국가주의에 경도되었다는 비판은 타당한 면이 있다. 그렇지만 국가주의는 우리의 전통문화에 깊숙이 스며 온 것임에 유의할 필요가 있다. 한국의 전통 사회를 자유, 독립, 개인과 같은 범주가 성숙한 서유럽과 같은 형태의 사회로 간주해서는 곤란하다. 국민교육헌장은 박정희 대통령에 대한 비판자들의 주장과 달리 다수 국민에게 큰 울림으로 받아들여졌다. 박정희 대통령이 새마을운동에서 제시한 근면·자조·협동의 인간상에 대해 대다수 국민은 공감하였다.

국민교육헌장이 추구한 근대적 인간상은 박정희 대통령의 기능공 양성정책에서 열성적으로 추구되었다. 기능공 양성을 위한 체계적인

교육과 훈련은 공업고등학교에서 이루어졌다. 공업고등학교는 1966
년의 46개교에서 1973년의 64개교, 1979년의 96개교로 증가하였다.
공업고등학교 교육은 1973~1979년의 중화학공업화 기간에 특별히
강화되었다. 신설된 32개교 가운데 19개교는 기계공고였다. 기계공
고는 기계공업에 필수적인 정밀가공사의 양성을 목적으로 하였다. 학
생들에게는 장학금과 기숙사의 특혜가 주어졌다. 학생들은 졸업과 동
시에 2급 기능사 자격을 취득하고 중공업 부분의 대기업에 취직했으
며, 일정 기간을 근무하면 병역도 면제받았다.

　박정희 대통령의 기능공 양성은 산업정책이기를 넘어 사회정책이
기도 하였다. 공업고등학교 육성은 당시의 사회 하층, 특히 농촌의 빈
농층에게 계층 상승의 기회를 제공하는 역동적인 교육정책이었다.
1967~1979년 직업훈련과 공업고등학교를 통해 양성된, 대략 120만
명에 달하는 기능공의 이후 인생행로는 이전의 별다른 교육 없이 공
장으로 직행하여 노동집약적 경공업에 종사한 비숙련 노동자와는 판
연히 달랐다. 그들은 1990년대 이후 대기업의 정규직 노동자이거나
중견 간부로서, 또는 소규모 사업체의 경영자로서, 새로운 중산층의
기반을 형성하였다.

대중경제론

제기

박정희 대통령이 구축한 고도성장의 개발체제는 그 출발에서부터 심

각한 저항에 부딪혔다. 1964~1965년 야당과 재야 지식인은 박정희 대통령이 추구한 일본과의 국교 정상화에 대해 '굴욕 외교'라면서 극렬하게 저항하였다. 4·19 이후 처음 조성된 서울 시가에서의 대규모 군중 시위는 박정희 대통령의 계엄군 동원으로 진압되었다. 이를 계기로 하여 1950년대에 이은 또 하나의 근본주의적 대립과 권위주의 정치의 역사가 막을 올렸다.

1965년 1월 민중당의 박순천 대표는 국회에서 행한 연두 연설에서 박정희 대통령의 "증산, 수출, 건설"의 개발 정책을 비판하고 그 대안으로서 "100만 안정 농가"의 창설을 주장하였다. 1966년 민중당의 대통령 후보 유진오는 '대중경제'를 제창하였다. 그는 제헌헌법을 기초한 사람으로서 "제헌헌법에 명시된 사회균점을 실현하고 재벌경제로부터 대중경제로 질서를 바로잡겠다"고 주장하였다. 1967년 유진오는 '나의 대중경제론'이란 글에서 "외자 의존 경제와 재벌과 정상배만 위하는 경제로부터 탈피하여 농민, 노동자, 봉급생활자, 중소기업가 등을 망라하는 대중이 본위가 되는 경제를 확립해야 하는데, 그러기 위해서는 중남미에서 대두된 대중경제정책을 시행해야 한다"고 주장하였다.

유진오의 대중경제론은 1967년 통합 야당 신민당의 정강정책으로 발전하였다. 동년의 대통령 선거에서 신민당은 재벌에 대한 특혜투자의 지양과 대중투자의 실현, 외자도입의 지양과 합작투자로의 전환, 공업제일주의의 지양과 농공합작의 실현, 대일 예속체제의 지양과 자주체제로의 전환을 주요 골자로 하는 '대중경제체제론'을 공약으로 내걸었다.

야당의 대중경제론은 1971년의 대통령 선거에서 신민당 김대중 후보가 발표한 대중경제론에서 나름의 완성을 보았다. 동년 1월 김대중 후보는 1) 예비군 완전 폐지, 2) 영구 집권의 총통체제 구상의 분쇄, 3) 대중경제 실현과 농업혁명 추진, 4) 부유세 신설, 5) 남·북한의 기자 교환, 서신 교류, 체육인 왕래, 6) 노동3법 전면 개정, 7) 여성의 지위 향상을 공약하였다. 그로 인해 그해 대통령 선거는 이전에 없던 뜨거운 정책 경쟁의 장을 열었다. 그 과정에서 한국의 취약한 민주제 정치의 틀로는 더 이상 수습하기 곤란해 보이는 근본주의적 대립이 국방, 외교, 정치, 경제, 사회의 모든 방면에서 뚜렷해졌다. 그중의 하나로서 가장 뜨거운 감자가 대중경제론이었다.

논리

1971년 3월 김대중 후보는 『김대중의 대중경제 100문 100답』(대중경제연구소)을 출간하였다. 이 책은 몇 명의 좌파 지식인에 의해 대리 집필된 것으로 알려져 있다. 비록 대리 집필이지만 전후에 걸친 김대중의 공개적인 발언이나 논문을 두고 볼 때 이 책은 그의 이념과 정책 지향을 충실하게 대변한 것으로 여겨진다. 이하 이 책에 근거하여 대중경제론의 줄기를 소개한다.

대중경제의 전제는 독점자본주의 하의 대중사회다. 기계화, 도시화, 국가 기구의 비대화에 따라 고독하고 소외된 개인으로 구성된 대중사회가 형성된다. 체념과 불만의 대중사회는 파시즘으로 빠질 위험성이 있지만, 저자는 대중민주주의의 발전에 따라 그 모순을 개량해 갈 수 있다는 낙관적인 입장을 밝힌다.

이 같은 일반론에 이어 저자는 한국 현실에 대한 그의 이해를 밝힌다. 한국에서 진정한 민주주의는 결여되어 있으며, 군사 폭력의 전체주의가 횡행하고 있다. 일제하 식민지 자본주의에 기인하는 산업 구조의 파행성은 해방 후에도 여전한 가운데 원조와 차관으로 인해 대외 의존의 구조는 더욱 심화되었다. 그 과정에서 관료 주도의 매판 독점자본주의가 강화되었으며, 그로 인해 중소기업의 성장이 차단되고, 지역·산업·계층 간 격차가 벌어지고, 체념과 불만의 대중사회가 비대화하였다는 것이다.

이 같은 저자의 현실 인식은 그의 대외 인식과 수미상응하고 있다. 후진국이 개방체제를 채택하면 대외 종속은 불가피하다. 한국의 기업은 영세하며 기술 수준이 후진적이어서 국제 경쟁을 도저히 이길 수 없다. 축적된 자본과 국내 시장의 크기도 빈약하다. 그럼에도 경쟁국의 자본, 기술, 원자재를 들여와 조립 가공하여 수출하면 국제수지의 악화는 불가피하다. 개방체제는 결국 국제자본의 욕망을 충족시킬 뿐이다. 이처럼 대중경제론의 대외 인식은 부정적이고 방어적이다.

그렇다면 대안은 무엇인가. 저자는 '한국형 혼합경제체제'라고 대답한다. 이는 국민경제를 계획화하여 민간 자본이 불가능한 영역에서는 국가 자본주의를 확립하고, 그 밖의 영역에서는 민간 자본의 자유로운 활동을 보장하는 경제체제를 말한다. 대외적으로는 개방정책을 지양하고 상대적인 자급자족체제를 추구한다. 외자는 필요악으로서 내포적 공업화를 통한 '민족경제'의 자립을 실현하는 방향으로 도입되고 관리되어야 한다.

이러한 관점에서 저자는 박정희 정부의 공업화 정책을 비판한다.

지금까지 건설된 시멘트공업과 화학비료공업을 제외한 정유공업, 화학섬유공업, 자동차조립공업, 전자공업 등 외자에 기초한 대기업 중심의 공업은 국민경제의 수준에 비추어 사치적 공업에 불과하다. 그로 인해 자립적 국민경제의 건설에 긴요한 생산재 생산공업으로서 기계공업과 금속공업이 낙후하였다는 것이다.

대중경제론이 제시한 대안적 공업정책은 국가가 선도적으로 건설하는 생산재 생산공업 아래 대기업과 중소기업이 상호 분업 관계의 피라미드를 이루고, 기층에는 유기적 연관의 중소기업군이 자국의 원료와 농업에 기반을 둔 국지적 시장권에 입지하는 구조를 추구하는 것이다. 대중경제론은 하나의 국지적 시장권에서 농업과 중소공업이 유기적 연관으로 발전하는 것을 두고 '자본주의 경제제도 전개의 자연적 순서'라고 평가하고 있다.

대중경제론의 정치적 지향이 두드러지는 것은 노동정책과 관련한 대목에서다. 대중경제론은 우선 노동조합의 자유로운 활동을 보장하고 기업가 연합의 횡포를 구제함으로써 자본과 노동 간의 세력 균형을 이루게 해야 한다고 주장한다. 여기서 한 걸음 더 나아가 대중경제론은 근로자의 경영 참여를 주장한다. 이를 위해 기업의 이익을 분배하는 과정에서 종업원의 이익분을 주식으로 배당하여 종업원지주제를 시행할 것을 주장한다. 나아가 보다 직접적인 경영 참여를 위해 기업별로 가칭 노자공동위원회를 두며, 기업은 동 위원회에 영업보고서를 의무적으로 제출해야 하며, 동 위원회의 권고가 기업에 대해 상당한 규제력을 갖도록 해야 한다고 주장한다.

이상의 정책으로 대중경제론은 대중 소외의 근거가 되는 비자립적·

숨결이 혁명 될 때

종속적 국민경제의 파행성을 타파하고 자립적 국민·민족 경제를 건설함으로써 밝고 건강한 새로운 중간계층을 육성할 수 있다고 주장한다.

평가

오늘날의 시점에서 되돌아볼 때 1971년 야당이 내건 대중경제론은 많은 나라에서 실패한 내포적 공업화론, 포퓰리즘, 신민주주의론의 혼합과 크게 다르지 않다. 그것의 성공 가능성은 역사적 전제 조건에서나 경제학적 합리성에서나 현실적 정책 수단에서 거의 전무하였다. 한국 농촌에서 자국의 원료와 소재에 바탕을 둔 농촌 공업이 발생하여 국지적 시장권을 이루어야 한다는 주장은 그러한 역사적 경험도 없거니와 현실적 여건이 불비하여 공허한 기대에 불과하였다.

정부가 생산재공업을 건설할 자금원과 관련하여 대중경제론은 부정부패의 차단과 재정의 절약을 통해 비생산적으로 은폐된 대량의 자본을 동원할 수 있다고 하지만, 그 역시 환상에 지나지 않았다.

자본주의 시장경제가 경제체제로서 지닌 수월성은 경제 주체 간의 자유롭고 공정한 경쟁을 통해 자원의 효율적인 배분을 위한 정보가 널리 발견되고 전파된다는 점에 있다. 그 같은 시장경제체제의 수월성은 시장의 크기, 곧 경쟁의 범위에 의존한다. 좁은 국내 시장을 전제로 한 내포적 공업화론은 결국 자원 배분의 비효율성으로 인해 실패할 수밖에 없었다. '규모의 경제'를 결여한 국내 공업은 수출 능력을 결여했으며, 그에 따른 외환의 애로는 선진적인 기술의 도입이나 개발을 저해하였다.

대조적으로 박정희 대통령이 추구한 개발 전략은 이 같은 애로를 훌륭하게 회피하였다. 수출주도형 공업화 정책은 세계 시장에서의 경쟁과 그에 적합한 '규모의 경제'를 추구하였다는 점에서 훨씬 높은 수준의 효율성을 구현하였다. 수출 증대는 외환의 애로를 타개했으며, 이는 추가적인 건설과 개발을 가능케 하였다. 해외 마케팅의 경험은 새로운 시장과 기술에 관한 정보를 국내로 전파하였다.

대중경제론은 농업, 중소기업, 대기업의 발전으로 이어진 선진국의 경험을 모델로 삼았다. 그것을 두고 '자본주의 경제제도 전개의 자생적 순서'라고 하였다. 그렇지만 한국경제가 도약을 모색한 1960년대 세계 시장의 질서는 선진국이 산업혁명을 수행한 18~19세기의 그것과 판이하였다. 후진국의 경제개발은 세계 시장의 구조 변동에 따른 공업 입지의 국제적 재배치나 비교우위의 이동에 민첩하게 부응하는 방식이어야 했다. 특히 인접한 선발국과의 관계에서 발생하는 '비교지경학적우위'를 효율적으로 활용할 필요가 있었다. 박정희 대통령의 수출주도형 공업화 정책은 그런 점에서 한층 훌륭한 모범을 보였다. 그에 비하자면 대중경제론의 개발 전략은 소극적이거나 수구적이었다. 대중경제론에서 한국경제의 지속적 성장을 담보할 개발체제 정립은 역사적으로나 논리적으로 불가능하였다.

고독한 선택

대립의 격화

그럼에도 불구하고 1971년 4월의 대통령 선거에서 대중경제론은 적

숨결이 혁명 될 때

지 않은 성공을 거두었다. 박정희 대통령은 3선에 성공했지만 고전한 편이었다. 야당의 대통령 후보 김대중은 선전했으며, 박정희 대통령의 강력한 경쟁자로 부상하였다. 뒤이은 제8대 국회의원 선거에서 야당 신민당은 204석 중 89석을 얻어 112석을 얻은 여당 공화당을 압박하였다. 신민당은 도시의 의석 64석 중에서 47석을 차지하였다. 민주주의를 교육 받은 도시의 중산층과 고학력층은 대통령의 권위주의 정치를 더 이상 용납하려 들지 않았다.

1971년 10월 한국경제는 수출 10억 달러의 고지를 넘었다. 그렇지만 성장의 전망은 불투명하였다. 수출의 주력은 여전히 의류·직물·합판·가발과 같은 노동집약적 경공업 제품이었다. 수출의 상당 부분은 조립·가공 무역이었다. 수출의 채산성은 점점 악화했으며, 무역수지 적자는 해마다 커지고 있었다. 1971년의 무역수지 적자는 13억 달러를 넘었으며, 그 절반은 대일본 적자였다. 누가 봐도 한국경제의 대일본 의존은 심해지는 추세였다. 그동안 시장을 우호적으로 개방해 온 미국은 1971년부터 한국 섬유류의 수입을 규제하기 시작하였다. 또한 차관을 도입한 외자기업의 상당수가 부실화하였다. 경영 규모의 미달, 제조 공정의 낙후, 기업가의 도덕 해이 등이 그 원인이었다. 고도성장의 개발체제는 객관적으로 한계에 봉착한 듯이 보였다.

원대한 꿈

그렇지만 박정희 대통령의 내면은 그 즈음에서야 과거 10년간의 집권 경험을 토대로 한 더없이 원대한 꿈으로 충일해 있었다. 1971년 7

월 박정희는 3선 대통령 취임사에서 "나는 앞으로 중화학공업시대의 막을 올리고, 한강변의 기적을 4대 강에 재현시킬 것이며, 수출입국의 물결을 5대양에 일으키고, 농어촌을 근대화하여 우리나라를 곧 중진국 상위권에 올려놓고야 말 것"이라고 다짐하였다. "중화학공업 시대의 막을 올리"겠다는 박정희 대통령의 약속은 1973년 1월에 선포된 중화학공업화 정책으로 구체화하였다. 1980년대 초까지 연산 조강 1000만 톤, 자동차 50만 대, 선박 500만 톤, 에틸렌 80만 톤 등의 생산능력을 확보하며, 이를 통해 수출 100억 달러와 1인당 국민소득 1000달러를 달성하겠다는 꿈의 약속이었다.

"한강변의 기적을 4대 강에 재현시키"겠다는 약속은 1971년 9월에 발표된 국토종합개발계획으로 구체화하였다. 거기서는 공업단지와 고속도로의 건설, 4대강유역종합개발과 같은 1960년대의 경험을 토대로 철도, 도로, 항만, 통신, 공업단지, 수자원 등 사회간접자본의 지역 간 적정한 배치, 도시로의 인구 집중을 방지하기 위한 공업의 지방 분산, 농수산업 생산 기반의 확충, 공해 방지 등 국토 이용과 국민생활 전반에 걸친 장기의 청사진이 제시되었다. 박정희 대통령은 국토종합개발계획을 통해 "푸른 산, 맑은 물이 흐르는 하천, 계획된 도시, 정리된 농토, 구분된 공업지, 그 사이를 누비는 넓은 도로, 홍수와 한해를 모르고 생산과 수출이 늘어나는 복스러운 국토"를 꿈꾸었다.

'농어촌을 근대화하겠다'는 다짐은 국토종합개발계획과 때를 같이하여 선포된 새마을운동의 실천으로 옮겨졌다. 새마을운동은 단지 농어민과 근로자의 소득을 늘리고 생활환경을 개선하는 운동만이 아니었다. 1961년 군사혁명 당시 박정희는 혁명 공약의 하나로 "퇴폐

된 국민도의와 민족정기를 진작시킨다"함을 내걸었다. 새마을운동은 그에 준하여 인간과 사회를 개조하고자 했던 일대 정신운동이었다. 그가 지휘한 고도성장의 개발체제가 국가 경제의 공학적 건설을 추구했다면, 새마을운동은 그에 상응하는 사회공학이었다. 그는 그가 설계한 "푸른 산, 맑은 물이 흐르는 하천, 계획된 도시, 정리된 농토, 구분된 공업지"의 국토에 서로 분열하고 갈등하는 인간들이 서로 신뢰하고 협동하는 공동체 사회가 들어서기를 꿈꾸었다.

갈등

이상과 같이 1971년 7월 3선 대통령에 취임할 즈음의 박정희는 전혀 새로운 차원의 경제개발과 국토건설을 꿈꾸었으며, 그에 관해 상당히 구체적인 청사진을 준비해 둔 상태였다. 그렇지만 그에게 주어진 시간은 1975년 7월까지였다. 그 기간에 위의 꿈을 이루기는 불가능하였다. 박정희에게는 여러 가지 선택지가 있었다. 그는 그의 정책과 이념을 계승할 후계자를 키우고 그에게 정권을 넘기는 선택을 할 수 있었다. 그렇지만 그럴 만한 자격을 갖춘 후계자가 있지 않았다. 그의 국가 혁신과 고도성장을 위한 체제는 지나치게 그의 개성적 정치 철학과 통치 방법에 의존해 있었다. 나아가 1971년의 대통령과 국회의원 선거는 다음 선거에서 다수 국민이 그나마 후계 세력으로 간주될 만한 여당 공화당에 더 이상의 집권을 허용하지 않을 것임을 어느 정도 명확히 하였다.

고도성장의 역사는 1963년부터였다. 나는 고도성장의 개발체제를 조직하고 운영해 온 최고사령관으로서 박정희 대통령이 그러한 사태를 용인하기는 힘들었다고 짐작한다. 개인적인 권력 욕구만은 아니었다. 그것은 너무나 진부한 상투적인 비판이다. 야당의 대중경제론은 박정희의 개발 전략과 상극이었다. 두 노선이 순조롭게 접합할 여지는 거의 없었다. 수출주도형 개발 전략은 크게 수정되거나 내포적 공업화론으로 대체될 것이다. 국토와 사회 개조를 위한 국토종합개발, 산림녹화, 새마을운동의 착수는 어림도 없을 터이다.

1971년 하반기 어느 시점에 박정희 대통령은 제2군사령관 채명신과 다음과 같은 대화를 나누었다. 출처는 채명신의 회고록이다.

> **박정희** 채 장군, 김대중에게 정권을 맡겨서 앞으로 잘 될까?
>
> **채명신** 각하, 바뀌면 혼란이 오겠죠. 경제 또한 지금처럼 잘 되겠습니까? 각하의 뜻에 100% 동감입니다. 그러나 각하 스스로 정권을 연장하겠다는 말은 하지 마십시오. 이미 3선 개헌 때 대통령에 마지막으로 출마하며 눈물까지 흘리신 각하가 아닙니까. 모든 국민이 다 알고 있는 사실입니다.
>
> **박정희** 그래, 그래, 그래서 고민이야.

그로부터 두 달 뒤 두 사람은 다시 대화를 나누었다.

> **박정희** 여보 채 장군, 아무리 생각해도 집권을 연장해야 되겠어. 욕을 먹더라도 내가 십자가를 메야겠어.
>
> **채명신** 각하, 십자가란 말을 함부로 쓰지 마십시오.
>
> **박정희** 응 그래, 채 장군 기독교 신자지, 그건 맞아.

1972년 5월 30일 박정희 대통령은 채명신 중장을 전역시켰다. 이미 그는 십자가를 질 각오를 한 상태였다.

양날의 선택

박정희 대통령의 깊은 고민은 "김대중이 잘 해낼 수 있을까", "대중경제론은 아무래도 대안이 아니야", "큰 혼란이 올 터인데 민주제 정치를 위해서 감내해야 하는가"에 있었을 것이다. 그의 선택은 "그럴 수는 없다", "지난 8년간 이룩해 온 것을 허물 수는 없다", "욕을 먹더라도 내게 주어진 역사적 책무를 수행할 수밖에 없다", "내 무덤에 침을 뱉어라"는 것이었다. 10월 유신을 결행한 박정희 대통령의 내면은 이와 같았을 것이다.

박정희 대통령의 집권 종료와 함께 큰 혼란이 초래될 수밖에 없는 한국경제의 객관적 상황은 다음과 같았다. 노동집약적 경공업 제품의 수출을 주요 동력으로 하는 고도성장은 1970년대 초 한계에 봉착해 있었다. 대안은 중화학공업화였다. 그것은 시대의 불가피한 요청이었다. 1972년부터 착수된 제3차 경제개발5개년계획은 중화학공업화의 추진을 포함하였다. 그렇지만 그것은 보통의 방식으로는, 민주제 정치가 허용하는 통상의 정책 수단으로는 달성되기 힘든 꿈이었다.

실제 1973년부터 착수된 중화학공업화에서 정부는 그에 참여한 기업에 막대한 지원을 베풀었다. 정부는 중화학 6개 공업의 육성을 위해 각각의 산업기지를 개발하였다. 정부는 산업기지개발공사를 설립하여 토지를 매수하고 공장 부지를 조성한 다음, 기업에 헐하게 분양하였다. 도로, 전력, 공업용수, 항만시설의 공급도 동 공사의 책임이었다. 또한 정부는 중화학공업화에 소요되는 투자 자금을 공급하였다. 투자 자금의 구성은 내자 53억 달러와 외자 35억 달러로 계획되었다. 내자의 조달을 위해 정부는 국민투자기금을 조성하였다. 이를 위한 국민투자기금법이 제정되어 동 기금이 국민투자채권을 발행하거나 금융기관으로부터 예탁금을 받도록 규정하였다. 각 금융기관은 예금고의 20% 이내를 동 기금에 저리로 예탁하였다. 그에 따른 이자 손실은 정부가 재정으로 보전해 주었다. 이처럼 국민투자기금은 국민의 저축과 조세로 조성되었다.

이상과 같은 정책 수단은 민주제 정치가 허용하는 정상적 의사 결정 과정을 초월하였다. 그렇지만 그렇게 하지 않고서 민간 기업이 주도하는 중화학공업화의 성공을 기약할 수 없었다. 앞서 소개한 고도성장의 행동원리는 이 국면에서 더욱 강렬하게 작동할 필요가 있었다. 민주제 정치가 경제에 개입할 여지는 일체 차단될 필요가 있었다.

다시 말해 이후 1979년까지의 유신체제는 정치적으로나 경제적으로 위기에 봉착한 고도성장의 개발체제가 중화학공업화라는 새로운 국가적 과제를 맞아 이전보다 훨씬 강력한 공학적 원리로 스스로를 재편한 결과였다. 결국 유신체제와 중화학공업화는 '양날의 선택'이었다. 중진국 상위권으로의 진입을 이루어 낸 유신체제의 공적과 민주제 정치를 억압한 그것의 과오는 구분하기 힘든 혼연일체의 관계였다. 아무래도 손이 베이고야 말 '양날'을 박정희는 움켜잡았다. 그것은 스스로의 역사적 소명에 충실하고자 했던 그의 고독한 선택이었다.

숨결이 혁명 될 때

마무리

회고

1963~1997년에 걸친 연평균 9.1%의 고도성장으로 한국의 1인당 국내총생산GDP은 경상가격으로 1962년의 87달러에서 1997년의 1만 1583달러로 증가하였다. 실질소득은 2005년 가격으로 11.8배 증가하였다. 국민소득의 지출 구성을 보면 소비가 97.6%에서 65.0%로 줄고, 투자가 13.8%에서 34.6%, 수출이 5.1%에서 31.7%로 늘었다(수입 비중 제외). 곧 투자와 수출이 고도성장을 이끌었다. 이 같은 성취로 인해 한국경제의 국제적 위상은 크게 달라졌다. 세계은행의 데이터베이스에서 1962년 한국의 1인당 GDP는 그것이 알려진 104개국 가운데 86위였다. 반면 1997년에는 세계 192개국 가운데 43위로 올라 있었다. 인구가 5323만 명이나 되어 GDP 규모는 192개국 가운데 11위의 상위권이었다. 한국경제를 중진국 상위권에 올려놓겠다는 1971년 7월 3선 대통령에 취임하면서 내건 박정희의 약속은 1990년대가 되어 현실화하였다.

1979년 10월 박정희 대통령이 사망할 때까지만 해도 이상과 같은 성취는 그 전망이 뚜렷하지 않았다. 무역수지의 적자는 1971년의 13억 달러에서 1980년의 48억 달러로까지 지속적으로 늘었다. 그중의 28억 달러가 대일 적자였다. 수입의 약 40%는 여전히 수출용 원자재와 자본재였다. 국가 경제의 효율성이나 자급성을 나타내는 지표도 개선되지 않았다. 산업연관표에서 중간재투입계수는 1970년의 0.4573에서 1980년의 0.6036으로 증가하였다. 수입중간재투입계수는 같은 기간 0.0931에서 0.1424로 높아졌다.

1980~1982년에 걸쳐 한국경제는 심각하게 정체하였다. 그렇지만 이후 한국경제를 고도성장의 추세로 되돌린 것은 박정희 대통령이 애써 건설한 중화학공업의 대기업들이었다. 1983년부터 수출이 급증하기 시작하였다. 1985년 이후 한국의 대기업들은 이제는 그들의 책임과 판단으로 중화학공업에 대규모 투자를 감행하였다. 국가 경제의 질적 지표도 현저하게 개선되었다. 수입중간재투입계수는 1980년의 0.1424에서 1995년의 0.1087로까지 낮아졌다. 대기업과 중소기업 간 부품·소재의 수급 관계는 1980년의 20%에서 1991년의 70%로 높아졌다. 중화학공업의 몇몇 대기업들은 일본이나 선발국의 경쟁 상대를 추격했으며, 나아가 세계 최고의 경쟁력을 자랑하기에 이르렀다.

1993년 김영삼 정부의 출범과 더불어 그때까지 볼만하게 작동해 온 고도성장의 개발체제가 해체되기 시작하였다. 신중하게 조정되지 않은, 지나치게 성급한 금융 시장의 자유화는 1997년 말에 이르러 심각한 위기를 불러왔다. 국제통화기금IMF의 관리 하에 들어간 한국경제를 살린 것은 1998년부터 급증하기 시작한 중화학공업 제품의 수출이었다. 때맞추어 한국보다 부가가치의 국제적 흐름에서 하류에 위치한 중국·동남아·동유럽 시장이 대거 출현하였다. 적자 기조를 면치 못하던 무역수지는 이때에 이르러 비로소 흑자 기조로 돌아섰다. 이같은 국제 시장의 환경 변화에 조응하여 한국경제는 중화학공업 제품의 수출을 주요 동력으로 하여 지난 20여 년간 비록 감속의 추세이기는 하지만 성장을 지속하는 가운데 중진국 상위권, 나아가 선진국 하위권의 국제적 지위를 유지해 왔다.

이상과 같은 유신 이후의 역사를 회고할 때 역사는 결코 단선적 인과로 설명될 수 없음을 알게 된다. 최초의 투자가 얼마나 지속적인 규정으로 남았는지 우리는 알지 못한다. 박정희의 유신체제가 없었더라도 중화학공업은 건설되었을 것이라는 일각의 주장을 부정하고 싶지는 않다. 시장은 중화학공업화에 도전한 민간 기업가에게 상응하는 보상을 하였을 것이다. 그렇지만 그 규모와 내용의 예상되는 현주소는 오늘날 한국경제를 이끄는 중화학공업과 다를 것이다. 박정희 대통령의 중화학공업화 정책은 당대의 한국경제가 합리적으로 선택할 수 있는 성장 경로를 이탈한 파격이었다. 그 파격의 큰 끙음과 마찰을 10월 유신이 감당하였다.

재평가

이제 마무리할 차례다. 박정희 대통령이 구축한 고도성장의 개발체제 또는 국가 혁신의 체제는 그 발족에서부터 야당의 대중경제론과 타협하기 힘든 근본주의적 대립을 보였다. 1971년에 이르러 대중경제론은 박정희 대통령의 개발체제를 부정할 만한 위협으로 현실화하였다. 고도성장은 한계에 봉착한 듯이 보였으며, 국가 경제의 자립성을 대변하는 여러 지표는 악화 추세였다. 중화학공업화로의 도약은 시대적 과제였으며, 고도성장의 개발체제는 더욱 강력한 공학적 원리로 재편성될 필요가 있었다.

이러한 배경에서 10월 유신이 결행되었을 때, 그것은 박정희 한 사람의 욕망이거나 책임일 수만은 없었다. 다수의 국민이 그에 협조한 것은 아무래도 부정하기 힘든 역사이다. 반면 야당의 대중경제론은 대안이 되지 못하였다. 그것은 인기 영합의 구호였으며, 나아가 인민 민주주의의 기운까지 내포하였다. 그것으로 대중을 선동한 야당의 책임이 없었다고 해서는 곤란하다. 그에 동조한 당대 지식인의 책임 역시 중대하였다. 그들은 민족의 파란만장한 역사와 미래 세계사의 주류를 조망할 지적 능력을 결여하였다. 대중경제론과 대중민주주의에 환호한 국민의 책임도 적지 않았다. 사회에는 여전히 전통 소농사회의 그림자가 짙게 드리워져 있었다. 자유와 독립의 가치로 정신이 훈련된 근대적 개인의 범주는 전반적으로 취약한 상태였다.

이 글이 모색한 10월 유신에 대한 재평가는 다음과 같다. 10월 유신은 역사로부터 물려받은 물적 유산이 빈약한 가운데 국제 시장의 환경 변화를 맞아 노동집약적 경공업 제품의 수출로 도약을 시작한 한국경제가 어느 단계에서 추가적인 도약을 위해 선택하지 않을 수 없었던, 그것이 없었더라면 오늘날과 상이한 형태와 수준의 국가 경제가 불가피했던, 그런 점에서 그 현명함이나 어리석음에서, 그 용감함이나 비겁함에서, 그에 대한 협력과 저항에서, 그 시대의 인간들이 그 역사적 공과를 함께 나누어야 할 정치적 변혁이었다.

이 영 훈

현 이승만학당 교장. 서울대에서 한국경제사 연구로 박사 학위를 받았다. 한신대와 성균관대를 거쳐 서울대 경제학부 교수로 정년퇴직했다. 저서로 『조선후기사회경제사』(한길사, 1988), 『수량경제사로 다시 본 조선후기』(공저, 서울대출판부, 2004), 『대한민국역사』(기파랑, 2013), 『한국경제사』 Ⅰ, Ⅱ(일조각, 2016), 『반일 종족주의』(공저, 미래사, 2019) 등이 있다.

숨결이 혁명 될 때

편향된 시각은 역사 파괴다!

고립과 우울의 코로나 시대. 청년들을 위한 박정희 대통령 관련 콘텐츠를 만들어보자는 제안을 받았을 때의 심정은 벅찼고 설렜다. 글을 쓰고 책을 만드는 일이 직업인 나에게 박정희 대통령 관련 책을 만드는 일은 단순히 책 한 권이 아닌 그 이상의 의미 있는 일이었기 때문이다.

많은 생각들이 뒤엉켰다. 그러마고 대답은 했지만 구체적으로 무엇을 어떻게 만들지는 쉽게 간추려지지 않았다. 그렇지만 몇 년째 이어지고 있는 코로나 시대의 공간과 시간을 떨쳐내기 위해선 뭔가가 필요했고, 마음을 단단하게 할 이유가 충분했다. 더욱이 10월 유신 50년을 맞이하여 박정희정신의 생동감을 불어 넣는 일은 의미가 큰 작업이었다.

뭔가를 해보겠다는 도전은 늘 막막했다. 저자들 섭외부터 발목을 잡았다. 흔쾌히 허락해 주시는 분들이 대부분이었지만 "왜 하필 박정희냐?"며 따지듯 묻거나 "시간이 없다"는 분들도 계셨다. 심지어 누구(저자들 중 한 분)랑은 같이하지 않겠다는 말로 거절을 대신하는 분도 계셨다. 그런 난관을 뚫고 저자 한 분 한 분의 섭외를 마친 후 원고를 받아 마감하는 일까지 걸린 그 몇 개월의 기간은 내게 있어 10년 같은 하루하루였다. 그뿐인가. 이후로도 내 마음을 주저앉힌 일들이 한둘이 아니었다. 이제 와 고백하건대 박정희 대통령이 아니었다면 이 책은 완성하지 못했을 것이다.

언제나 제자리에 머무르지 않았던 분. 옳다고 믿고 선택하면 어떤 어려움이 닥쳐도 물러서지 않았던 분. 불쑥 생긴 생각의 반란들마저 잠재우며 바위처럼 행동했던 분. 그리고 조국과 민족을 위해 일생을 바친 우리의 영원한, 그 이름만으로도 신뢰를 더하는 대통령 박정희.

오로지 그분만을 생각하며 내 마음을 재배열했다.
그러자 길이 보였다.

그동안 많은 청년들이 박정희 대통령에 대해서 구글이나 네이버 등 포털에서 검색해 대충 알고 있거나, 누군가 의도적으로 통치 기간을 왜곡해 한마디로 단정해 버렸던, 그 가차 없는 왜곡과 역사 파괴 뒤에 버티고 있는 진실들을 제대로 들여다볼 작품의 그림이 보였던 것이다.

그리고 마침내 MZ 세대는 결코 겪어보지 못할, 인간의 작은 존엄성마저 내던지게 만들던 굶주림의 그 시대를 통과해 어떻게 오늘에 이르렀는지를 리얼하게 그려 낸 입체적 글들이 한데 모아졌다. 대한

숨결이 혁명 될 때

민국을 움직이는 진짜 박정희정신 이야기.

이 책 한 편 한 편의 글들은 매우 흥미롭다. 저자들 개인의 삶과 무관하지 않은, 시대의 상처와 혼란 그리고 각 개인의 성장통을 풀어내면서 박정희시대와 함께한 긴장감이 스며 있기 때문이다. 대한민국을 대표하는 대학자에서부터 MZ 세대와 586 운동권 출신의 상상을 초월한 저자들의 조합이 형상화한 삶의 역사는 마치 편집되지 않은 흑백영화처럼 다가온다.

이 책은 그래서 단박에 읽을 수 있지만 다시 한번 처음부터 정독하는 것으로 더 큰 공감을 불러일으키기에 충분하다. 어쩌면 책을 덮는 순간 시간이 정지 되고 온 세상이 텅 빈 듯한 느낌이 들지도 모른다.

부디 이 책을 읽는 독자들의 가슴이 새롭게 뛰기를 소망한다.
편향돼 파괴 된 것이 아닌, 날 것 그대로의 냉정함과 사실의 선명함에 좀 더 현실적이고 현명해지길.

편집자 씀

이 책의 저자들

1부

조우석

언론인이자 문화평론가. 서강대 철학과 졸업 이후 『문화일보』, 『중앙일보』 등에서 기자 생활을 했다. 2015~2018년 KBS(한국방송공사) 이사를 거쳐 6년간 박정희대통령기념재단 이사로 일했고, 현재는 유튜브 〈뉴스타운TV〉 평론가로 활동 중이다. 대표 저서로 『박정희, 한국의 탄생』(살림, 2009), 『좌파 문화 권력 3인방』(백년동안, 2019) 등이 있다.

김다혜

북한 함경북도 청진시에서 태어났다. 함경북도 상업간부학교를 졸업하고 상업관리소에서 9년간 회계 공무원으로 근무했다. 2012년 중국을 거쳐 대한민국에 입국하여 이화여대 국문학과를 졸업했다. 저서로 『내 이름은 김다혜』(좋은땅, 2021)이 있다.

한민호

현 공자학원 실체 알리기 운동본부 대표. 서울대학교 역사교육과를 졸업하고 8년간 중학교 역사 교사로 일하다가 제37회 행정고등고시에 합격하여 공직의 길에 들어섰다. 문화체육관광부 체육정책관, 미디어정책관 등을 역임했다. 문재인 정부의 대북·대미·대일 외교, 원전 폐기 등을 비판하는 글을 썼다는 이유로 2019년 10월 파면되었으나 2022년 3월, 파면 처분 취소 청구 행정소송에서 승소했다.

주동식

광주광역시에서 태어나 1985년 2월 대학을 졸업하고, 김근태 의장 당시의 '민주화운동청년연합' 회원으로 활동했다. 『주간노동자신문』 과 『제3의 길』 편집인을 거쳐 현재는 국민의힘 광주광역시 서구갑 당협위원장으로 정치 활동을 하고 있다.

2부

허현준

현 도서출판 ㈜글통 대표. 전북대 경영학부 졸업. 한때 운동권 활동을 하다가 사상적 전환 이후 박근혜 정부 청와대에서 국민소통비서관실 행정관을 역임했다. 유튜브 채널 〈펜앤드마이크TV〉에서 '허현준의 돌격 청와대'를 진행하고 있다.

허화평

현 미래한국재단 이사장. 육군사관학교 졸업. 청와대 정무 제1수석비서관. 제14~15대 국회의원을 지냈다. 저서 『사상의 빈곤이 가져온 우리 시대의 모순과 상식』(새로운사람들, 2018), 『나의 생각, 나의 답변』(새로운사람들, 2020), 『고독하지만』(새로운사람들, 2021) 등이 있다.

이서윤

현 샘모루초등학교 교사. 춘천교대 졸업.
사계수필 회원, 수필가로 등단해 활동 중이다.

신승민

기자 겸 작가, 문학평론가.

이지현

현 프랑스 관련 기관에서 IT 분야 한-불 기업 간 교류 담당으로 근무하고 있다. 예원학교 졸업 후 프랑스로 건너가 파리 5대학에서 법학을 공부하고, 프랑스 국립 생모음악원을 수석 졸업했다.

김성훈

『월간조선』, 『정경조선』 기자로 활동했으며, 현재는 박정희대통령기념재단 유튜브 채널 〈박정희TV〉 청년 토크를 진행하고 있다.

연세대 화학과 졸업. 동 대학원 의과학과(면역 및 감염생물학) 석사를 수료했으며, 건국대 안보재난관리학과(국가안보전략전공) 석박통합과정 재학 중이다. 공저로 『아~ 잊으랴, 어찌 우리 이날을』(세상 바로보기, 2021)이 있다.

3부

좌승희

UCLA 경제학 박사. 현 박정희학술원 원장. 전 박정희대통령기념재단 이사장. 전 서울대 초빙교수·전 한국경제연구원장·전 경기개발연구원장·전 KDI 선임연구원을 역임했으며, 대표 저서로 『신 국부론』(굿인포메이션, 2006), 『박정희, 살아있는 경제학』(백년동안, 2015), 『새마을운동 왜 노벨상 감인가』(청미디어, 2020) 등 다수의 국영문 저서와 논문이 있다.

고성국

정치학 박사·정치 평론가. 현재 유튜브 채널 〈고성국TV〉를 운영 중이다. 30년 넘는 방송 활동을 하며 KBS 〈추적 60분〉, TV조선 〈고성국 라이브쇼〉 등을 진행했다. 대표 저서로 『10대와 통하는 정치학』(철수와영희, 2007), 『2022 정권교체 플랜』(글통, 2021) 등이 있다.

배진영

『월간조선』 기자·부장대우. 저서로 『책으로 세상읽기』(북앤피플, 2012), 『박정희 바로보기』(공저, 기파랑, 2017), 『탄생 100주년으로 돌아보는 박정희 100장면』(공저, 조선뉴스프레스, 2017) 등이 있다.

숨결이 혁명 될 때

변희재

서울대 미학과를 졸업했다. 인터넷 미디어비평지 『미디어워치』의 대주주·대표 고문. 유튜브 채널 〈미디어워치TV〉 시사 논평 '변희재의 시사 폭격'을 진행하고 있다. 박근혜 대통령 명예 회복위원회 간사를 맡고 있으며, 대표 저서로 『태블릿 사용 설명서』(미디어워치, 2021), 『태블릿, 반격의 서막』(미디어워치, 2022)이 있다.

최대집

현 민생민주국민전선 대표. 제40대 대한의사협회 회장을 역임했다. 20대 대통령 선거 예비 후보로 7개월간 활동했으면 현재 유튜브 채널 〈최대집의 책임정치TV〉를 운영 중이다. 서울 대학교 의과대학을 졸업했고, 한양대학교 인문대학원 철학과 석사 과정을 수료했다. 대표 저 서 『나는 최대집』(지우, 2021)이 있다.

홍문종

하버드 대학교 교육학 박사. 전 국회의원. 경민대학교 설립자. 현재 유튜브 채널 〈홍문종의 나 폴레홍TV〉를 운영 중이다. 대표 저서로 『하버드로 간 악동』(밀레니엄, 1998), 『조선에서 본 일본 식 민지 교육 정책』(학지사, 2003), 『꼴통보수』(무한, 2020)가 있다.

이영훈

현 이승만학당 교장. 서울대에서 한국경제사 연구로 박사 학위를 받았다. 한신대와 성균관대를 거쳐 서울대 경제학부 교수로 정년퇴직했다. 저서로 『조선후기사회경제사』(한길사, 1988), 『수량경 제사로 다시 본 조선후기』(공저, 서울대출판부, 2004), 『대한민국역사』(기파랑, 2013), 『한국경제사』 I, II (일 조각, 2016), 『반일 종족주의』(공저, 미래사, 2019) 등이 있다.

부록

5 · 16에서 10월 유신까지 한눈에 읽는
박정희 18년 역사

5·16에서 10월 유신까지 한눈에 읽는 박정희 18년 역사

세계 흐름	연도	경제개발·수출·해외 진출	국토종합개발 (산림녹화·치산치수·도로 등)
·케네디 대통령 당선(1.20) ·제1차 비동맹회의, 소련 최초 유인 우주선 발사 성공(4.12) ·피그만 침공(4.15)	1961	·한국전력 발족(7.1) ·경제기획원 설립(7.22) ·전원개발 5개년계획 발표(11.24)	·산림법 제정(12.27)
·자메이카, 영국으로부터 독립(8.6) ·쿠바 미사일 위기(10.14)	1962	·제1차 경제개발5개년계획 (1962~1966) ·증권거래법 제정(1.15) ·울산공업지구 설정 및 기공식(2.3) ·수출진흥법 제정(3.17) ·대한무역진흥공사 발족(6.21) ·호남비료 나주 공장 준공(12.28) ·수출진흥위원회 설치(12.29)	·사방사업법 제정(1.15) ·국토건설단 창단(2.10) ·건설부 발족(6.18) ·임산물 단속법 제정(6.27) ·동해 북부선(옥계-경포대) 개통(10.31)
·케네디 대통령 암살(11.22)	1963	·근로자의 날 제정에 관한 법률 공포 (4.17) ·노동청 발족(9.4) ·한국수출산업공단 창립(10.26) ·파독 광부 출발(12.21)	·녹화촉진 임시조치법 제정(2.9) ·철도청 발족(9.1) ·국토건설종합계획법 제정(10.14)
·일본 고속철도 도카이도 신칸센 개통(10.1) ·매리너 4호, 화성 발사(11.28)	1964	·식량증산 7개년계획 발표(3.13) ·수출산업공업단지 개발조성법 제정 (9.14) ·수출의 날 제정(11.30) ·수출 1억 달러 달성 기념식(제1회 수출의 날)(12.5)	
·싱가포르, 말레이시아로부터 독립 (8.9) ·중국, 티베트 자치구 성립 선언 (9.9) ·감비아, 몰디브, 싱가포르, 유엔 가입(9.21)	1965	·수출진흥확대회의 개최(1.19) ·한국해외개발공사 발족(11.3)	·제2한강교(현 양화대교) 준공(1.25) ·춘천댐 준공(2.10) ·수자원종합개발 10개년 계획 수립(6.30) ·섬진강댐 준공(12.20)
·인디아 간디 인도 수상에 선출 (1.19) ·중국 문화대혁명 시작(5.16)	1966		·서울 광화문 지하도 개통(9.30) ·명동 지하도 개통(10.3)
·그리스 군사 쿠데타(4.21) ·미국 린든 존슨 대통령과 소련 알렉세이 코시긴 수상 글래스보로 정상 회담(6.23) ·동남아시아 국가연합ASEAN결성 (8.8)	1967	·제2차 경제개발5개년계획 (1967~1971) ·무역거래법 제정(1.16) ·GATT가입(4.15)	·산림청 개청(1.9) ·대도시 그린벨트 설정 공포(2.10) ·의암댐 준공(8.1) ·한강변 제1로 개통(9.23) ·한국수자원개발공사 설립(11.16)

박정희시대 18년			
과학 기술, 중화학공업, 방위산업	농어촌 소득 증대, 새마을운동	외교·안보·국방·통일	교육·문화·체육·복지
		·학도군사훈련단ROTC 창설(4.25) ·수도방위사령부 창설(6.1) ·반공법 공포(7.3) ·방미 케네디 대통령과 공동 성명 발표(11.14)	·서울 텔레비전 방송국KBS-TV 개국 (12.31)
·제1차 기술진흥5개년 계획 (1962~1966)	·농촌진흥법 제정(3.21) ·농촌진흥청 설립(4.1)		·문화재보호법 제정·공포(1.10) ·국립오페라단 창단(1.15) ·제1차 의무교육 실시 확충 5개년 계획 수립(7.13)
		·감사원 개원(3.20) ·합동참모본부 설치(6.1) ·국가안전보장회의 설치(12.17)	·장충체육관 개관(2.1) ·문화재 보수 5개년계획 확정(9.10) ·직업재활원 개원(9.25) ·의료보험법 제정(12.16)
·울산 정유공장 준공(5.7)		·제1 이동외과병원(130명)과 태권도교관단(10명) 파월 환송식 (8.24) ·서독 방문(12.6~15)	·경주 석굴암 복원 공사 준공(7.1)
·방공관제장비 현대화사업 추진(9.1)	·농어촌전화촉진법 제정 (12.30)	·국무회의, 비전투요원 2,000명 파월 의결(1.8) ·주월한국군사원조단 (비둘기부대) 파월(2.19) ·주월한국군사령부 창설(9.25) ·맹호부대·청룡부대·십자성부대 파월(10.3)	·중앙일보 창간(9.22)
·한국과학기술연구소KIST 설립(2.4)		·한미행정협정 조인(7.9) ·백마부대 파월(9.16) ·월남 참전 7개국 정상 회담(10.24)	·태릉선수촌 설립(6.30)
·과학기술진흥법 제정 (1.16) ·과학기술처 신설(3.30)	·농어촌개발공사 창립 (12.1)		·안중근 의사 동상 이안(4.26) ·현충탑 건립(9.30)

·프랑스 5월 혁명(5.3) ·체코슬로바키아의 프라하의 봄 (1.5) ·프랑스 수소 폭탄 실험 성공(8.24) ·리처드 닉슨 대통령 당선(11.5)	1968	·전자공업진흥법 제정(1.28) ·제1회 한국무역박람회(9.9) ·한국투자개발공사 발족(12.16)	·경주국립공원 지정(12.31) ·계룡산국립공원 지정(12.31)
·중소 국경 분쟁 발발(3.2) ·아폴로 11호 달 착륙(7.20) ·닉슨 독트린 선언(7.25)	1969	·자동차공업육성 기본계획 발표 (1.18) ·호남정유공장 준공(6.3) ·부평국가산업단지 준공(10.31)	·한국도로공사 발족(2.15) ·경인고속도로 전선 개통(7.21) ·제3한강대교(현 한남대교) 개통(12.25) ·언양-울산, 대구-부산 간 고속도로 개통 (12.28)
·핵확산방지조약 인준(3.15) ·페루 지진(5.31)	1970	·수출자유지역설치법 제정(1.1) ·수출정보센터 개관(2.7)	·설악·속리·한라산국립공원 지정(3.24) ·서울대교(현 마포대교) 개통(5.16) ·경부고속도로 준공(7.7) ·남산 1호 터널 개통(8.15) ·수도권지하철전철사업 발표(10.22) ·남산 2호 터널 개통(12.4) ·4대강유역종합개발계획 확정(12.17)
·닉슨 독트린에 따라 미7사단, 한국 철수(3.27) ·중화인민공화국, 유엔 내 중국 대표 권 인정(10.21)-중화민국 권리 박 탈 후 탈퇴	1971	·수출 10억 달러 달성	·제주도 일주도로 준공(1.29) ·거제대교 개통(4.8) ·서울 외각 그린벨트 지정(7.30) ·제1차 국토종합개발계획 수립(9.8) ·통일로(서울-문산) 개통(12.18)
·미국, 마지막 지상 전투 부대 남베 트남에서 철군(8.11) ·중국과 일본 국교 정상화(9.25) ·미국과 소련, 첫 전략무기제한협정 SALT I 조인(10.3)	1972	·제3차 경제개발5개년계획 (1972~1976)	·관광개발 5개년계획 확정(1.20) ·잠실대교 개통(7.1) ·지리산, 설악산, 낙동강 하류 철새보호지역 지정(12.11) ·동진강수리간척공사 준공(12.31)
·덴마크·아일랜드·영국, 유럽 공동 체 가입(1.1) ·아랍-이스라엘 전쟁(욤 키푸르 전쟁)(10.6) ·중동 산유국들 석유 수출 제한(석유 파동)(12.3)	1973	·마산수출자유지역 관리청 개청 (1.16) ·구로수출산업공업단지 1~3단지 준공(11.24)	·치산녹화 10개년계획(1973~1978) ·영일지구 사방사업(1973~1977) ·화전민정리 5개년계획 수립(6.30) ·소양강 다목적댐 준공(10.15) ·영동대교 개통(11.8) ·호남·남해고속도로 개통(11.14)

·원자력발전소 건설 계획 발표(1.5) ·제1회 과학의 날(4.21)		·을지연습 실시(1.21) ·향토예비군 창설(4.1) ·한미연례안보협의회의 개최(4.17)	·충무공 이순신 장군 동상 건립(4.27) ·윤봉길 의사 유적 충의사 준공(5.3) ·주민등록법 개정(5.29) ·문화공보부 발족(8.3) ·국민교육헌장 선포(12.5) ·광화문 복원공사 준공(12.11)
		·포커스레티나(현 팀스피리트) 훈련 실시(3.9)	·국공립중학교증설 7개년계획 확정 (1.6) ·현충사 중건(4.28) ·MBC 방송국 개국(8.8) ·월정사 대웅전 준공(10.14)
·철강공업육성법 공포(1.1)	·새마을가꾸기운동 제창 (4.22)	·국방과학연구소ADD 설립(8.6) ·8·15평화통일정책구상선언 발표 (8.15) ·병무청 설립(8.20)	·남산어린이회관 준공(7.25) ·행주산성 보수정화공사 준공(11.10) ·세종대왕기념관 건립(11.19) ·도산서원 보수정화공사 준공(12.8)
·한국과학원KAIST 설립 (2.16)	·새마을정신 '근면, 자조, 협동'으로 규정(9.29)	·155마일 휴전선 한국군 전담 방위 (2.7) ·한국적십자 남북 가족 찾기 회담 제안 (8.12)	·칠백의총정화사업 준공(1차)(4.13) ·여의도 5·16광장 준공(9.29)
·울산석유화학공업단지 준공(10.31) ·기술개발촉진법 제정 (12.28)	·통일벼 개발(2.9) ·새마을노래 작사·작곡 (4.21) ·농어촌지붕개량촉진법 개정(12.26)	* ·7·4 남북 공동성명 발표(7.4) ·서울—평양 직통전화 개통(8.26) ·특별 선언, 10월 유신 발표(10.17) ·중앙선거관리위원회, 국민 투표에 관한 특례 서식 규정 등 공포(10.25) ·유신 헌법 공포(12.27)	·경주 고도개발 10개년계획 확정 (3.10) ·문화예술진흥법 제정(8.14) ·국립중앙박물관 준공(8.25)
·중화학공업정책 육성 선언 (1.12) ·중화학공업 건설계획 확정 (5.24) ·포항종합제철소 준공(7.3) ·대덕연구단지 착공(6.23) ·구미전자공업 1단지 완공 (10.5)		·파월 한국군 철수(2.23) ·6·23평화통일외교정책선언(6.23)	·서울어린이대공원 개원(5.5) ·불국사 복원 공사(7.3) ·한국문화예술진흥원 개원(10.11) ·장충동 국립극장 개관(10.17) ·문예중흥 5개년계획 시행(10.19) ·한독부산직업훈련원 설립(10.20) ·국민복지연금법 제정(12.24)

·닉슨 대통령 사임 및 제럴드 포드 대통령 취임(워터게이트 사건 종결)(8.9) ·미국, 독일민주공화국(동독)과 국교 수립(9.4)	1974	·주안국가산업단지 (5~6공업단지) 준공(11.5) ·이리수출자유지역 준공(12.31)	·팔당댐 준공(5.24) ·서울 지하철 1호선 개통(8.15)
·레바논내전 발발(4.13) ·남베트남 패망(4.30) ·핵물리학자 안드레이 사하로프, 소련인 최초 노벨 평화상 수상(10.9)	1975	·종합무역상사 제도 실시(4.30)	·덕유산·오대산국립공원지정(2.1) ·영동·동해고속도로 개통(10.13)
·애플 창립(4.1) ·미국 우주선 바이킹 2호, 화성 착륙(9.3) ·화궈펑, 중국 공산당 주석 임명(10.7)	1976	·한국수출입은행 설립(7.1) ·국산자동차 포니 첫 수출 (7.26) ·부가가치세법 제정(12.22)	·영동·동해안 종합개발계획 확정(3.24) ·주왕산국립공원 지정(3.30) ·천호대교 개통(7.5) ·잠수교 개통(7.15) ·안동댐 준공(10.28)
·미국 보이저 2호 발사, 목성과 토성 경유(8.20) ·미국 우주선 보이저 1호 발사(9.5) ·일본과 북한 민간어업협정 체결(9.6) ·미국과 파나마, 신 파나마운하 조약 조인(9.7)	1977	** ·제4차 경제개발5개년계획 (1977~1981) ·부가가치세 시행(7.1) ·수출 100억 달러 달성 기념식 (12.22)	·성산대교 착공(4.6) ·육림의 날 선포(11.5) ·구마고속도로 준공(12.17)
·중국과 일본, 평화우호조약 조인(8.12) ·소련군 침공 후 들어선 아프가니스탄, 친소 정부와 단교(9.17)	1978		·충주다목적댐 착공(6.3) ·낙동강유역종합개발사업 착공(7.2) ·자연보호헌장선포(10.5)
·미국, 중국과 국교 수립(1.1) ·이란혁명으로 이슬람공화국 수립(1.16) ·소련 지하 핵실험으로 시베리아에 강도 7.1 지진 발생(9.6) ·중화민국 민주화운동 메이리다오 사건 발생(12.10) ·소련의 아프가니스탄 침공(12.24)	1979	·수출 150억 달러 달성	·서울지하철 2호선 착공(3.17) ·성수대교 개통(10.16) ·삽교천방조제 준공(10.26)

** 박정희 대통령이 자신의 퇴임 시기를 1981년으로 말했던 이유(4차 경제개발이 끝나는 해)

·제1차 전력증강사업(율곡사업) 추진(1974~1981) ·현대울산조선소 제1호선 진수(2.15) ·창원기계공업단지 조성(4.1)		·남북한 불가침 협정 체결 제의(1.18) ·평화통일 3대 기본원칙 발표(8.15) ·미국 포드 대통령 방한(11.22~11.23)	·황남대총 발굴(1974~1975) ·낙성대 준공(6.10) ·국립천문대(현 한국천문연구원) 발족(9.13) ·신사임당 동상 제막(10.26)
·여천석유화학단지 합동기공(11.10)		·핵확산방지조약 비준(4.23) ·학도호국단 창단(5.20) ·민방위대 발대식(9.22)	·중앙민속박물관 개관(4.11)
	·쌀, 완전 자급자족 달성(10.12)	·을지포커스렌즈 연습(2.16) ·한미군사위원회 설치(7.25) ·국방과학연구소 한국형 기관단총 개발 착수(10.2)	·강릉 오죽헌 정화공사 준공(5.7) ·천마총 발굴 착수(5.31) ·칠백의총 정화사업 준공(2차)(9.20) ·직업훈련기본법 제정(12.31)
·한국과학재단 발족(5.18) ·남해화학 여수공장 준공(8.4)		·아시아의원연맹 총회 개최(11.8.서울)	·직장의료보험제도 실시(7.1) ·제23회 국제기능올림픽 우승(7.10) ·강화전적지 정화사업 준공(11.7)
·고리원자력발전소 1호기 준공(4.29) ·국산 지대지 미사일 '백곰' 발사 성공(9.26)		·한미연합군사령부 발족(11.7)	·세종문화회관 준공(4.14) ·한국정신문화연구원 개원(현 한국학중앙연구원)(6.30) ·제24회 국제기능올림픽대회 개막(8.30) ·충주 충렬사 정화사업 준공(11.23)
·고리원자력 3호기 착공(10.1) ·원자력발전소 9·10호기 울진 건설 확정(6.12)		·미국 카터 대통령 방한(6.29.~7.1) ·싱가포르 리콴유 수상 방한(10.19)	·경주 보문관광단지 개장(4.6) ·잠실체육관 준공(4.18) ·국제올림픽대회 서울 유치 언명(10.12)

숨결이 혁명 될 때

| 발행일 | 2022년 5월 16일 초판 1쇄 |
| | 2022년 8월 15일 초판 3쇄 |

지은이	조우석 외
기획	플로우북스
책임편집	박지영
발행인	김용성
발행처	지우출판

주소	서울시 동대문구 휘경로 2길 3, 4층
전화	(02) 962-9154
팩스	(02) 962-9156
이메일	lawnbook@naver.com
등록	2003년 8월 19일(신고 제9-118)

ISBN 978-89-91622-91-3(03300)

＊ 가격은 뒤표지에 있습니다.
＊ 잘못 만들어진 책은 구입처에서 바꿔 드립니다.